Einstellungstest Bundespolizei

Kurt Guth
Marcus Mery

Einstellungstest Bundespolizei

Fit für den Eignungstest im Auswahlverfahren

Kurt Guth • Marcus Mery
Einstellungstest Bundespolizei
Fit für den Eignungstest im Auswahlverfahren | Diktat, Sprachverständnis, Allgemeinwissen, Intelligenztest, Sporttest und mehr | Über 800 Aufgaben mit allen Lösungswegen

Ausgabe 2026

2. Auflage

Gestaltung: bitpublishing / s.b. design
Lektorat: Andreas Mohr

Bibliografische Information der Deutschen Nationalbibliothek –
Die Deutsche Nationalbibliothek verzeichnet diese Publikation in der Deutschen Nationalbibliografie; detaillierte bibliografische Daten sind im Internet über http://dnb.dnb.de abrufbar.

Gedruckt auf chlorfrei gebleichtem Papier

© 2026 Ausbildungspark Verlag GmbH
Bettinastraße 69, 63067 Offenbach am Main
Printed in Germany

Satz: bitpublishing, Schwalbach
Druck: mediaprint solutions, Paderborn

ISBN 978-3-95624-070-6

1616 – AP EBP – 6a27

Inhaltsverzeichnis

Vorwort

Sie sichert Flughäfen und Bahnhöfe. Sie schützt Bundesministerien, Verfassungsorgane wie den Bundestag und deutsche Botschaften rund um den Globus. Außerdem überwacht sie die deutschen Außengrenzen – eine Aufgabe, die seit der Flüchtlingskrise besonders in den Fokus gerückt ist. Kein Zweifel: Die Bundespolizei hat viel zu tun. Und bietet Berufseinsteigern entsprechend vielfältige Karrierewege.

Gesucht werden Nachwuchskräfte für den mittleren und gehobenen Dienst. Bewerber müssen sich einem mehrtätigen Auswahlverfahren stellen: Auf dem Programm stehen schriftliche Tests, ein Sporttest und ein Vorstellungsgespräch, im gehobenen Dienst ergänzt durch ein Assessment-Center mit einer Gruppendiskussion und einem Kurzvortrag.

Was bringt Ihnen dieses Buch?

Mit diesem Buch haben Sie alles zur Hand, was Sie brauchen, um sich auf das Auswahlverfahren der Bundespolizei vorzubereiten. Sie lernen klassische und ungewöhnliche Aufgabentypen kennen, erfahren die besten Lösungsstrategien und machen sich mit der Prüfungssituation vertraut.

Auf den folgenden Seiten finden Sie eine Fülle typischer Aufgaben aus allen wichtigen Testbereichen: Allgemeinwissen, fachbezogenes Wissen, Sprachbeherrschung, Mathematik, Logik, visuelles Denkvermögen, Konzentration und Merkfähigkeit. Der Lösungsteil am Schluss jedes Kapitels liefert nicht nur die richtigen Antworten, sondern erklärt auch die Lösungswege kompakt und verständlich. Dazu erhalten Sie Tipps und Tricks, um knifflige Aufgaben geschickt zu „knacken".

Eine grobe Richtschnur zur Einordnung Ihrer Ergebnisse: 50–60 % richtig gelöste Aufgaben können als ausreichend gelten, 60–70 % als befriedigend, 70–85 % als gut und höhere Werte als hervorragend – erfahrungsgemäß schafft das allerdings kaum jemand.

Wir wünschen Ihnen viel Erfolg!

Ihr Ausbildungspark-Team

Auswahlverfahren Polizei

Bewerbung, Vorstellungsgespräch, Einstellungstest, Sporttest, Assessment Center: Das ultimative Handbuch zum Berufseinstieg bei der Polizei. Geeignet für alle 16 Landespolizeien, Bundespolizei und BKA.

Einmal bewerben, immer Beamter!

436 Seiten • ISBN 978-3-95624-139-0
24,90 €

Kontakt

Ausbildungspark Verlag GmbH
Kundenbetreuung
Bettinastraße 69
63067 Offenbach am Main

Telefon +49 (69) 40 56 49 73
Telefax +49 (69) 43 05 86 02
kontakt@ausbildungspark.com
www.ausbildungspark.com

10 Tipps für den Testerfolg

▶ **1. Gut vorbereiten.**
Beginnen Sie rechtzeitig mit der Vorbereitung, portionieren Sie den Lernstoff in kleine Einheiten, planen Sie Pausenzeiten ein. Wer sich in den letzten Tagen vor dem Test zu viel zumutet, läuft Gefahr, das Gelernte weder zu verstehen noch zu behalten.

▶ **2. Informieren.**
Fragen Sie frühzeitig nach: Welche Hilfsmittel (z. B. Taschenrechner) dürfen Sie benutzen? Welche Materialien (z. B. Stift, Papier, Lineal) müssen Sie mitbringen, welche werden Ihnen gestellt?

▶ **3. Entspannungshilfen finden.**
Eignen Sie sich Entspannungstechniken an, zum Beispiel Atemübungen oder autogenes Training. Am Prüfungstag lassen sich Denkblockaden damit leichter überwinden.

▶ **4. Aufgeräumt ankommen.**
Erscheinen Sie ausgeschlafen und pünktlich, achten Sie auf Ihren äußeren Eindruck – die Prüfer tun es auch. Und vergessen Sie das Frühstück nicht: Wer mit nüchternem Magen in die Prüfung startet, baut schneller ab und ist weniger leistungsfähig.

▶ **5. Lieber einmal mehr fragen.**
Nutzen Sie die Möglichkeit, den Testleitern Fragen zu stellen, um Unklarheiten auszuräumen.

▶ **6. Aufgabenstellungen aufmerksam lesen.**
Studieren Sie die Fragen und Bearbeitungshinweise sorgfältig. Manchmal sind kleine Finten eingebaut, die den unkonzentrierten Teilnehmer entlarven.

▶ **7. Zügig arbeiten.**
Behalten Sie die Uhr im Auge und teilen Sie sich Ihre Zeit gut ein. Oft steigt das Schwierigkeitsniveau innerhalb einer Aufgabenkategorie zum Ende hin an. Eventuell hilft es, zuerst in jeder Kategorie die einfachen

Aufgaben zu lösen. Planen Sie etwas Zeit ein, um Ihre Antworten auf Flüchtigkeitsfehler und andere kleine Patzer zu kontrollieren.

▶ **8. Nicht verrückt machen lassen.**
Der Test ist in der vorgegebenen Zeit beim besten Willen nicht zu schaffen? Dieser Eindruck kann völlig richtig sein. Viele Prüfungen sind so konzipiert, dass kaum jemand im vorgegebenen Zeitrahmen alle Aufgaben korrekt lösen kann. So wird zugleich das Arbeitsverhalten unter Druck getestet.

▶ **9. Nicht festbeißen.**
Anstatt minutenlang an einer Aufgabe zu verzweifeln, gehen Sie lieber zur nächsten über. Mit den übersprungenen Fragen können Sie sich – angefangen bei der leichtesten – später noch beschäftigen. So manch kniffliger Fall entpuppt sich als leichte Übung, wenn die erste Anspannung überwunden ist.

▶ **10. Zur Not einfach raten.**
Die schlechteste Antwort ist meistens keine Antwort: Falsche Lösungen werden nur selten mit Punktabzügen bestraft. Bei Multiple-Choice-Aufgaben mit mehreren Antwortvorschlägen lässt sich das richtige Ergebnis einkreisen, indem man die falschen Lösungen eine nach der anderen aussortiert.

Sprachbeherrschung

Diktat   *Bearbeitungszeit 20 Minuten*

1) Nehmen Sie nun bitte etwas Schreibpapier zur Hand und suchen Sie sich einen Partner, der Ihnen den vorliegenden Text Satzteil für Satzteil vorliest (Punkte werden mitdiktiert). Im Anschluss werten Sie das Diktat im Abgleich mit der Vorlage sorgfältig aus (Kommasetzung nicht vergessen). Insgesamt sollten Sie nicht mehr als 15 Fehler machen – je weniger, desto besser. Einen Bewertungsschlüssel finden Sie im Lösungsteil.

Großeinsätze wegen Rap-Videos *(alternativ: Rapvideos)*

In Frankfurt am Main und im nordrhein-westfälischen Oberhausen ereigneten sich binnen weniger Tage zwei Großeinsätze der Polizei mit derselben kuriosen Ursache: Dreharbeiten für Rap-Videos *(alternativ: Rapvideos)*. In beiden Fällen hatten Passanten vermummte Männer mit Schusswaffen, darunter sogar Maschinenpistolen, beobachtet und anschließend die Sicherheitskräfte verständigt. Diese stürmten mit mehreren Streifenwagen die Tiefgarage eines Frankfurter Supermarkts und einen Oberhausener Parkplatz, um den vermeintlichen Überfall oder Terrorangriff zu vereiteln. In der Mainmetropole beteiligte sich sogar eine Spezialeinheit in Kampfausrüstung an der Aktion. Die verdutzten Vermummten waren bereits überwältigt und fixiert worden, ehe sich das Missverständnis aufklärte: Es handelte sich weder um echte Kriminelle noch um reale Waffen, sondern um Rapper und Komparsen mit authentischen Waffenattrappen.

Die Video-Produzenten *(alternativ: Videoproduzenten)* aus der Frankfurter Nachbarstadt Offenbach hatten sich im Gegensatz zu den Oberhausenern zwar wenigstens ordentliche Drehgenehmigungen erteilen lassen. Jedoch hatten es beide Produktionsgesellschaften versäumt, im Vorfeld der Dreharbeiten die Polizei zu informieren. Die Frankfurter Polizei erklärte im Nachhinein sogar den Willen, die Offenbacher Musiker nicht mit dem Schrecken allein davonkommen zu lassen, sondern ihnen auch die Einsatz-

Bitte umblättern =>

kosten in Rechnung zu stellen. Die Ordnungshüter wiesen in beiden Fällen auf die Gefährlichkeit hin, mit Waffenattrappen in der Öffentlichkeit herumzuhantieren. Außenstehende könnten den Unterschied nicht zwangsläufig erkennen und so ungewollt Großeinsätze auslösen.

Lückendiktat

Bearbeitungszeit 20 Minuten

Bei dieser Diktat-Variante schreiben Sie nicht den kompletten Text auf, sondern füllen nur die Lücken in Ihrer Vorlage auf der nächsten Seite.

Suchen Sie sich dazu einen Partner, der Ihnen den unten abgedruckten Originaltext Satz für Satz vorliest. Die einzusetzenden Wörter sind fett formatiert und werden jeweils am Satzende noch einmal langsam und deutlich wiederholt.

Ein gutes Ergebnis erreichen Sie mit höchstens drei falsch geschriebenen Wörtern.

Feuerwehren im Großeinsatz

Mehrere Großeinsätze hielten am 2) **Samstagabend** die Berufsfeuerwehren 3) **Baden-Württembergs** auf 4) **Trab.** In Freiburg 5) **alarmierten** gegen 14 Uhr Mitarbeiter verschiedener Pflegeheime die 6) **Leitstelle:** Aufgrund eines 7) **weiträumigen** Stromausfalls waren Beatmungsgeräte und andere 8) **medizinische** 9) **Apparate** ausgefallen. Die umgehend 10) **angerückten** Rettungskräfte stellten mit ihren 11) **Aggregaten** eine 12) **Notstromversorgung** her. Zahlreiche Senioren mussten 13) **notärztlich** versorgt werden, in einigen Fällen war eine 14) **Überführung** ins Krankenhaus nötig.

Währenddessen ereignete sich in Karlsruhe eine 15) **verheerende** 16) **Explosion** auf dem Gelände der örtlichen 17) **Schifffahrtsgesellschaft.** Als die 18) **Löschzüge** der Feuerwehr eintrafen, standen die 19) **Betriebsgebäude** bereits in 20) **helllichten** Flammen. Mit angelegten 21) **Atemschutzmasken** gelang es den Einsatzkräften, alle eingeschlossenen Personen aus dem 22) **Inferno** zu retten. Wie durch ein Wunder wurde 23) **niemand** schwer oder gar 24) **tödlich** verletzt. Es entstand ein 25) **beträchtlicher** Sachschaden. Noch einige hundert Meter entfernt fand man Ersatzteile von 26) **Schiffszylindern,** die durch die Wucht der Explosion 27) **davongeschleudert** worden waren. Die 28) **Unglücksursache** ist bislang unklar, die Kriminalpolizei ermittelt in alle Richtungen.

Am 29) **Spätnachmittag** kam es schließlich auf der A 6 bei Mannheim zu einem weiteren Unglück. Kurz nach 30) **Einsetzen** des 31) **Stoßverkehrs** wur-

de gegen 16 Uhr ein **32) katastrophaler** Unfall gemeldet. Den
33) herbeigeeilten Feuerwehreinheiten bot sich ein nahezu
34) apokalyptisches Bild: Neben **35) Dutzenden** *(alternativ: dutzenden)* beschädigten Pkws fanden sie auch einen auf der Fahrerseite liegenden
36) Sattelzug vor. Viele Fahrzeuginsassen konnten nur mithilfe von
37) hydraulischem 38) Rettungsgerät aus den **39) Wracks** befreit werden.
Aus dem Tank des Lkw liefen unterdessen große Mengen
40) Dieselkraftstoff aus, der durch Ölbinder **41) unschädlich** gemacht werden musste.

Schaulustige verfolgten das **42) Geschehen** von der Brücke einer
43) Bundesstraße aus und brachten den Verkehr auch dort vollständig zum
44) Erliegen. Als die Polizei die **45) gaffende** Menge zu zerstreuen versuchte, entwickelte sich zu **46) allem 47) Überfluss** noch eine Auseinandersetzung mit einigen **48) streitsüchtigen** Jugendlichen. Ein besonders
49) aggressiver junger Mann schlug dabei einem Polizeibeamten ins Gesicht und **50) flüchtete** danach zu Fuß. Die **51) Identität** des
52) Delinquenten ließ sich inzwischen jedoch ohne größeren Aufwand
53) feststellen: Er hatte bei der **54) Rangelei** sein **55) Portemonnaie** *(alternativ: Portmonee)* mitsamt **56) Führerschein** und Personalausweis verloren.

Dieser Text ist frei erfunden.

Bitte lassen Sie sich nun den Diktattext vorlesen und ergänzen Sie die fehlenden Wörter. Sie haben dafür **20 Minuten** Zeit.

Feuerwehren im Großeinsatz

Mehrere Großeinsätze hielten am 2) _____ die Berufsfeuerwehren 3) _____ auf

4) _____. In Freiburg 5) _____ gegen 14 Uhr Mitar-

beiter verschiedener Pflegeheime die 6) _____: Auf-

grund eines 7) _____ Stromausfalls waren Beat-

mungsgeräte und andere 8) _____

9) _____ ausgefallen. Die umgehend

10) _____ Rettungskräfte stellten mit ihren

11) _____ eine

12) _____ her. Zahlreiche Senio-

ren mussten 13) _____ versorgt werden, in einigen

Fällen war eine 14) _____ ins Krankenhaus nötig.

Währenddessen ereignete sich in Karlsruhe eine

15) _____ 16) _____ auf dem Ge-

lände der örtlichen

17) _____. Als die

18) _____ der Feuerwehr eintrafen, standen die

19) _____ bereits in

20) _____ Flammen. Mit angelegten

21) _____ gelang es den Einsatzkräften,

alle eingeschlossenen Personen aus dem 22) _____ zu retten.

Wie durch ein Wunder wurde 23) _____ schwer oder gar

24) _____ verletzt. Es entstand ein

25) _____ Sachschaden. Noch einige hun-

dert Meter entfernt fand man Ersatzteile von

26) _____, die durch die Wucht der Ex-

plosion 27) _____ worden waren. Die

28) _____ ist bislang unklar, die Kriminal-

polizei ermittelt in alle Richtungen.

Am 29) _____ kam es schließlich auf der A 6

bei Mannheim zu einem weiteren Unglück. Kurz nach

30) _____ des

31) _____ wurde gegen 16 Uhr ein

32) _____ Unfall mit Lkw-Beteiligung ge-

meldet. Den 33) _____ Feuerwehreinheiten

bot sich ein nahezu 34) _____ Bild: Neben

35) _____ beschädigten Pkws fanden sie auch einen auf

der Fahrerseite liegenden 36) _____ vor. Viele Fahrzeug-

insassen konnten nur mithilfe von 37) _____

38) _____ aus den 39) _____ befreit

werden. Aus dem Tank des Lkw liefen unterdessen große Mengen

40) _____ aus, der durch Ölbinder

41) _____ gemacht werden musste.

Schaulustige verfolgten das 42) _____ von der Brücke ei-

ner 43) _____ aus und brachten den Verkehr auch

dort vollständig zum 44) _____. Als die Polizei die

45) _____ Menge zu zerstreuen versuchte, entwickelte sich zu

46) _____ 47) _____ noch eine Auseinanderset-

zung mit einigen 48) _____ Jugendlichen.

Ein besonders 49) _____ junger Mann schlug dabei

einem Polizeibeamten ins Gesicht und 50) _____ danach zu

Fuß. Die 51) _____ des 52) _____

ließ sich inzwischen jedoch ohne größeren Aufwand

53) _____: Er hatte bei der 54) _____

sein 55) _____ mitsamt

56) _____ und Personalausweis verloren.

Kurzaufsatz (Erörterung) *Bearbeitungszeit 45 Minuten*

Nun geht es um Ihre Ausdrucksfähigkeit, Ihre Sachkenntnis und Ihr Urteilsvermögen.

Bei einem Kurzaufsatz ist nicht nur interessant, wie Sie schreiben, sondern auch, was Sie zu einem bestimmten Thema zu sagen haben.

Ihren Text können Sie nach dem folgenden Schema gliedern:

¬ **Einleitung:** Finden Sie einen Einstieg, nähern Sie sich an das Thema an, beispielsweise anhand von persönlichen Erfahrungen oder aktuellen Ereignissen.

¬ **Hauptteil:** Gehen Sie auf die Fragestellung ein, indem Sie verständlich formulieren, anschaulich beschreiben und plausibel argumentieren. Doch verlieren Sie sich nicht in Randaspekten – behalten Sie die Bearbeitungszeit im Auge.

¬ **Schluss:** Fassen Sie das Gesagte abschließend zusammen, ziehen Sie eine Bilanz.

Bearbeitungshinweis

45 Minuten sind nicht viel Zeit, um einen überzeugenden Aufsatz zu verfassen. Proben Sie gegebenenfalls mehrmals, Ihre Ausführungen in der vorgegebenen Bearbeitungsdauer auf den Punkt zu bringen. Achten Sie dabei – unabhängig von der Fragestellung – auf Rechtschreibung, Grammatik und einen angemessenen Sprachstil.

Sorgen Sie dafür, dass sich Ihr Text gut lesen lässt: durch logische Satzanschlüsse, einen klaren Satzbau, treffende Begriffe und eine saubere Handschrift. Geben Sie Ihrem Text ruhig eine leicht persönliche Note, anstatt abstrakt und ungreifbar zu schreiben. Möglicherweise hat Ihr Wunschberuf einen direkten Bezug zum vorgegebenen Begriff – dann sollten Sie auch auf diesen Zusammenhang eingehen.

Nehmen Sie nun bitte etwas Schreibpapier zur Hand und verfassen Sie einen Kurzaufsatz zum Thema „Cybermobbing".

57) Studien zufolge wird heutzutage rund jeder sechste Jugendliche Opfer von Cybermobbing: Er wird über elektronische Medien beleidigt, beschimpft oder bedroht, etwa in sozialen Online-Netzwerken, in Videoportalen oder per Smartphone. Was kann man dagegen tun?

Rechtschreibung Lückentext   *Bearbeitungszeit 3 Minuten*

Welcher Ausdruck füllt die Lücke sinnvoll und fehlerfrei? Bitte markieren Sie jeweils die richtige Lösung.

58) _____ Jubel riss die Menschen aus ihren Sitzen.

A. Frenetische
B. Frenetisches
C. Frenetischer
D. Frenetischen
E. Keine Antwort ist richtig.

59) Zum Glück war er _____ genug, um die Chance sofort zu nutzen.

A. geistesgegenwertig
B. geistesgegenwärtig
C. geistesgegenwärtige
D. geistesgegenwärtiger
E. Keine Antwort ist richtig.

60) Der _____ ist ein mittelgroßer Greifvogel.

A. Bussarde
B. Busards
C. Bussart
D. Bussard
E. Keine Antwort ist richtig.

61) Die Reden des _____ sind bei allen unbeliebt.

A. Professoren
B. Professors
C. Professor
D. Professorin
E. Keine Antwort ist richtig.

62) Um Platz zu schaffen, schob Sie den Bücherstapel _____.

A. beiseite
B. bei Seite
C. Beiseite
D. bei seite
E. Keine Antwort ist richtig.

63) Der Kontrolleur musste ihm erklären, dass man nicht _____ darf.

A. Schwarzfahren
B. schwarz fahren
C. Schwarz fahren
D. schwarzfahren
E. Keine Antwort ist richtig.

64) In der Deutschprüfung musste ich den Inhalt eines Romans _____ .

A. wieder-geben
B. wieder geben
C. wiedergeben
D. wieder Geben
E. Keine Antwort ist richtig.

65) Im Fach Medizin ist die _____ des Menschen ein eigenständiges Teilgebiet.

A. Physiologien
B. Psychologin
C. Physiologin
D. Physiologie
E. Keine Antwort ist richtig.

66) Unser Nachbar ist wirklich ein sehr _____ Mensch.

A. kolerisch
B. chollerischer
C. cholerischer
D. kolerische
E. Keine Antwort ist richtig.

67) Dieser Massagesessel ist genial! Die _____ der Massage lässt sich stufenlos regeln.

A. Intensivität
B. Intenzität
C. Intensität
D. Indensität
E. Keine Antwort ist richtig.

68) Mit einer _____ Umfrage wird versucht, die öffentliche Meinung zu ermitteln.

A. repressente
B. repräsenten
C. repräsentativen
D. repräsentative
E. Keine Antwort ist richtig.

69) Heute war das Training früher _____ als sonst.

A. zu Ende
B. Zuende
C. zuende
D. zu ende
E. Keine Antwort ist richtig.

70) Der Lehrer braucht für das _____ der Hausaufgaben ganz schön lange.

A. Korrektur lesen
B. Korrekturlesen
C. korrektur lesen
D. korrektur-lesen
E. Keine Antwort ist richtig.

Groß- und Kleinschreibung   *Bearbeitungszeit 7½ Minuten*

Groß oder klein – welche Schreibweise stimmt? Beantworten Sie bitte die folgenden Aufgaben, indem Sie jeweils den Lösungsbuchstaben des richtig geschriebenen Satzes markieren.

71) Welcher Satz ist richtig geschrieben?

A. Beim spielen fiel sie auf den Boden.

B. Beim Spielen fiel sie auf den Boden.

C. Beim spielen fiel sie auf den boden.

D. Beim Spielen fiel sie auf den boden.

E. Keine Antwort ist richtig.

72) Welcher Satz ist richtig geschrieben?

A. Alle Angeklagten Demonstranten wurden, wie vom Ankläger gefordert, verurteilt.

B. Alle angeklagten Demonstranten wurden, wie vom Ankläger gefordert, verurteilt.

C. Alle angeklagten Demonstranten wurden, wie vom ankläger gefordert, verurteilt.

D. Alle Angeklagten Demonstranten wurden, wie vom ankläger gefordert, verurteilt.

E. Keine Antwort ist richtig.

73) Welcher Satz ist richtig geschrieben?

A. Das Kind hat keine Angst.

B. Das Kind hat keine angst.

C. Das Kind hat Keine Angst.

D. Das Kind hat Keine angst.

E. Keine Antwort ist richtig.

74) Welcher Satz ist richtig geschrieben?

A. Das Singen macht der Gruppe sehr viel Spaß.

B. Das singen macht der Gruppe sehr viel Spaß.

C. Das Singen macht der gruppe sehr viel Spaß.

D. Das Singen macht der gruppe sehr viel spaß.

E. Keine Antwort ist richtig.

75) Welcher Satz ist richtig geschrieben?

A. Es bleibt alles beim Alten.

B. Es bleibt alles beim alten.

C. Es bleibt Alles beim Alten.

D. Es bleibt Alles beim alten.

E. Keine Antwort ist richtig.

76) Welcher Satz ist richtig geschrieben?

A. Das wandern ist des Müllers Lust.

B. Das Wandern ist des Müllers Lust.

C. Das Wandern ist des Müllers lust.

D. Das wandern ist des Müllers lust.

E. Keine Antwort ist richtig.

77) Welcher Satz ist richtig geschrieben?

A. Alles übrige wird am Montag besprochen.

B. Alles Übrige wird am Montag besprochen.

C. Alles übrige wird am montag besprochen.

D. Alles Übrige wird am montag besprochen.

E. Keine Antwort ist richtig.

78) Welcher Satz ist richtig geschrieben?

A. Die Feier war Dienstagabend.

B. Die Feier war dienstagabend.

C. Die Feier war Dienstag abend.

D. Die Feier war Dienstag Abend.

E. Keine Antwort ist richtig.

79) Welcher Satz ist richtig geschrieben?

A. Die Einen sind klug; die anderen nicht.

B. Die einen sind klug; Die anderen nicht.

C. Die Einen sind klug; die Anderen nicht.

D. Die einen sind klug; die Anderen nicht.

E. Keine Antwort ist richtig.

80) Welcher Satz ist richtig geschrieben?

A. Die Ersten werden die Besten sein.

B. Die ersten werden die besten sein.

C. Die Ersten werden die besten sein.

D. Die ersten werden die Besten sein.

E. Keine Antwort ist richtig.

81) Welcher Satz ist richtig geschrieben?

A. Er mag gerne Rad fahren.

B. Er mag gerne radfahren.

C. Er mag gerne rad fahren.

D. Er mag gerne Radfahren.

E. Keine Antwort ist richtig.

82) Welcher Satz ist richtig geschrieben?

A. Meine Tasche bietet so viel Platz, dass ich oft viel Unnötiges durch die Gegend schleppe.

B. Meine Tasche bietet so viel platz, dass ich oft viel Unnötiges durch die Gegend schleppe.

C. Meine Tasche bietet so viel Platz, dass ich oft viel unnötiges durch die Gegend schleppe.

D. Meine Tasche bietet so viel Platz, dass ich oft viel Unnötiges durch die gegend schleppe.

E. Keine Antwort ist richtig.

83) Welcher Satz ist richtig geschrieben?

A. Es tat ihm aufrichtig leid.

B. Es tat ihm aufrichtig Leid.

C. Es tat ihm Aufrichtig leid.

D. Es tat ihm Aufrichtig Leid.

E. Keine Antwort ist richtig.

84) Welcher Satz ist richtig geschrieben?

A. Sie mag am liebsten Sportwagen in Rot.

B. Sie mag am Liebsten Sportwagen in rot.

C. Sie mag am liebsten sportwagen in rot.

D. Sie mag am liebsten sportwagen in Rot.

E. Keine Antwort ist richtig.

85) Welcher Satz ist richtig geschrieben?

A. Es war jenseits von gut und böse.

B. Es war jenseits von Gut und Böse.

C. Es war jenseits von Gut und böse.

D. Es war jenseits von gut und Böse.

E. Keine Antwort ist richtig.

„s", „ss" oder „ß"?   *Bearbeitungszeit 5 Minuten*

Welche Schreibweise stimmt?

Bitte füllen Sie die Lücken korrekt, indem Sie jeweils „s", „ss" oder „ß" hineinschreiben. Es gelten die aktuellen Regeln der deutschen Rechtschreibung.

86)   Jetzt reicht es mir aber, das Ma___ ist endgültig voll!

87)   Die breite Ma___e der Bevölkerung stand hinter ihr.

88)   Unbekannte Randalierer warfen ein Moped in den Flu___.

89)   Nach einer Woche gelang es, den Täter zu fa___en.

90)   Mehr lä___t sich dazu im Moment noch nicht sagen.

91)   Die Aufgabe war kein bi___chen schwierig.

92)   Er wu___te, da___ die Sache nicht gut für ihn stand.

93)   Mach dir deswegen keine Gewi___ensbi___e.

94)   Bald rei___t ihr der Geduldsfaden wegen der Versäumni___e.

95)   Um niemanden vor den Kopf zu sto___en, ging er äu___erst behutsam vor.

96)   Da___ ich da___ noch einmal erleben darf, hätte ich nicht gedacht.

97)   Bi___ zu den Ferien sind es noch fa___t zwei Wochen.

98)   „Wa___er marsch!", hie___ es beim Tag der offenen Tür der Feuerwehr Dü___eldorf.

99)   Plötzlich fiel drau___en an der Stra___e ein Schu___.

100) Auch an der Ka___e wu___te niemand von dem Ärgerni___ mit dem Bierfa___.

Straßennamen schreiben   *Bearbeitungszeit 7½ Minuten*

Wie sicher sind Sie in der Schreibung von Straßennamen?

Beantworten Sie bitte die folgenden Aufgaben, indem Sie jeweils den Lösungsbuchstaben des richtig geschriebenen Straßennamens markieren.

101) Wie wird der Straßenname korrekt geschrieben?

A. Meckel-Straße
B. Meckel Straße
C. Meckelstraße
D. Mekkel-Straße
E. Mekkelstrasse

102) Wie wird der Straßenname korrekt geschrieben?

A. Aachener Straße
B. Achener Strasse
C. Achenerstrasse
D. Aachener-Straße
E. Aachenerstrase

103) Wie wird der Straßenname korrekt geschrieben?

A. Geschwister-Schollstraße
B. Geschwister Schollstraße
C. Geschwister Scholl Straße
D. Geschwister-Scholl-Straße
E. Geschwister-Scholl Straße

104) Wie wird der Straßenname korrekt geschrieben?

A. Pappel Weg
B. Pappelweg
C. Papel-Weg
D. Papelweg
E. Pappel-Weg

105) Wie wird der Straßenname korrekt geschrieben?

A. Wiesen Gaße
B. Wiesengaße
C. Wiesen Gasse
D. Wiesengasse
E. Wisen-Gaße

106) Wie wird der Straßenname korrekt geschrieben?

A. Neukölner Straße
B. Neuköllnerstraße
C. Neuköllner Straße
D. Neukölnerstraße
E. Neuköllner-Straße

107) Wie wird der Straßenname korrekt geschrieben?

A. Stutgarter Straße
B. Stutgarterstraße
C. Stuttgarterstraße
D. Stuttgarter-Straße
E. Stuttgarter Straße

108) Wie wird der Straßenname korrekt geschrieben?

A. Krummestraße
B. Krumme Straße
C. Krumme-Straße
D. Krumestraße
E. Krume-Straße

109) Wie wird der Straßenname korrekt geschrieben?

A. Bethovenstraße
B. Beet-Hoven-Straße
C. Beethovenstraße
D. Beethoven Straße
E. Bethoven-Straße

110) Wie wird der Straßenname korrekt geschrieben?

A. Kurzer-Weg
B. Kurzer weg
C. kurzer Weg
D. Kurzerweg
E. Kurzer Weg

111) Wie wird der Straßenname korrekt geschrieben?

A. Wuppertaler Allee
B. Wupperthaler Alee
C. Wuppertaler-Allee
D. Wupperthalerallee
E. Wuppertalerallee

112) Wie wird der Straßenname korrekt geschrieben?

A. Bayreuter Straße
B. Bayreutherstraße
C. Bayreuterstraße
D. Bayreuther Straße
E. Bayreuther-Straße

113) Wie wird der Straßenname korrekt geschrieben?

A. Cuxhafener Straße
B. Cuxhavener Straße
C. Cuxhafenerstraße
D. Cuxhavenerstraße
E. Cuxhafener-Straße

114) Wie wird der Straßenname korrekt geschrieben?

A. Schopenhauerstraße
B. Schoppenhauerstraße
C. Schopen-Hauer-Straße
D. Schoppenhauer Straße
E. Schoppenhauer-Straße

115) Wie wird der Straßenname korrekt geschrieben?

A.   Konrad Adenauer Straße

B.   Konradadenauerstraße

C.   Konrad-Adenauer-Straße

D.   Konrad Adenauerstraße

E.   Konrad-Adenauerstraße

Fehler korrigieren

Bearbeitungszeit 5 Minuten

Finden Sie heraus, welche Ausdrücke Rechtschreibfehler enthalten, und schreiben Sie die korrekte Form in das nebenstehende Feld. Richtig geschriebene Wörter müssen Sie nicht korrigieren.

116) Operazion

117) defeckt

118) efektiv

119) ungläubig

120) Sehharfen

121) Maschiene

122) Sekreteriat

123) Atheist

124) exklusif

125) Emmotion

126) Höhr-Nerv

127) seid Stunden

128) Sympatie

129) Thymian

130) Rhytmus

Kommas setzen   *Bearbeitungszeit 7½ Minuten*

Welche Interpunktion stimmt? Bearbeiten Sie bitte die folgenden Aufgaben, indem Sie die fehlenden Kommas ergänzen.

131) Die Tatsache ☐ dass sich die Erde um die Sonne dreht ☐ galt vor wenigen Jahrhunderten noch als Irrglaube und Gotteslästerung.

132) Nachdem ich gesehen hatte ☐ was sie mir hatte zeigen wollen ☐ war ich so überwältigt ☐ dass ich zuerst gar nicht sprechen konnte.

133) Er konnte sich nicht erklären ☐ wie es sein konnte ☐ dass er auf einmal mitten in einem Park stand ☐ obwohl es seines Wissens in seiner Stadt ☐ doch gar keine Grünflächen gab.

134) Bereits wenige Minuten ☐ nachdem ein Passant die Polizei gerufen hatte ☐ erschienen die Beamten ☐ und nahmen die Randalierer fest.

135) Trotz der vielen Arbeit ☐ und der unzähligen Überstunden ☐ mag sie ihren Job gern ☐ da sie mit den Kollegen sehr gut zurechtkommt.

136) Die meisten Menschen ☐ die ein Haustier haben ☐ sind der Meinung ☐ dass ihr Tier das allerbeste auf der ganzen Welt ist.

137) Wenn sich Hunde und Katzen begegnen ☐ gibt es meistens Ärger ☐ da sie sich aufgrund ihrer unterschiedlichen Körpersprache ☐ nicht verstehen können.

138) Hättest du☐ als ich dich damals gefragt habe☐ die Wahrheit gesagt☐ so wäre uns viel Ärger erspart geblieben.

139) Kennst du die Serie☐ in der ein alter Kapitän☐ seinen drei Enkeln☐ und dem dummen Matrosen☐ immer unglaubliche Geschichten erzählt?

140) Angesichts des unbeständigen Wetters☐ empfehle ich dir dringend☐ einen Regenschirm mitzunehmen☐ damit du nicht nass wirst.

Kommasetzung erkennen *Bearbeitungszeit 7½ Minuten*

In diesem Abschnitt geht es darum, die richtige Kommasetzung zu erkennen.

Bearbeiten Sie bitte die folgenden Aufgaben, indem Sie jeweils den Lösungsbuchstaben des korrekt interpunktierten Satzes markieren.

141)

A. Obwohl sich der Bewerber gut vorbereitet hatte konnte er eine Frage nicht beantworten.

B. Obwohl sich der Bewerber gut vorbereitet hatte, konnte er eine Frage nicht beantworten.

C. Obwohl, sich der Bewerber gut vorbereitet hatte konnte er eine Frage nicht beantworten.

D. Obwohl sich, der Bewerber, gut vorbereitet hatte, konnte er eine Frage nicht beantworten.

E. Keine Antwort ist richtig.

142)

A. Am Montag, den 28. Juli, habe ich einen Arzttermin.

B. Am Montag den 28. Juli habe ich einen Arzttermin.

C. Am Montag den 28. Juli, habe ich einen Arzttermin.

D. Am Montag den, 28. Juli, habe ich einen Arzttermin.

E. Keine Antwort ist richtig.

143)

A. Begründen Sie bitte warum Sie sich gerade bei uns beworben haben.

B. Begründen Sie bitte, warum Sie sich gerade bei uns beworben haben.

C. Begründen, Sie bitte, warum Sie sich gerade bei uns beworben haben.

D. Begründen, Sie bitte warum Sie sich gerade bei uns beworben haben.

E. Keine Antwort ist richtig.

144)

A. Man kann davon ausgehen, dass schlecht gebaute Häuser, das nächste Erdbeben nicht überstehen.

B. Man kann davon ausgehen dass schlecht gebaute Häuser das nächste Erdbeben nicht überstehen.

C. Man kann, davon ausgehen, dass schlecht gebaute Häuser, das nächste Erdbeben nicht überstehen.

D. Man kann davon ausgehen, dass schlecht gebaute Häuser das nächste Erdbeben nicht überstehen.

E. Keine Antwort ist richtig.

145)

A. Ein wichtiger Aspekt, der die Konzentration eines Menschen beeinflussen kann, ist Übung.

B. Ein wichtiger Aspekt der die Konzentration eines Menschen beeinflussen kann ist Übung.

C. Ein wichtiger Aspekt der die Konzentration eines Menschen beeinflussen kann, ist Übung.

D. Ein wichtiger Aspekt, der die Konzentration eines Menschen beeinflussen kann ist Übung.

E. Keine Antwort ist richtig.

146)

A. Jeder der etwas von Kommasetzung versteht, sollte diese Aufgabe, lösen können.

B. Jeder der etwas von Kommasetzung versteht, sollte diese Aufgabe lösen können.

C. Jeder, der etwas von Kommasetzung versteht, sollte diese Aufgabe, lösen können.

D. Jeder, der etwas von Kommasetzung versteht, sollte diese Aufgabe lösen können.

E. Keine Antwort ist richtig.

147)

A. Ich habe so viel Arbeit, dass ich gar nicht weiß wo ich anfangen soll.

B. Ich habe so viel Arbeit, dass ich gar nicht weiß, wo ich anfangen soll.

C. Ich habe so viel Arbeit, dass ich gar nicht weiß wo, ich anfangen soll.

D. Ich habe so viel Arbeit dass ich gar nicht weiß, wo ich anfangen soll.

E. Keine Antwort ist richtig.

148)

A. Sicherlich können nicht alle Bedingungen eingehalten werden weil sehr oft der Verlauf von anderen Faktoren beeinflusst wird die von uns als gegeben betrachtet werden müssen.

B. Sicherlich können nicht alle Bedingungen eingehalten werden, weil sehr oft der Verlauf von anderen Faktoren beeinflusst wird die von uns als gegeben betrachtet werden müssen.

C. Sicherlich können nicht alle Bedingungen eingehalten werden weil sehr oft der Verlauf von anderen Faktoren beeinflusst wird, die von uns als gegeben betrachtet werden müssen.

D. Sicherlich können nicht alle Bedingungen eingehalten werden, weil sehr oft der Verlauf von anderen Faktoren beeinflusst wird, die von uns als gegeben betrachtet werden müssen.

E. Keine Antwort ist richtig.

149)

A. Er ist nach der Arbeit zu müde als dass er noch joggen könnte, obwohl er sich vorgenommen hat, regelmäßig zu trainieren.

B. Er ist nach der Arbeit zu müde, als dass er noch joggen könnte obwohl er sich vorgenommen hat, regelmäßig zu trainieren.

C. Er ist nach der Arbeit zu müde als dass er noch joggen könnte, obwohl er sich vorgenommen hat regelmäßig zu trainieren.

D. Er ist nach der Arbeit zu müde, als dass er noch joggen könnte, obwohl er sich vorgenommen hat, regelmäßig zu trainieren.

E. Keine Antwort ist richtig.

150)

A. Durch bewusst langsames Sprechen, durch das Senken und Heben der Stimme, und durch die Veränderung der Lautstärke, wird die Aufmerksamkeit erhöht.

B. Durch bewusst langsames Sprechen, durch das Senken und Heben der Stimme, und durch die Veränderung der Lautstärke wird die Aufmerksamkeit erhöht.

C. Durch bewusst langsames Sprechen, durch das Senken und Heben der Stimme und durch die Veränderung der Lautstärke wird die Aufmerksamkeit erhöht.

D. Durch bewusst langsames Sprechen durch das Senken und Heben der Stimme und durch die Veränderung der Lautstärke wird die Aufmerksamkeit erhöht.

E. Keine Antwort ist richtig.

Konjunktionen   *Bearbeitungszeit 3 Minuten*

Welche Konjunktion füllt die Lücke so, dass der fertige Satz die vorangestellte Aussage sinngemäß wiedergibt?

Der vorgestellte Sachverhalt wird im Lückentext umformuliert.

Hierzu ein Beispiel

Aufgabe

1)   und, doch, aber, sondern, denn

Durch das einjährige Auslandsstudium in London verbesserte er seine Sprachkenntnisse in Englisch.

Er spricht gut Englisch, _____ er war ein Jahr in London.

Antwort

Er spricht gut Englisch, _*denn*_____ er war ein Jahr in London.

Im vorgestellten Beispielsatz ist das Auslandsstudium in London der Grund für die Verbesserung seiner Sprachkenntnisse. Gesucht wird also eine kausale (begründende) Konjunktion; somit kann nur „denn" stimmen.

Bitte bearbeiten Sie nun die Aufgaben: Setzen Sie die richtige Konjunktion in das Feld ein, sodass sich ein grammatisch korrekter Satz ergibt. Der Sinn der vorangestellten Aussage darf dabei nicht verändert werden.

151) obwohl, weil, falls, zumal, indem

Trotz des schönen Wetters bekam Paul eine Erkältung.

Paul hat sich erkältet,

_____ das Wetter

schön war.

152) dabei, sondern auch, aber, also, und

Opa Franz ist witzig. Schlau ist er noch dazu.

Opa Franz ist nicht nur witzig,

_____ schlau.

153) als ob, wenn, wiewohl, weil,
während

Wegen einer Reifenpanne kam Herr Schlegel zu spät zur Arbeit.

Herr Schlegel kam zu spät zur Arbeit,

_____ er eine Reifen-

panne hatte.

154) und, oder, aber, schließlich,
doch

Bernd war vor einem Jahr in Australien. Vor zwei Jahren war er in Vietnam. Vor drei Jahren hat er ein Praktikum in Südafrika gemacht.

Bernd war schon in Australien, in Vi-

etnam _____ in

Südafrika.

155) als, und, je, wie, oder

Nach dem Sport hatte Martin großen Hunger. Er verschlang zwei große Schnitzel.

Nach dem Sport aß Martin

_____ ein Scheunen-

drescher und verschlang zwei große

Schnitzel.

156) denn, während, wobei, als,
nachdem

Seit ihrem Fahrradunfall vor einer Woche hat Corinna eine dicke Beule am Knie.

Corinna hat eine Beule am Knie,

_____ sie einen Fahr-

radunfall hatte.

157) obwohl, dafür, statt, doch, oder

Michael hat vielleicht ein großes Auto. Ich habe dafür ein schnelles Motorrad.

Michael hat vielleicht ein großes Au-

to, _____ ich habe

ein schnelles Motorrad.

158) nachdem, wenn, weil, denn,
damit

Dank Ihrer guten Vorbereitung war die Prüfung für Kerstin kein Problem.

Kerstin hat die Prüfung ohne Schwie-

rigkeiten bestanden,

_____ sie gut vorbe-

reitet war.

159) als, obwohl, weil, sodass, wenn

An seinem Geburtstag gewann er zum ersten Mal im Lotto.

Er gewann im Lotto,

_____ er Geburtstag hatte.

160) bevor, nachdem, während, wie, dabei

Im Einsatz kann ich doch nicht privat telefonieren!

Ich kann doch nicht privat telefonieren, _____ ich im Einsatz bin!

Sinnverwandte Begriffe

Bearbeitungszeit 5 Minuten

Finden Sie das Synonym: Welches Wort kommt dem vorgegebenen Begriff sinngemäß am nächsten? Bitte markieren Sie jeweils den zugehörigen Lösungsbuchstaben.

161) Behälter
A. Tisch
B. Stuhl
C. Wagen
D. Pritsche
E. Container

162) Grazie
A. Täuschung
B. Strähne
C. Geschichte
D. Dank
E. Anmut

163) Trubel
A. Verwirrung
B. Sog
C. Gewissen
D. Betrieb
E. Strömung

164) Vagabund
A. Verein
B. Obdachloser
C. Ungewissheit
D. Spion
E. Nachricht

165) Inbrunst
A. Gier
B. Desinteresse
C. Leidenschaft
D. Vorgabe
E. Inhalt

166) Juwel
A. Kalorie
B. Schmuckstück
C. Detail
D. Freude
E. Masse

167) Zwist
A. Faden
B. Duo
C. Tanz
D. Gummi
E. Streit

168) frönen
A. sich widmen
B. sich freuen
C. sich ärgern
D. sich schämen
E. sich verstecken

169) herb

A. gemein
B. enttäuschend
C. unfair
D. grob
E. bitter

170) radikal

A. extrem
B. illegal
C. gefährlich
D. tabulos
E. negativ

Gegenteilige Begriffe

Bearbeitungszeit 5 Minuten

Ordnen Sie jedem Wort den gegenteiligen Begriff aus der rechten Spalte zu, indem Sie den richtigen Lösungsbuchstaben in das Kästchen eintragen.

Begriff   Gegenteiliger Begriff

171) glauben   A. vergessen

172) verlieren   B. aufbewahren

173) wegwerfen   C. schaden

174) lesen   D. ignorieren

175) lieben   E. zerstören

176) erfahren   F. schreiben

177) reparieren   G. wissen

178) zusammenfügen   H. finden

179) wahrnehmen   I. hassen

180) nützen   J. trennen

Fremdwörter *Bearbeitungszeit 5 Minuten*

Welcher Begriff kommt dem vorgegebenen Fremdwort sinngemäß am nächsten? Bearbeiten Sie bitte die folgenden Aufgaben, indem Sie jeweils den richtigen Lösungsbuchstaben markieren.

181) Kausalität

A. Gleichzeitigkeit
B. Verwandtschaft
C. Beziehung
D. Ursächlichkeit
E. Keine Antwort ist richtig.

182) Fusion

A. Zerstörung
B. Verschmelzung
C. vertragliche Vereinbarung
D. geheime Absprache
E. Keine Antwort ist richtig.

183) Phlegma

A. träge Gemütsart
B. Hautentzündung
C. Edelsteinart
D. griechische Zahl
E. Keine Antwort ist richtig.

184) human

A. für den Menschen gemacht
B. den Menschen betreffend
C. hilfsbereit
D. öffentlich
E. Keine Antwort ist richtig.

185) Judikative

A. Organisation zur Wahrung der jüdischen Kultur
B. Schimpfwort
C. Anwältin
D. richterliche Gewalt im Staat
E. Keine Antwort ist richtig.

186) maliziös

A. genial
B. dämlich
C. kompliziert
D. einfach
E. Keine Antwort ist richtig.

187) glorifizieren

A. verherrlichen
B. seligsprechen
C. schönreden
D. überschätzen
E. Keine Antwort ist richtig.

188) subtil

A. nebenbei
B. mit viel Feingefühl
C. hintenherum
D. mit viel Aufwand
E. Keine Antwort ist richtig.

189) protegieren

A. verfestigen

B. in die Zukunft blicken

C. seinen Unmut äußern

D. begünstigen

E. Keine Antwort ist richtig.

190) Indiz

A. Beweis

B. Argument

C. Meinung

D. Anzeichen

E. Keine Antwort ist richtig.

Rechtsvorschriften anwenden   *Bearbeitungszeit 10 Minuten*

Rechtliche Vorschriften auf konkrete Fälle anzuwenden, gehört für Polizeibeamte zum Alltag.

Lesen Sie sich die folgende Verordnung aufmerksam durch. Konzentrieren Sie sich auf die inhaltlichen Kernpunkte: Wer darf was, und unter welchen Bedingungen? Wann dürfen welche Strafen ausgesprochen werden? Für wen und wie lange gelten die Bestimmungen? Anschließend sind einige Fragen zur Vorschrift zu beantworten.

Stadtverordnung über den Anleinzwang von Hunden im Lübecker Innenstadtbereich

Aufgrund des § 175 des Allgemeinen Verwaltungsgesetzes für das Land Schleswig-Holstein (LVwG) in der Fassung der Bekanntmachung vom 2. Juni 1992 (GVOBl. Schl.-H. S. 243, ber. S. 534), zuletzt geändert durch Gesetz vom 15. Februar 2005 (GVOBl. Schl. H. S. 168) in Verbindung mit § 17 des Gesetzes zur Vorbeugung und Abwehr der von Hunden ausgehenden Gefahren (Gefahrhundegesetz – GefHG) vom 28.01.2005 (GVOBl. Schl. H. S. 51), wird mit Genehmigung des Innenministeriums des Landes Schleswig-Holstein vom 11. Mai 2005 für den Innenstadtbereich der Hansestadt Lübeck verordnet:

§ 1 Anleinzwang

(1) Hunde sind auf öffentlichen Straßen, Wegen, Plätzen und Anlagen im Innenstadtbereich mit Ausnahme besonders ausgewiesener Hundeauslaufgebiete anzuleinen. Der Innenstadtbereich wird ab der Hubbrücke begrenzt durch den Wasserverlauf Hansahafen, Holstenhafen (...). Die Brücken über dem Wasserverlauf gehören nicht mit zum Innenstadtbereich.

(2) Die Grenzen des Gebietes sind in dem anliegenden Übersichtsplan gekennzeichnet.

§ 2 Ausnahmen

§ 1 gilt nicht für Diensthunde von Behörden, Such- und Rettungshunde sowie Behindertenbegleit- und Blindenhunde, soweit der bestimmungsgemäße Einsatz dies erfordert.

§ 3 Ordnungswidrigkeiten

(1) Ordnungswidrig im Sinne des § 175 Abs. 3 Allgemeines Verwaltungsgesetz für das Land Schleswig-Holstein handelt, wer vorsätzlich oder fahrlässig entgegen § 1 Abs. 1 dieser Verordnung als Hundehalter oder Hundeführer einen Hund auf öffentlichen Straßen, Wegen, Plätzen und Anlagen im Innenstadtbereich nicht anleint.

(2) Die Ordnungswidrigkeit kann mit einer Geldbuße bis zu 1.000,– Euro geahndet werden.

§ 4 Inkrafttreten, Geltungsdauer

(1) Diese Verordnung tritt am Tage nach ihrer Verkündung in Kraft.

(2) Die Geltungsdauer dieser Verordnung beträgt gem. § 62 Abs. 1 Satz 2 Allgemeines Verwaltungsgesetz für das Land Schleswig-Holstein fünf Jahre.

Lübeck, den 14. Dezember 2006, Hansestadt Lübeck, Der Bürgermeister als Ordnungsbehörde

Wenden Sie nun Ihre Kenntnisse der vorgelegten Rechtsvorschriften an: Beantworten Sie die folgenden Aufgaben, indem Sie jeweils den richtigen Lösungsbuchstaben markieren. Sie haben dafür **10 Minuten** Zeit.

191) Wo dürfen Hunde auch im Innenstadtbereich unangeleint laufen?

A. Nirgendwo – sie sind überall anzuleinen.
B. Auf öffentlichen Wiesen
C. In allen öffentlichen Anlagen
D. In ausgewiesenen Hundeauslaufgebieten
E. Im Lübecker Hafenbereich

192) Welche Hunde dürfen in der Lübecker Innenstadt unangeleint geführt werden?

A. Sehr kleine Hunde mit weniger als 20 cm Schulterhöhe
B. Besonders ungefährliche Hunde
C. Blindenhunde und Diensthunde im Einsatz
D. Hunde, die einen speziellen Kurs in einer Hundeschule absolviert haben
E. Alle Hunde müssen angeleint werden.

193) Ein Hundehalter handelt der Verordnung nach ordnungswidrig, wenn ...?

A. sein Hund auf die Straße uriniert.

B. sein Hund sich losreißt und danach durch die Stadt streunt.

C. sein Hund einen Passanten anbellt.

D. sein Hund nicht auf Kommandos hört.

E. er einmal vergisst, seinen Hund anzuleinen.

194) Welche Strafe stellt die Verordnung für das Nichtanleinen eines Hundes in Aussicht?

A. Eine schriftliche Ermahnung

B. Eine Geldstrafe

C. Die Zwangsüberführung des Hundes in ein Tierheim

D. Das Verbot des Betretens von öffentlichen Anlagen

E. Eine mündliche Verwarnung

195) Wie lange ist die Verordnung gültig?

A. Bis eine neue Verordnung in Kraft tritt

B. Die Verordnung gilt für immer.

C. Die Verordnung ist 2 Jahre lang gültig.

D. Die Verordnung ist 5 Jahre lang gültig.

E. Bis ein neuer Bürgermeister gewählt wird

Beobachtung schildern   *Bearbeitungszeit 10 Minuten*

Sie erhalten eine Bildergeschichte, die in sechs Einzelszenen einen bestimmten Vorgang erzählt. Was ist passiert? Prägen Sie sich den Handlungsablauf ein und beantworten Sie einige Fragen dazu.

Bitte beantworten Sie die folgenden Fragen schriftlich. Sie haben dafür **10 Minuten** Zeit.

196) An welchem Ort spielt die Handlung? Woran lässt sich das festmachen?

_____

_____

_____

_____

_____

_____

197) Beschreiben Sie die Hauptperson!

_____

_____

_____

_____

_____

_____

198) Wo befindet sich die Hauptperson auf dem ersten Bild genau?

199) Welche Rolle spielt der Mann mit dem Nummern-Shirt?

200) Welcher polizeirelevante Vorgang wird gezeigt? Bitte beschreiben Sie den Handlungsablauf kurz in eigenen Worten.

Zeugenaussage wiedergeben   *Bearbeitungszeit 20 Minuten*

Bitte lesen Sie sich die folgende Zeugenaussage in den **nächsten 5 Minuten** aufmerksam durch, um anschließend einen Bericht dazu schreiben zu können.

Zeugenaussage Frau Müller zum Vorfall vom 15.06.2019

„Am Mittwoch, den 15. Juni 2019, fuhr ich gegen 14:00 Uhr mit dem Fahrrad von der Arbeit nach Hause. Als ich auf der Frankfurter Straße angekommen war, hörte ich plötzlich Schreie aus einem Waldstück. Zuerst wusste ich gar nicht, was ich machen soll, so sehr habe ich mich erschrocken. Dann habe ich mich dem Waldstück genähert und gesehen, wie ein unbekannter Mann ein junges Mädchen offensichtlich gegen dessen Willen in unwegsames Gelände zerrte. Der Mann war ca. 190 Zentimeter groß, hatte einen Vollbart, langes Haar und eine schwarze Jeanshose an. Er sah ungepflegt und etwas verstört aus. Über dem Auge hatte er eine etwa zwei Zentimeter lange Schnittwunde. Ich bin den beiden vorsichtig gefolgt und konnte sehen, wie der Mann das junge Mädchen hinter eine Lagerhalle schleppte und dann mit ihr in einem roten Kombi davonfuhr. Das Mädchen war ungefähr sechs Jahre alt und hatte hellblondes, schulterlanges Haar. Bekleidet war es mit einem roten Oberteil und einer blauen Jeanshose. Der Mann trug eine schwarze Lederjacke und schwarze Handschuhe. Die beiden fuhren in Richtung Stadtwald zwischen Frankfurt und Neu-Isenburg los. Kurz darauf habe ich das Auto aus den Augen verloren. Ich bin dann natürlich sofort zur Polizei gegangen."

Dieser Text ist frei erfunden.

201) Bitte fassen Sie Frau Müllers Zeugenaussage nun in einem eigenen Bericht zusammen, der alle wichtigen Informationen enthält und als Grundlage weiterer Ermittlungen dienen soll. Sie haben dafür **15 Minuten** Zeit.

Lösungen: Sprachbeherrschung

1) siehe Erklärung	27) davonge-	55) Portemonnaie |
2) Samstagabend	schleudert	Portmonee
3) Baden-	28) Unglücksursache	56) Führerschein
Württembergs	29) Spätnachmittag	57) siehe Erklärung
4) Trab	30) Einsetzen	58) C
5) alarmierten	31) Stoßverkehrs	59) B
6) Leitstelle	32) katastrophaler	60) D
7) weiträumigen	33) herbeigeeilten	61) B
8) medizinische	34) apokalyptisches	62) A
9) Apparate	35) Dutzenden |	63) D
10) angerückten	dutzenden	64) C
11) Aggregaten	36) Sattelzug	65) D
12) Notstrom-	37) hydraulischem	66) C
versorgung	38) Rettungsgerät	67) C
13) notärztlich	39) Wracks	68) C
14) Überführung	40) Dieselkraftstoff	69) A
15) verheerende	41) unschädlich	70) B
16) Explosion	42) Geschehen	71) B
17) Schifffahrts-	43) Bundesstraße	72) B
gesellschaft	44) Erliegen	73) A
18) Löschzüge	45) gaffende	74) A
19) Betriebsgebäude	46) allem	75) A
20) helllichten	47) Überfluss	76) B
21) Atemschutz-	48) streitsüchtigen	77) B
masken	49) aggressiver	78) A
22) Inferno	50) flüchtete	79) C
23) niemand	51) Identität	80) A
24) tödlich	52) Delinquenten	81) A
25) beträchtlicher	53) feststellen	82) A
26) Schiffszylindern	54) Rangelei	83) A

84) A	116) Operation	148) D
85) B	117) defekt	149) D
86) ß	118) effektiv	150) C
87) ss	119) –	151) obwohl
88) ss	120) Seehafen	152) sondern auch
89) ss	121) Maschine	153) weil
90) ss	122) Sekretariat	154) und
91) ss	123) –	155) wie
92) ss | ss	124) exklusiv	156) nachdem
93) ss | ss	125) Emotion	157) doch
94) ß | ss	126) Hörnerv	158) weil
95) ß | ß	127) seit Stunden	159) als
96) ss | s	128) Sympathie	160) während
97) s | s	129) –	161) E
98) ss | ß | ss	130) Rhythmus	162) E
99) ß | ß | ss	131) , ,	163) D
100) ss | ss | s | ss	132) , , ,	164) B
101) C	133) , , , ☐	165) C
102) A	134) , , ☐	166) B
103) D	135) ☐ ☐ ,	167) E
104) B	136) , , ,	168) A
105) D	137) , , ☐	169) E
106) C	138) , , ,	170) A
107) E	139) , ☐ ☐ ☐	171) G
108) B	140) ☐ (,) ,	172) H
109) C	141) B	173) B
110) E	142) A	174) F
111) A	143) B	175) I
112) D	144) D	176) A
113) B	145) A	177) E
114) A	146) D	178) J
115) C	147) B	179) D

180)	C	188)	B	196)	
181)	D	189)	D	197)	
182)	B	190)	D	198)	siehe Erklärung
183)	A	191)	D	199)	
184)	B	192)	C	200)	
185)	D	193)	E	201)	siehe Erklärung
186)	E	194)	B		
187)	A	195)	D		

Diktat (Aufgabe 1)

Zu 1)

Ihr Abschneiden können Sie anhand der nachfolgenden Tabelle einschätzen (Wiederholungsfehler zählen einfach).

Zur Orientierung sind drei unterschiedliche Bewertungsniveaus vorgegeben: leicht, mittel und schwer. Ein Lesebeispiel: Wenn Sie acht Fehler gemacht haben und die Maßstäbe eines mittleren Testniveaus anlegen, dann fällt Ihr Ergebnis in der Spalte „mittel" in den Notenbereich 3 („befriedigend").

Note	Anzahl Fehler		
	(schwer)	(mittel)	(leicht)
1 („sehr gut")	0–2	0–2	0–3
2 („gut")	3–5	3–6	4–8
3 („befriedigend")	6–8	7–11	9–14
4 („ausreichend")	9–12	12–15	15–20
5 („mangelhaft")	13–16	16–20	21–26
6 („ungenügend")	mehr als 16	mehr als 20	mehr als 26

Lückendiktat (Aufgaben 2–56)

Zu 2) Samstagabend

Zu 3) Baden-Württembergs

Zu 4) Trab

Zu 5) alarmierten

Zu 6) Leitstelle	**Zu 30)** Einsetzen
Zu 7) weiträumigen	**Zu 31)** Stoßverkehrs
Zu 8) medizinische	**Zu 32)** katastrophaler
Zu 9) Apparate	**Zu 33)** herbeigeeilten
Zu 10) angerückten	**Zu 34)** apokalyptisches
Zu 11) Aggregaten	**Zu 35)** Dutzenden | dutzenden
Zu 12) Notstromversorgung	**Zu 36)** Sattelzug
Zu 13) notärztlich	**Zu 37)** hydraulischem
Zu 14) Überführung	**Zu 38)** Rettungsgerät
Zu 15) verheerende	**Zu 39)** Wracks
Zu 16) Explosion	**Zu 40)** Dieselkraftstoff
Zu 17) Schifffahrtsgesellschaft	**Zu 41)** unschädlich
Zu 18) Löschzüge	**Zu 42)** Geschehen
Zu 19) Betriebsgebäude	**Zu 43)** Bundesstraße
Zu 20) helllichten	**Zu 44)** Erliegen
Zu 21) Atemschutzmasken	**Zu 45)** gaffende
Zu 22) Inferno	**Zu 46)** allem
Zu 23) niemand	**Zu 47)** Überfluss
Zu 24) tödlich	**Zu 48)** streitsüchtigen
Zu 25) beträchtlicher	**Zu 49)** aggressiver
Zu 26) Schiffszylindern	**Zu 50)** flüchtete
Zu 27) davongeschleudert	**Zu 51)** Identität
Zu 28) Unglücksursache	**Zu 52)** Delinquenten
Zu 29) Spätnachmittag	**Zu 53)** feststellen

Zu 54) Rangelei

Zu 55) Portemonnaie | Portmonee

Zu 56) Führerschein

Kurzaufsatz (Erörterung) (Aufgabe 57)

Zu 57)

Ein Denkanstoß zur Themenvorgabe: Das beste Mittel gegen Cybermobbing ist die Verhinderung von Cybermobbing. Man müsste sich also um die Vorbeugung kümmern. Dass digitale Medien auch Gefahren mit sich bringen, könnte im Elternhaus und im Schulunterricht eingehend besprochen werden, um die Medienkompetenz der Heranwachsenden zu fördern. Wer vermeiden will, dass persönliche Informationen für Mobbingzwecke missbraucht werden, sollte seine Privatsphäre schützen können. Braucht man unbedingt ein Profil in diesem und in jenem Netzwerk? Welche Angaben macht man wem zugänglich? Nicht jeder Schnappschuss muss öffentlich sichtbar sein, nicht jede Freundschaftsanfrage muss zwingend akzeptiert werden. Viele Mobber legen sich gefälschte Identitäten zu und handeln im Schutz der Anonymität.

Ein weiterer Schritt bestünde darin, die Betroffenen zu unterstützen und die Täter zu verfolgen. Dazu müssten die Jugendlichen konkret wissen, wie sie im Ernstfall vorgehen können (Beweise sichern, Screenshots machen ...) und wohin sie sich wenden können (Eltern, Lehrer, Medienscouts an Schulen, Beratungsstellen, die Polizei ...).

Rechtschreibung Lückentext (Aufgaben 58–70)

Zu 58) C. Frenetischer

Das Adjektiv muss im gleichen Kasus wie „Jubel" stehen, nämlich im Nominativ Singular, somit ist Antwort C die richtige Lösung.

Zu 59) B. geistesgegenwärtig

Das Adjektiv darf hier nicht dekliniert sein. Antwort A ist falsch geschrieben, darum bleibt nur B als richtige Lösung.

Zu 60) D. Bussard

Das einzusetzende Substantiv muss im Nominativ Singular stehen. Daher scheiden die ersten beiden Möglichkeiten aus. Antwort C enthält einen

Schreibfehler, so dass Antwort D die richtige Lösung ist.

Zu 61) B. Professors

Die Antwort B „Professors" gibt hier die richtige Form, nämlich den männlichen Genitiv Singular, wieder.

Zu 62) A. beiseite

Im Adverb „beiseite" erkennt man zwar noch das Nomen „Seite", es ist aber in seiner Bedeutung verblasst und zu einem festen Teil des Adverbs geworden.

Zu 63) D. schwarzfahren

„Schwarzfahren" bedeutet, ein Verkehrsmittel ohne gültigen Fahrschein zu nutzen, und hat mit der Farbe Schwarz nichts zu tun. Adjektiv-Verb-Verbindungen in übertragener Bedeutung werden zusammengeschrieben.

Zu 64) C. wiedergeben

Kombinationen von Adverbien und Verben werden zusammengeschrieben, wenn sie – wie im vorliegenden Fall – in übertragener Bedeutung verwendet werden.

Zu 65) D. Physiologie

Das gesuchte Wort muss im Nominativ Singular stehen, wodurch Vor-

schlag A ausscheidet. Sinnvoll ist nur Antwort D „Physiologie".

Zu 66) C. cholerischer

Die Antworten A und D passen aus grammatischen Gründen nicht, B ist falsch geschrieben. Die richtige Antwort lautet also C „cholerischer".

Zu 67) C. Intensität

Die richtige Lösung ist C „Intensität", alle anderen Antworten sind falsch geschrieben.

Zu 68) C. repräsentativen

Das gesuchte Adjektiv muss im Dativ Singular stehen. Korrekt ist Antwort C.

Zu 69) A. zu Ende

Auf die Präposition „zu" folgt das Nomen „Ende". Beide Wörter stehen getrennt.

Zu 70) B. Korrekturlesen

Steht ein Begleitwort („das") vor einer Nomen-Verb-Verbindung, ist Vorsicht geboten: Dann handelt es sich um eine Nominalisierung und das Verb verschmilzt mit dem Nomen zu einem eigenständigen Hauptwort, das natürlich großzuschreiben ist.

Groß- und Kleinschreibung (Aufgaben 71–85)

Zu 71) B. Beim Spielen fiel sie auf den Boden.

Substantivierte Verben („Spielen") werden großgeschrieben.

Zu 72) B. Alle angeklagten Demonstranten wurden, wie vom Ankläger gefordert, verurteilt.

Substantive („Ankläger") werden großgeschrieben, Partizipien („angeklagten") schreibt man klein.

Zu 73) A. Das Kind hat keine Angst.

Nur in Verbindung mit den Verben „sein", „werden" und „bleiben" schreibt man „Angst", „Bange", „Gram", „Leid", „Schuld" und „Pleite" klein. In Verbindung mit allen anderen Verben werden diese Wörter großgeschrieben.

Zu 74) A. Das Singen macht der Gruppe sehr viel Spaß.

Substantivierte Pronomen, Adjektive oder Verben („das Singen") werden großgeschrieben.

Zu 75) A. Es bleibt alles beim Alten.

Substantivierte Adjektive („beim Alten") werden großgeschrieben.

Zu 76) B. Das Wandern ist des Müllers Lust.

Substantivierte Verben („das Wandern") werden großgeschrieben.

Zu 77) B. Alles Übrige wird am Montag besprochen.

Substantivierte unbestimmte Zahladjektive („Übrige") werden großgeschrieben.

Zu 78) A. Die Feier war Dienstagabend.

Wenn die Tageszeiten in Verbindung mit den Wochentagen stehen, dann werden diese zusammen- und großgeschrieben.

Zu 79) C. Die Einen sind klug; die Anderen nicht.

Substantivierte unbestimmte Zahladjektive (die „einen", die „anderen") kann man kleinschreiben oder großschreiben, um den substantivischen Charakter zu betonen, wobei man innerhalb eines Sinnabschnitts einheitlich vorgehen sollte. Nach einem Semikolon (Strichpunkt) schreibt man klein weiter, sofern kein grundsätzlich großzuschreibendes Wort folgt.

Zu 80) A. Die Ersten werden die Besten sein.

Substantivierte Ordnungszahlen („die Ersten") und substantivierte Adjektive („die Besten") werden großgeschrieben.

Zu 81) A. Er mag gerne Rad fahren.

Substantive schreibt man in Verbindung mit einem Verb (z. B. „Rad fahren", „Handball spielen") generell groß und getrennt.

Zu 82) A. Meine Tasche bietet so viel Platz, dass ich oft viel Unnötiges durch die Gegend schleppe.

Substantivisch gebrauchte Adjektive („das Unnötige") werden großgeschrieben. Häufig zeigen vorangehende Wörter wie „alles", „etwas", „nichts" oder „viel" den substantivischen Gebrauch an.

Zu 83) A. Es tat ihm aufrichtig leid.

Die geltenden Regeln betrachten „leidtun" als zusammengesetztes Verb, dessen Vorderglied „leid" nicht als Substantiv angesehen wird. Man schreibt es auch dann klein, wenn es wie hier von „tun" abrückt. Das Adjektiv „aufrichtig" wird ebenfalls kleingeschrieben.

Zu 84) A. Sie mag am liebsten Sportwagen in Rot.

Substantivierte Adjektive („Rot") werden großgeschrieben.

Zu 85) B. Es war jenseits von Gut und Böse.

2006 wurde per Einzelfallentscheidung festgelegt, dass in der Redewendung „jenseits von Gut und Böse" „Gut" und „Böse" großzuschreiben sind.

„s", „ss" oder „ß"? (Aufgaben 86–100)

Zu 86) Jetzt reicht es mir aber, das Ma_ß_ ist endgültig voll!

Nach einem lang ausgesprochenen Vokal wie dem „a" in „Maß" schreibt man den stimmlosen s-Laut als „ß".

Zu 87) Die breite Ma_ss_e der Bevölkerung stand hinter ihr.

Nach einem kurz ausgesprochenen Vokal wie dem „a" in „Masse" schreibt man den stimmlosen s-Laut in der Regel als „ss".

Zu 88) Unbekannte Randalierer warfen ein Moped in den Flu_ss_.

Nach einem kurz ausgesprochenen Vokal wie dem „u" in „Fluss" schreibt man den stimmlosen s-Laut in der Regel als „ss".

Zu 89) Nach einer Woche gelang es, den Täter zu fa_ss_en.

Nach einem kurz ausgesprochenen Vokal wie dem „a" in „fassen" schreibt man den stimmlosen s-Laut in der Regel als „ss".

Zu 90) Mehr lä_ss_t sich dazu im Moment noch nicht sagen.

Nach einem kurz ausgesprochenen Umlaut wie dem „ä" in „lässt" schreibt man den stimmlosen s-Laut in der Regel als „ss".

Zu 91) Die Aufgabe war kein bi_ss_chen schwierig.

Nach einem kurz ausgesprochenen Vokal wie dem „i" in „bisschen" schreibt man den stimmlosen s-Laut in der Regel als „ss".

Zu 92) Er wu_ss_te, da_ss_ die Sache nicht gut für ihn stand.

Nach einem kurz ausgesprochenen Vokal wie dem „u" in „wusste" schreibt man den stimmlosen s-Laut in der Regel als „ss". Bei „dass" handelt es sich um eine Konjunktion, die mit „ss" geschrieben wird.

Zu 93) Mach dir deswegen keine Gewi_ss_ensbi_ss_e.

Nach kurz ausgesprochenen Vokalen wie dem ersten und zweiten „i" in „Gewissensbisse" schreibt man den stimmlosen s-Laut in der Regel als „ss".

Zu 94) Bald rei_ß_t ihr der Geduldsfaden wegen der Versäumni_ss_e.

Nach einem Doppellaut (Diphthong) wie dem „ei" in „reißt" schreibt man den stimmlosen s-Laut in der Regel

als „ß". In der Endsilbe „-nis" schreibt man ihn im Singular als „s", im Plural („-nisse") als „ss".

Zu 95) Um niemanden vor den Kopf zu sto_ß_en, ging er äu_ß_erst behutsam vor.

Nach einem lang ausgesprochenen Vokal wie dem „o" in „stoßen" schreibt man den stimmlosen s-Laut als „ß" – genauso wie nach einem Doppellaut (Diphthong) wie dem „äu" in „äußerst".

Zu 96) Da_ss_ ich da_s_ noch einmal erleben darf, hätte ich nicht gedacht.

Am Satzanfang steht hier die Konjunktion „dass", die man mit „ss" schreibt. Bei der zweiten Lücke handelt es sich um das Demonstrativpronomen „das", welches mit einem „s" geschrieben wird.

Zu 97) Bi_s_ zu den Ferien sind es noch fa_s_t zwei Wochen.

In beiden Fällen geht es um den stimmlosen s-Laut, den man nach kurz ausgesprochenen Vokalen normalerweise als „ss" schreibt – bei „bis" und „fast" bestätigt jedoch die Ausnahme die Regel.

Zu 98) „Wa_ss_er marsch!", hie_ß_ es beim Tag der offenen Tür der Feuerwehr Dü_ss_eldorf.

Nach einem kurz ausgesprochenen Vokal wie dem „a" in „Wasser" schreibt man den stimmlosen s-Laut in der Regel als „ss". Nach einem Doppellaut (Diphthong) wie dem „ie" in „hieß" schreibt man den stimmlosen s-Laut als „ß". Der Ortsname „Düsseldorf" wird mit „ss" geschrieben.

Zu 99) Plötzlich fiel drau_ß_en an der Stra_ß_e ein Schu_ss_.

In allen drei Fällen geht es um den stimmlosen s-Laut: Nach einem Doppellaut (Diphthong) wie dem „au" in „draußen" schreibt man ihn als „ß", ebenso wie nach einem lang ausgesprochenen Vokal wie dem „a" in „Straße". Nach einem kurz ausgesprochenen Vokal wie dem „u" in „Schuss" schreibt man ihn in der Regel als „ss".

Zu 100) Auch an der Ka_ss_e wu_ss_te niemand von dem Ärgerni_s_ mit dem Bierfa_ss_.

Nach kurz ausgesprochenen Vokalen wie dem „a" in „Kasse" und dem „u" in „wusste" schreibt man den stimmlosen s-Laut in der Regel als „ss". In der Endsilbe „-nis" schreibt man ihn jedoch als „s".

Straßennamen schreiben (Aufgaben 101–115)

Zu 101) C. Meckelstraße

Ist nur der Nachname einer Person Teil des Straßennamens, wird er mit der (kleingeschriebenen) Straßenbezeichnung zusammengezogen.

Zu 102) A. Aachener Straße

Ist die Straße nach einem Ort benannt, steht der Ortsname getrennt von der Straßenbezeichnung. Beide Namensbestandteile werden großgeschrieben; Aachen schreibt sich mit zwei „a".

Zu 103) D. Geschwister-Scholl-Straße

Beinhaltet der Straßenname einen mehrgliedrigen Personennamen, werden alle Glieder mit Bindestrich verbunden.

Zu 104) B. Pappelweg

Ist ein Substantiv namensgebend, wird es mit der Straßenbezeichnung zusammengezogen; die Pappel – ein Baum – schreibt sich mit zwei „p".

Zu 105) D. Wiesengasse

Ist ein Substantiv namensgebend, wird es mit der Straßenbezeichnung zusammengezogen; die Wiese schreibt sich mit „ie".

Zu 106) C. Neuköllner Straße

Ist die Straße nach einem Ort benannt, steht der Ortsname getrennt von der Straßenbezeichnung. Beide Namensbestandteile werden großgeschrieben; der Berliner Stadtteil Neukölln schreibt sich mit zwei „l".

Zu 107) E. Stuttgarter Straße

Ist die Straße nach einem Ort benannt, steht der Ortsname getrennt von der Straßenbezeichnung. Beide Namensbestandteile werden großgeschrieben; Stuttgart schreibt sich mit zwei „t" nach dem „u".

Zu 108) B. Krumme Straße

Enthält der Straßenname ein Adjektiv, wird dieses großgeschrieben und von der Straßenbezeichnung getrennt; krumm schreibt sich mit zwei „m".

Zu 109) C. Beethovenstraße

Ist nur der Nachname einer Person Teil des Straßennamens, wird er mit der (kleingeschriebenen) Straßenbezeichnung zusammengezogen; der Komponist Ludwig van Beethoven schreibt sich mit zwei „e".

Zu 110) E. Kurzer Weg

Enthält der Straßenname ein Adjektiv, wird dieses großgeschrieben und von der Straßenbezeichnung getrennt.

Zu 111) A. Wuppertaler Allee

Ist die Straße nach einem Ort benannt, steht der Ortsname getrennt von der Straßenbezeichnung. Beide Namensbestandteile werden großgeschrieben; Wuppertal schreibt sich mit zwei „p", aber ohne „h", Allee schreibt sich mit zwei „l" und zwei „e".

Zu 112) D. Bayreuther Straße

Ist die Straße nach einem Ort benannt, steht der Ortsname getrennt von der Straßenbezeichnung. Beide Namensbestandteile werden großgeschrieben; Bayreuth schreibt sich mit „th".

Zu 113) B. Cuxhavener Straße

Ist die Straße nach einem Ort benannt, steht der Ortsname getrennt von der Straßenbezeichnung. Beide Namensbestandteile werden großgeschrieben; Cuxhaven schreibt sich mit „v".

Zu 114) A. Schopenhauerstraße

Ist nur der Nachname einer Person Teil des Straßennamens, wird er mit der (kleingeschriebenen) Straßenbezeichnung zusammengezogen; der Philosoph Arthur Schopenhauer schreibt sich mit einem „p".

Zu 115) C. Konrad-Adenauer-Straße

Beinhaltet der Straßenname den Vor- und Nachnamen einer Person, werden alle Glieder mit Bindestrich verbunden.

Fehler korrigieren (Aufgaben 116–130)

Zu 116) Operation

Zu 117) defekt

Zu 118) effektiv

Zu 119) „ungläubig" stimmt.

Zu 120) Seehafen

Zu 121) Maschine

Zu 122) Sekretariat

Zu 123) „Atheist" stimmt.

Zu 124) exklusiv

Zu 125) Emotion

Zu 126) Hörnerv

Zu 127) seit Stunden

Zu 128) Sympathie

Zu 129) „Thymian" stimmt.

Zu 130) Rhythmus

Kommas setzen (Aufgaben 131–140)

Zu 131) Die Tatsache[,] dass sich die Erde um die Sonne dreht[,] galt vor wenigen Jahrhunderten noch als Irrglaube und Gotteslästerung.

Die beiden Kommas trennen den eingeschobenen Nebensatz vom umliegenden Hauptsatz.

Zu 132) Nachdem ich gesehen hatte[,] was sie mir hatte zeigen wollen[,] war ich so überwältigt[,] dass ich zuerst gar nicht sprechen konnte.

Das erste Komma beendet den Temporalnebensatz. Das zweite Komma trennt den Relativnebensatz vom folgenden Hauptsatz. Das dritte Komma leitet einen weiteren Nebensatz ein.

Zu 133) Er konnte sich nicht erklären[,] wie es sein konnte[,] dass er auf einmal mitten in einem Park stand[,] obwohl es seines Wissens in seiner Stadt[ ] doch gar keine Grünflächen gab.

Das erste Komma trennt den Hauptsatz vom Nebensatz, die anderen beiden Kommas leiten auch jeweils einen Nebensatz ein.

Zu 134) Bereits wenige Minuten[,] nachdem ein Passant die Polizei gerufen hatte[,] erschienen die Beamten[ ] und nahmen die Randalierer fest.

Die beiden Kommas trennen den eingeschobenen Nebensatz vom Hauptsatz.

Zu 135) Trotz der vielen Arbeit[ ] und der unzähligen Überstunden[ ] mag sie ihren Job gern[,] da sie mit den Kollegen sehr gut zurechtkommt.

Das Komma trennt den Hauptsatz vom Kausalnebensatz.

Zu 136) Die meisten Menschen[,] die ein Haustier haben[,] sind der Meinung[,] dass ihr Tier das allerbeste auf der ganzen Welt ist.

Die ersten beiden Kommas trennen den eingeschlossenen Relativsatz vom Hauptsatz. Das dritte Komma leitet einen weiteren Nebensatz ein.

Zu 137) Wenn sich Hunde und Katzen begegnen[,] gibt es meistens Ärger[,] da sie sich aufgrund ihrer unterschiedlichen Körpersprache[ ] nicht verstehen können.

Das erste Komma trennt den Konditionalnebensatz vom Hauptsatz. Das zweite Komma leitet einen Kausalnebensatz ein.

Zu 138) Hättest du[,] als ich dich damals gefragt habe[,] die Wahrheit gesagt[,] so wäre uns viel Ärger erspart geblieben.

Die ersten beiden Kommas umrahmen einen Temporalnebensatz, der in einen Konditionalnebensatz eingeschoben ist. Das dritte Komma trennt den Konditionalsatz vom Hauptsatz.

Zu 139) Kennst du die Serie[,] in der ein alter Kapitän[ ] seinen drei Enkeln[ ] und dem dummen Matrosen[ ] immer unglaubliche Geschichten erzählt?

Das Komma trennt den Hauptsatz vom Nebensatz ab.

Zu 140) Angesichts des unbeständigen Wetters[ ] empfehle ich dir dringend[(,)] einen Regenschirm mitzunehmen[,] damit du nicht nass wirst.

Das erste Komma trennt den Hauptsatz vom Infinitivsatz (dieses Komma kann man setzen, muss man aber nicht!). Das zweite Komma leitet den Finalnebensatz ein.

Kommasetzung erkennen (Aufgaben 141–150)

Zu 141) B. Obwohl sich der Bewerber gut vorbereitet hatte, konnte er eine Frage nicht beantworten.

Der Konzessivnebensatz, der durch „obwohl" eingeleitet wird und auf „vorbereitet hatte" endet, wird durch das Komma vom Hauptsatz getrennt.

Zu 142) A. Am Montag, den 28. Juli, habe ich einen Arzttermin.

Die beiden Kommas trennen eine Apposition vom Hauptsatz, die „Montag" genauer definiert.

Zu 143) B. Begründen Sie bitte, warum Sie sich gerade bei uns beworben haben.

Das Komma trennt einen Hauptsatz von einem Nebensatz (Objektsatz).

Zu 144) D. Man kann davon ausgehen, dass schlecht gebaute Häuser das nächste Erdbeben nicht überstehen.

Das Komma leitet einen Nebensatz ein.

Zu 145) A. Ein wichtiger Aspekt, der die Konzentration eines Menschen beeinflussen kann, ist Übung.

Die beiden Kommas grenzen einen eingeschobenen Relativsatz vom Hauptsatz ab.

Zu 146) D. Jeder, der etwas von Kommasetzung versteht, sollte diese Aufgabe lösen können.

Die beiden Kommas trennen den eingeschobenen Relativnebensatz vom Hauptsatz.

Zu 147) B. Ich habe so viel Arbeit, dass ich gar nicht weiß, wo ich anfangen soll.

Das erste Komma trennt den Hauptsatz vom nachfolgenden Nebensatz. Das zweite Komma leitet einen Relativsatz in Form eines lokalen Adverbialsatzes ein.

Zu 148) D. Sicherlich können nicht alle Bedingungen eingehalten werden, weil sehr oft der Verlauf von anderen Faktoren beeinflusst wird, die von uns als gegeben betrachtet werden müssen.

Am Anfang steht der Hauptsatz, der durch das erste Komma vom Kausalnebensatz getrennt wird. Das zweite Komma beendet den Kausalnebensatz und trennt ihn vom folgenden Relativnebensatz, der durch das Relativpronomen „die" eingeleitet wird.

Zu 149) D. Er ist nach der Arbeit zu müde, als dass er noch joggen könnte, obwohl er sich vorgenommen hat, regelmäßig zu trainieren.

Das erste Komma trennt den Hauptsatz vom folgenden Konsekutivnebensatz. Das zweite Komma beendet den Konsekutivnebensatz und steht vor dem folgenden Konzessivnebensatz. Das dritte Komma beendet den Konzessivnebensatz und trennt ihn vom folgenden Infinitivnebensatz.

Zu 150) C. Durch bewusst langsames Sprechen, durch das Senken und Heben der Stimme und durch die Veränderung der Lautstärke wird die Aufmerksamkeit erhöht.

Der durchgehende Hauptsatz enthält nur ein Komma, das durch die Aufzählung begründet ist.

Konjunktionen (Aufgaben 151–160)

Zu 151) Paul hat sich erkältet, _obwohl_ das Wetter schön war.

Das schöne Wetter ist ein Gegengrund für die Erkältung von Paul. Gegengründe werden mit konzessiven Konjunktionen wie „obwohl", „obgleich", „wiewohl" oder „wenngleich" eingeleitet. Alle weiteren Vorschläge sind logisch falsch.

Zu 152) Opa Franz ist nicht nur witzig, _sondern auch_ schlau.

Die feststehende Wendung „Nicht nur … sondern auch" ist eine kopulative Konjunktion. Sie reiht mehrere Elemente – in diesem Fall Opa Franz´ Eigenschaften – zu einer Aufzählung aneinander.

Zu 153) Herr Schlegel kam zu spät zur Arbeit, _weil_ er eine Reifenpanne hatte.

Die Reifenpanne ist der Grund für Herrn Schlegels Verspätung. Gesucht wird also nach einer kausalen (begründenden) Konjunktion – somit kommt nur „weil" infrage.

Zu 154) Bernd war schon in Australien, in Vietnam _und_ in Südafrika.

Hier werden mehrere Orte aufgezählt, die Bernd schon besucht hat. Aufzählungen erfordern eine kopulative (verbindende) Konjunktion wie „und". Alle anderen Ergänzungen würden den Sinngehalt verändern und/oder einen grammatisch falschen Satz ergeben.

Zu 155) Nach dem Sport aß Martin _wie_ ein Scheunendrescher und verschlang zwei große Schnitzel.

Hier verbindet die Konjunktion „wie" zwei Satzteile miteinander. Alle weiteren Vorschläge sind grammatisch („und", „je") oder logisch („als", „oder") nicht möglich.

Zu 156) Corinna hat eine Beule am Knie, _nachdem_ sie einen Fahrradunfall hatte.

Der Fahrradunfall ist zum einen der Grund für Corinnas Beule. Doch die in der Auswahl vorgeschlagene nebenordnende kausale Konjunktion „denn" scheidet aus, weil der Satzbau (Hauptsatz + Nebensatz) eine unterordnende Konjunktion erfordert. Zum anderen wird eine zeitliche Abfolge beschrieben, die mit der temporalen Konjunktion „nachdem" korrekt wiedergegeben werden kann.

Zu 157) Michael hat vielleicht ein großes Auto, _doch_ ich habe ein schnelles Motorrad.

Hier wird ein Gegensatz ausgedrückt, indem das schnelle Motorrad gegen das große Auto ausgespielt wird. Gesucht wird nach einem adversativen Bindewort, das infolge des Satzbaus (Hauptsatz + Hauptsatz) dazu noch nebenordnend sein muss – das unterordnende „wohingegen" scheidet

schon allein daher aus. Die korrekte Lösung lautet „doch".

Zu 158) Kerstin hat die Prüfung ohne Schwierigkeiten bestanden, _weil_ sie gut vorbereitet war.

Die gute Vorbereitung ist der Grund für Kerstins erfolgreiches Abschneiden. Gesucht wird nach einer kausalen Konjunktion – da aufgrund des Satzbaus (Hauptsatz + Nebensatz) das nebenordnende „denn" ausscheidet, kommt schließlich nur noch „weil" infrage.

Zu 159) Er gewann im Lotto, _als_ er Geburtstag hatte.

Der Geburtstag ist weder ein Grund noch ein Hindernis für einen Lottogewinn. Das kausale „weil" scheidet daher ebenso aus wie das adversative „obwohl". Auch das konditionale „wenn" kann nicht stimmen – in diesem Fall hätte er nämlich an jedem seiner bisherigen Geburtstage im Lotto gewonnen. Der Zusammenfall von Lottogewinn und Geburtstag wird nur mit dem temporalen „als" richtig wiedergegeben.

Zu 160) Ich kann doch nicht privat telefonieren, _während_ ich im Einsatz bin!

Die vorangestellte Aussage dreht sich um die Gleichzeitigkeit von Handytelefonaten und Einsatzzeit. Die passende temporale Konjunktion lautet „während".

Erläuterung

Konjunktionen (Bindewörter) verknüpfen Wörter, Wortgruppen oder ganze Sätze, wobei man in neben- und unterordnende Konjunktionen unterscheidet: Nebenordnende Konjunktionen verbinden Hauptsätze sowie gleichrangige Satzglieder, Wortgruppen oder Nebensätze („Er kam zu spät, denn er hatte verschlafen"). Unterordnende Konjunktionen verbinden Hauptsätze mit Nebensätzen oder Nebensätze mit weiteren, untergeordneten Nebensätzen („Er kam zu spät, weil er verschlafen hatte, da der Wecker defekt war"). Aus dem Satzbau können Sie also darauf schließen, ob eine neben- oder unterordnende Konjunktion gesucht wird.

Darüber hinaus geben Konjunktionen Auskunft über die logische Beziehung, die zwischen den verknüpften Elementen besteht. Bindewörter können einen Gegensatz ausdrücken (adversativ: „aber", „wohingegen"), Möglichkeiten aus einer Auswahl ausschließen (disjunktiv: „oder", „entweder ... oder"), einen Zweck bzw. eine Absicht wiedergeben (final: „damit", „um ... zu"), eine Ursache angeben (kausal: „denn", „weil"), eine Bedingung einleiten (konditional: „falls", „wenn"), die Folgen des Vorangegangenen ausführen (konsekutiv: „dass", „sodass"), einen Hinderungsgrund nennen (konzessiv: „obwohl", „wenn auch"), mehrere Elemente zu einer Aufzählung verbinden (kopulativ: „und", „nicht nur ... sondern auch"), die Art und Weise einer Handlung beschreiben (modal: „indem", „ohne ... zu") oder eine zeitliche Reihenfolge wiedergeben (temporal: „als", „nachdem"). Manche Konjunktionen („ob", „dass") leiten bisweilen auch nur Nebensätze ein, ohne eine Bedeutung mitzuteilen.

Sinnverwandte Begriffe (Aufgaben 161–170)

Zu 161) E. Container

Zu 162) E. Anmut

Zu 163) D. Betrieb

Zu 164) B. Obdachloser

Zu 165) **C.** Leidenschaft

Zu 166) **B.** Schmuckstück

Zu 167) **E.** Streit

Zu 168) **A.** sich widmen

Zu 169) **E.** bitter

Zu 170) **A.** extrem

Gegenteilige Begriffe (Aufgaben 171–180)

Zu 171) glauben – **G.** wissen

Zu 172) verlieren – **H.** finden

Zu 173) wegwerfen –
B. aufbewahren

Zu 174) lesen – **F.** schreiben

Zu 175) lieben – **I.** hassen

Zu 176) erfahren – **A.** vergessen

Zu 177) reparieren – **E.** zerstören

Zu 178) zusammenfügen –
J. trennen

Zu 179) wahrnehmen – **D.** ignorieren

Zu 180) nützen – **C.** schaden

Tipps für Zuordnungsaufgaben (171–180)

Diese Aufgabe prüft Wortschatz und Sprachgefühl. Gehen Sie dabei sehr konzentriert vor, da ein Fehler eine ganze Reihe anderer Fehler nach sich ziehen kann.

Beginnen Sie systematisch mit dem ersten Begriff in der linken Spalte und überprüfen Sie die rechte Spalte Wort für Wort, bis Sie die gegenteilige Bedeutung gefunden haben. Tragen Sie dann den entsprechenden Lösungsbuchstaben in das leere Kästchen in der mittleren Spalte ein. Wenn Sie sich nicht ganz sicher sind, dann verschieben Sie Ihre Entscheidung – vielleicht löst sich das Problem am Ende von selbst, da nur noch eine Möglichkeit übrig bleibt.

Wenn nach dem ersten Durchgang noch Lücken klaffen, dann hilft eventuell eine Umkehr des Verfahrens weiter: Man nehme sich das Wort aus der rechten Spalte vor und suche dazu aus der linken Spalte den Begriff mit der gegenteiligen Bedeutung.

Zum Schluss sollte geprüft werden, ob alle Buchstaben einmal eingetragen sind.

Fremdwörter (Aufgaben 181–190)

Zu 181) D. Ursächlichkeit

Zu 182) B. Verschmelzung

Zu 183) A. träge Gemütsart

Zu 184) B. den Menschen betreffend

Zu 185) D. richterliche Gewalt im Staat

Zu 186) E. Keine Antwort ist richtig.

„Maliziös" leitet sich ab vom französischen „malicieux" und dem lateinischen „malitiosus" und bedeutet „boshaft", „arglistig", „hämisch".

Zu 187) A. verherrlichen

Zu 188) B. mit viel Feingefühl

Zu 189) D. begünstigen

Zu 190) D. Anzeichen

Rechtsvorschriften anwenden (Aufgaben 191–195)

Zu 191) D. In ausgewiesenen Hundeauslaufgebieten

Laut § 1 Absatz (1) gilt eine Ausnahme des Anleinzwangs im Innenstadtbereich nur für „besonders ausgewiesene Hundeauslaufgebiete".

Zu 192) C. Blindenhunde und Diensthunde im Einsatz

Für welche Hunde die Anleinpflicht nicht gilt, ist in § 2 geregelt. Neben Such- und Rettungshunden müssen auch Behindertenbegleithunde, Blindenhunde und Diensthunde von Behörden nicht angeleint werden, „soweit der bestimmungsgemäße Einsatz dies erfordert". Ist ein Diensthund aber „außer Dienst", muss er demnach ebenfalls angeleint werden.

Zu 193) E. er einmal vergisst, seinen Hund anzuleinen.

Ob es in Lübeck als Ordnungswidrigkeit gilt, wenn ein Hundehalter seinen Hund auf die Straße urinieren lässt, kann aus der Verordnung nicht gefolgert werden: Sie beschäftigt sich nur mit der Leinenpflicht und sagt auch nichts über das Ankläffen von Passanten oder Ignorieren von Kommandos aus. Und wenn ein Hund sich gegen den Willen des Halters losreißt, kann man diesem nicht Vorsatz (Absicht) oder Fahrlässigkeit (Leichtsinn, Vergesslichkeit) bescheinigen, wie es bei Ordnungswidrigkeiten vorauszusetzen wäre.

Zu 194) **B.** Eine Geldstrafe

Leint ein Hundehalter seinen Hund nicht an, kann ihm laut § 3 Absatz (2) eine Geldbuße von bis zu 1.000 Euro auferlegt werden.

Zu 195) **D.** Die Verordnung ist 5 Jahre lang gültig.

Die Verordnung ist laut § 4, Absatz (2) 5 Jahre lang gültig und läuft dann aus, wenn die Geltungsdauer nicht verlängert wird. Die Gültigkeit ist nicht gekoppelt an die Mehrheitsverhältnisse im Stadtparlament oder den jeweils regierenden Bürgermeister.

Beobachtung schildern (Aufgaben 196–200, Musterantworten)

Zu 196) An welchem Ort spielt die Handlung? Woran lässt sich das festmachen?

Die Handlung spielt an einem Flughafen. Darauf weisen startende bzw. landende Flugzeuge, der Gepäckwagen, eine Gatenummer und eine Abflugtafel hin.

Zu 197) Beschreiben Sie die Hauptperson!

Die Hauptperson – das spätere Opfer – ist weiblich: Die Frau hat zu einem Pferdeschwanz gebundene schwarze Haare und trägt einen Hosenanzug.

Zu 198) Wo befindet sich die Hauptperson auf dem ersten Bild genau?

Die Frau sitzt auf einem Stuhl im Bereich von Gate 9; neben ihr erkennt man weitere, freie Plätze. Es handelt sich wahrscheinlich um einen Wartebereich am Flugsteig.

Zu 199) Welche Rolle spielt der Mann mit dem Nummern-Shirt?

Der Mann mit dem Nummern-Shirt ist einer der beiden Diebe, die die Handtasche stehlen. Er lenkt die Frau ab, während sie am Kaffeestand steht.

Zu 200) Welcher polizeirelevante Vorgang wird gezeigt? Bitte beschreiben Sie den Handlungsablauf möglichst genau.

Gezeigt wird ein Handtaschendiebstahl am Flughafen. Um etwa 15:30 Uhr beobachten die beiden Täter, wie eine Frau ihre Handtasche auf ihren Gepäckwagen legt. Als sie an einem Kaffeestand ansteht, um ein Getränk zu kaufen, verwickelt sie einer der Diebe (der Mann im Nummern-Shirt) in ein Gespräch und lenkt sie dadurch ab. Währenddessen nimmt sein Komplize im Kapuzen-Shirt die auf dem Gepäckwagen abgelegte Tasche an sich – dieser Vorgang ist nicht im Bild zu sehen. Die Frau bemerkt den Diebstahl augenscheinlich nicht, denn auf Bild 5 sieht man sie mit einem Becher in der Hand ruhig den Gepäckwagen schieben. Auf dem letzten Bild erkennt man schließlich, wie die Täter ihre Beute begutachten.

Zeugenaussage wiedergeben (Aufgabe 201)

Zu 201)

Bedenken Sie, dass auf Grundlage Ihres Texts weitere Ermittlungen eingeleitet werden sollen. Behalten Sie daher beim Durchlesen der Zeugenaussage eine Leitfrage im Hinterkopf: Welche Informationen sind aus polizeilicher Sicht wichtig, welche nicht?

In Ihrem Bericht sollten natürlich nur die relevanten Angaben auftauchen. Dabei reicht es nicht, die betreffenden Passagen einfach wörtlich zu zitieren – Sie müssen die Perspektive wechseln. Grammatisch wechseln Sie dazu von der 1. Person, in der Frau Müller den Sachverhalt berichtet, in die 3. Person. Inhaltlich geben Sie das Geschehen sachlich, verständlich, knapp und faktentreu wieder. Nutzen Sie möglichst keine wörtliche Rede, bleiben Sie in der einfachen Vergangenheitsform (Präteritum), vermeiden Sie Gefühle, Gedanken, Ausrufe und Vergleiche. Und bauen Sie keinen Spannungsbogen auf: Der Bericht sollte geradlinig, nüchtern und ohne Höhepunkte geschrieben sein. Im Mittelpunkt steht weder Ihre persönliche Meinung noch diejenige der Zeugin – sondern einzig der geschilderte Sachverhalt.

Beim Verfassen Ihres Berichts können Sie sich an folgende Gliederung halten:

Einleitung

¬ Wo? (Ort des Geschehens)

¬ Wann? (Uhrzeit und Datum des Geschehens)

¬ Wer? (beteiligte Personen)

¬ Was? (Art des Geschehens – z. B. Kindesentführung, Verkehrsunfall, Überfall ...)

Hauptteil

¬ Wie/Warum? (Einzelheiten zum Geschehen, exakte zeitliche Reihenfolge, mögliche kausale Zusammenhänge/Ursachen/Begründungen)

Schluss

¬ Konsequenzen? (eventuelle Folgen des Geschehens, z. B. Aufnahme von Ermittlungen)

Fremdsprachenkenntnisse

Englisch: Wortbedeutungen   *Bearbeitungszeit 7½ Minuten*

Geben Sie die korrekte Bedeutung des englischen Wortes wieder, indem Sie jeweils den richtigen Lösungsbuchstaben markieren.

1) fast
A. beinahe
B. schnell
C. kaum
D. ungefähr
E. sicher

2) to brake
A. stören
B. beugen
C. biegen
D. bremsen
E. brechen

3) responsible
A. aufnahmefähig
B. verantwortlich
C. fleißig
D. entschlossen
E. umstritten

4) attention
A. Anbindung
B. Aufmerksamkeit
C. Unterbrechung
D. Einstellung
E. Absicht

5) deal
A. Schwarzmarkt
B. Versicherung
C. Wahl
D. Verbrechen
E. Abkommen

6) intention
A. Beachtung
B. Absicherung
C. Klarheit
D. Verhandlung
E. Absicht

7) eventually
A. möglicherweise
B. schließlich
C. festlich
D. gelegentlich
E. unabhängig

8) conscience
A. Gewissen
B. Bewusstsein
C. Übereinstimmung
D. Selbstsicherheit
E. Wachsamkeit

Englisch: Wortbedeutungen

9) incident

A. Entscheidung
B. Entzündung
C. Unentschlossenheit
D. Vorfall
E. Auffälligkeit

10) contract

A. Zusammenfassung
B. Berührung
C. Abteilung
D. Vertrag
E. Belohnung

11) to harm

A. vergnügen
B. übereinstimmen
C. verehren
D. schaden
E. vermeiden

12) unable

A. unnahbar
B. unvollständig
C. unfähig
D. unklar
E. unbeschwert

13) to carry something

A. etwas sammeln
B. etwas tragen
C. etwas vermeiden
D. etwas kaufen
E. sich an etwas erinnern

14) obvious

A. verdächtig
B. abwegig
C. offensichtlich
D. unentschlossen
E. absurd

15) brief

A. entfernt
B. kurz
C. schriftlich
D. persönlich
E. geschickt

Englisch: Sätze übersetzen   *Bearbeitungszeit 7½ Minuten*

Wie lautet der vorgegebene deutsche Satz auf Englisch? Bearbeiten Sie bitte die folgenden Aufgaben, indem Sie den Lösungsbuchstaben der korrekten Übersetzung markieren.

16) Entschuldigen Sie bitte, wie viel Uhr ist es?

A. I'm sorry, what is the watch?

B. Excuse me, please, what time is it?

C. Excuse me, please, how much time is it?

D. Execute me, please, how many watches are there?

E. Excuse me, please, what is your name?

17) Was kostet das Buch?

A. Where did the book cost?

B. How does the book cost?

C. Where is the library?

D. Why did you get this book?

E. What does the book cost?

18) Nehmen Sie Platz!

A. Take a place!

B. Take a seat!

C. Get a seed!

D. Accept a seat!

E. Keine Antwort ist richtig.

19) Du solltest einen Regenschirm mitnehmen, weil es regnen wird.

A. You should take an umbrella, because it is going to rain.

B. You must take an umbrella, while it is going to rain.

C. Because you take an umbrella, it will rain.

D. You must not take an umbrella, because it will rain.

E. We took the umbrella, not to get wet, if it rains.

20) Es tut mir leid, aber die Ware ist bereits ausverkauft.

A. It makes me sorry, but the ware is ready out selled.

B. I'm sorry, but the goods were sold.

C. I'm sorry, but the goods are already sold out.

D. Are you sorry, you have sold out the goods?

E. I'm glad, you haven't sold out the goods.

21) Fahren Sie bitte an der nächsten Kreuzung rechts.

A. Please turn right at the next crossway.

B. The next turn crossways at right please.

C. Next crossways please right at the turn.

D. At the turn please crossways right next.

E. Next crossways right please turn at the.

22) Wo ist die nächste Bushaltestelle für den Bus zum Flughafen?

A. Who is the next bus station for the bus to the fly harbour?

B. How I get the bus stand for the airport?

C. Which line bus guides to the airport?

D. Where is the next bus stop for the bus line to the airport?

E. What bus goes to the central station?

23) Besser spät als nie.

A. Better late than never.

B. Better late as never.

C. Better late then never.

D. Batter late as never.

E. Keine Antwort ist richtig.

24) Wir haben bereits gestern darüber geredet.

A. Already yesterday talked about it we have.

B. Talked about it yesterday have we already.

C. Have we talked it about already yesterday?

D. We already talked about it yesterday.

E. We have already yesterday about talked.

25) Bei gutem Wetter sind der Himmel und das Meer blau.

A. Blue are the sky and the lake in good weather.

B. The sea and the sky are blue in weather good.

C. The blue and the sea sky are weather in good.

D. And blue the sea sky are in weather the good.

E. In good weather, the sky and the sea are blue.

26) Hatten Sie eine gute Reise?

A. A journey good have had you?

B. Have you had a good journey?

C. Have had you a journey good?

D. You had have a good journey?

E. Had have a journey good you?

27) Während Thomas schlief, hat jemand sein Gepäck geklaut.

A. When Thomas is sleeping, somebody stole his package.

B. While Thomas was sleeping, somebody stealed his baggage.

C. While Thomas was sleeping, somebody stole his baggage.

D. Thomas lost his baggage during the flight.

E. Thomas was stealing somebody's baggage, when he sleeps.

28) Das hängt vom Wetter ab.

A. That hangs apart from the weather.

B. That deepens from the weather.

C. That depends on the weather.

D. That departs from the wether.

E. Keine Antwort ist richtig.

29) Man sollte für Prüfungen immer gut vorbereitet sein.

A. You have to prepare yourself good for Testings.

B. Man should him check better for Tests.

C. You should always be well prepared for an exam.

D. You should always be good prepared for an exam.

E. Never prepare for an exam.

30) Wie kommst du denn auf so etwas?

A. How you get this idea?

B. Whatever gave you that idea?

C. How you come on this idea?

D. Where do you find that idea?

E. Do you have a big fantasy?

Englisch: Lückentext

Bearbeitungszeit 7½ Minuten

Finden Sie heraus, welche Wörter in die Leerstellen eingesetzt werden müssen, damit sich ein sinnvoller Satz ergibt.

Hierzu ein Beispiel

Aufgabe

1) His _____ car is new. How much _____ it cost?

A.   fathers | is
B.   father's | did
C.   feather's | have
D.   furthers | has been
E.   father's | had been

Antwort

(B.)   father's | did

His father's car is new. How much did it cost?

Da Genitiven im Englischen ein „s" mit Apostroph angehängt wird, kommen nur die Möglichkeiten B, C und E in Frage. „Feather" bedeutet jedoch „Feder" und nicht etwa „Vater": Somit scheidet Satz C aus. Für die zweite Leerstelle gibt es überhaupt nur einen korrekten Vorschlag, nämlich „did": „How much is it cost?" (Antwort A) ist keine korrekte Frage, und auch „have" (Antwort C) liegt grammatikalisch falsch, da es nicht zum Subjekt „it" in der 3. Person passt. Setzt man „has been" oder „had been" ein, ist zum einen der Satzbau falsch („How much has/have been it cost?"), zum anderen stimmen die Zeitformen – present perfect progressive und past perfect progressive, beides Verlaufsformen – nicht mit „cost" überein, das nicht in einer Verlaufsform steht.

Bitte bearbeiten Sie nun die Aufgaben: Markieren Sie den Lösungsbuchstaben des einzusetzenden Ausdrucks. Sie haben dafür **7½ Minuten** Zeit.

31) _____ , the better he feels.

A. If he earns more money
B. When he earns more money
C. More money he earns
D. The more money he earns
E. He makes more money

32) Yesterday he read _____ .

A. a first ten pages
B. the first ten pages
C. ten pages the first
D. the ten pages first
E. first ten the pages

33) January is the _____ month of the year.

A. shortest
B. short
C. first
D. second
E. hottest

34) What can I _____ for you?

A. do
B. make
C. does
D. did
E. doe

35) My parents _____ at home. They went out.

A. isn't
B. wouldn't
C. wasn't
D. aren't
E. didn't

36) Are you on this market to _____ ?

A. sell or to buy
B. buy or to fly
C. black or white
D. cell or to by
E. sink or to cry

37) I arrived _____ the railway station.

A. by
B. in
C. on
D. into
E. at

38) The knife _____ the table.

A. is of
B. are at
C. lays on
D. lies to
E. lies on

39) The pleasure is all _____.

A. on me

B. for my

C. on my side

D. for me

E. mine

40) She can't understand how Tom could have made _____.

A. such a big mistake

B. such big the mistake

C. so big mistake

D. so a big mistake

E. Keine Antwort ist richtig.

41) There aren't _____ cups in the cupboard.

A. some

B. any

C. the

D. a

E. Keine Antwort ist richtig.

42) He can read very _____.

A. good

B. well

C. goodly

D. goodfully

E. fine

43) While I _____ outside I saw a bird.

A. looking

B. watched

C. was looking

D. were watching

E. am seeing

44) Your sister used to visit Lionel quite often, _____?

A. didn't she

B. wouldn't she

C. doesn't she

D. haven't she

E. Keine Antwort ist richtig.

45) Mandy and Tom _____ out every day.

A. are using to go

B. were using to go

C. were used to go

D. used to go

E. Keine Antwort ist richtig.

Lösungen: Fremdsprachenkenntnisse

1)	B	16)	B	31)	D
2)	D	17)	E	32)	B
3)	B	18)	B	33)	C
4)	B	19)	A	34)	A
5)	E	20)	C	35)	D
6)	E	21)	A	36)	A
7)	B	22)	D	37)	E
8)	A	23)	A	38)	E
9)	D	24)	D	39)	E
10)	D	25)	E	40)	A
11)	D	26)	B	41)	B
12)	C	27)	C	42)	B
13)	B	28)	C	43)	C
14)	C	29)	C	44)	A
15)	B	30)	B	45)	D

Englisch: Wortbedeutungen (Aufgaben 1–15)

Zu 1) **B.** schnell

Zu 2) **D.** bremsen

Zu 3) **B.** verantwortlich

Zu 4) **B.** Aufmerksamkeit

Zu 5) **E.** Abkommen

Zu 6) **E.** Absicht

Zu 7) **B.** schließlich

Zu 8) **A.** Gewissen

Zu 9) **D.** Vorfall

Zu 10) **D.** Vertrag

Zu 11) **D.** schaden

Zu 12) **C.** unfähig

Zu 13) **B.** etwas tragen

Zu 14) **C.** offensichtlich

Zu 15) **B.** kurz

Englisch: Sätze übersetzen (Aufgaben 16–30)

Zu 16) B. Excuse me, please, what time is it?

Antwort A ist auszuschließen – es geht hier nicht um die Uhr an sich („watch"), sondern um die Zeit („time"). Antwort D macht denselben Fehler und verwendet darüber hinaus anstelle der Höflichkeitsformel „excuse me" („Entschuldigen Sie") die unangebrachte Aufforderung „execute me" („Richten Sie mich bitte hin"). Vorschlag E erkundigt sich fälschlicherweise nach dem Namen („name"), und Antwort C ist zu plump ans Deutsche angelehnt: Im Englischen fragt man nicht „How much time is it?", sondern „What time is it?". Vorschlag B stimmt.

Zu 17) E. What does the book cost?

Antwort B verwendet ein falsches Fragewort („how" – „wie"), ebenso wie Satz A („where" – „wo"), der zudem in der Vergangenheit steht („did"). Die Vorschläge C und D gehen inhaltlich fehl mit „Where is the library?" („Wo ist die Bibliothek?") bzw. „Why did you get this book?" („Warum hast Du dieses Buch bekommen?"). Demnach kann nur Möglichkeit E stimmen.

Zu 18) B. Take a seat!

Die korrekte Antwort lautet B, „take a seat". „Nehmen Sie Platz" fordert dazu auf, sich auf einen Stuhl oder eine Couch zu setzen, nicht etwa, einen bestimmten Raum einzunehmen, wie es Antwort A mit „place" suggeriert. „Seed" (Antwort C) bedeutet nicht „Sitz", sondern „Keim" oder „Samen" und „accept" (Antwort D) steht für „entgegennehmen" oder „annehmen" (einen Ratschlag, eine Kreditkarte, eine Herausforderung …).

Zu 19) A. You should take an umbrella, because it is going to rain.

Antwort E verwendet ein unangemessenes Personalpronomen („we" – „wir") und ist als Aussagesatz formuliert, nicht als Aufforderung. Antwort C geht unsinnigerweise davon aus, dass der Regen durch die Mitnahme des Schirms hervorgerufen wird. In Antwort B verfehlt der durch „while" („während") eingeleitete Temporalsatz die Absicht des Aufgabensatzes, der eine kausale Verknüpfung herstellt. Möglichkeit D verkehrt die Aussage sogar komplett ins Gegenteil, indem das Tragen eines Regenschirms mit Verweis auf den Regen verboten wird („you must not" – „du darfst nicht"). Somit kommt nur Vorschlag A infrage.

Zu 20) C. I'm sorry, but the goods are already sold out.

Als Fragesatz scheidet Antwort D aus, und auch Vorschlag B kommt nicht infrage: „were sold" bedeutet „wurden verkauft" und nicht „ist ausverkauft". Antwort A disqualifiziert sich zum einen durch den veralteten Ausdruck „ware" – gebräuchlicher sind „goods", „merchandise" oder „product" – zum anderen durch die falsche Wortbildung: Bei „out selled" (statt „sold out") stimmt weder die Vergangenheitsform noch die Wortreihenfolge. Da Antwort E inhaltlich vollkommen falsch liegt („Ich bin froh, dass Du die Waren nicht ausverkauft hast"), kann nur Vorschlag C korrekt sein.

Zu 21) A. Please turn right at the next crossway.

Die richtige Lösung lautet A: „Please" wird üblicherweise an den Satzanfang oder das Satzende gestellt. Zwar berücksichtigt dies auch Antwort B – doch hier ist die Satzstruktur ansonsten genauso verwirrend und fehlerhaft wie in den Vorschlägen C, D und E.

Zu 22) D. Where is the next bus stop for the bus line to the airport?

Antwort A nennt das falsche Fragewort („who" – „wer") und ebenso wie B die falschen Vokabeln: „Bushaltestelle" heißt „bus stop", nicht „bus station" („Busbahnhof") oder „bus stand", und statt des wörtlich übersetzten „fly harbour" für „Flughafen" müsste es „airport" heißen. Auch einen „line bus" wie in Satz C gibt es im Englischen nicht. Vorschlag E bezieht sich auf einen Zentralbahnhof („central station"). Als richtige Lösung kommt somit nur D infrage.

Zu 23) A. Better late than never.

Antwort A stimmt. Nur hier sind alle Wörter richtig geschrieben und durch die passende Konjunktion „than" verbunden. „Then" (Antwort C) bedeutet „dann", und „as" (Satz D) wird in Vergleichen ungleicher Elemente („mehr als", „schlechter als", „schneller als") nicht verwendet.

Zu 24) D. We already talked about it yesterday.

Zeitangaben stehen im Englischen am Satzanfang oder -ende – somit entfallen die Antworten A, B und E. Die in Vorschlag C formulierte Frage kommt als Übersetzung eines Aussagesatzes sicher nicht in Betracht, sodass nur Antwort D übrig bleibt.

Zu 25) E. In good weather, the sky and the sea are blue.

Die Formulierung „bei gutem Wetter" übersetzt man mit „in good weather", sodass die Antworten B, C und D von vornherein ausscheiden. Der Himmel („sky") und das Meer („sea") finden sich zusammen nur in Antwort E – von dem in Antwort A genannten See („lake") ist im vorgegebenen Satz nicht die Rede.

Zu 26) B. Have you had a good journey?

Als richtige Antwort kommt nur Vorschlag B in Betracht. Bei allen anderen Antworten stimmt der Satzbau nicht, da „have", „had" und „you" – wenn überhaupt vorhanden – an falschen Positionen stehen.

Zu 27) C. While Thomas was sleeping, somebody stole his baggage.

Wie der Aufgabensatz muss auch die Übersetzung in der Vergangenheit stehen: Antwort A mit der Präsensform „is sleeping" – und der Falschübersetzung „package" („Paket") – scheidet daher aus. In Vorschlag B ist das unregelmäßige Verb „to steal" falsch konjugiert. Satz D (übersetzt: „Thomas hat sein Gepäck während des Fluges verloren") schildert eine gänzlich andere Situation, und in Vorschlag E ist Thomas gar selbst der

Dieb. Inhaltlich und grammatisch richtig ist allein Antwort C.

Zu 28) C. That depends on the weather.

Antwort C stimmt. „Deepen" (Antwort B) heißt „vertiefen", „depart from" (Möglichkeit D) bedeutet „abfahren von", und zwar in diesem Fall von einem Hammel („wether"). „That hangs apart" in Satz D schließlich besagt, dass etwas im ganz wörtlichen Sinne aufgehängt ist, und zwar in einiger Entfernung zum Wetter – was ebenfalls keine besonders sinnvolle Aussage ist.

Zu 29) C. You should always be well prepared for an exam.

Das Wort „testings" (Antwort A) gibt es im Englischen nicht; die „Prüfung" wird im englischen Plural zu „tests" oder „exams". Antwort B ist mit „man should" für „man sollte" zu wörtlich und damit falsch übersetzt, auch der Satzaufbau stimmt hier nicht. Vorschlag E geht inhaltlich fehl: „Never prepare for an exam" bedeutet „Bereite dich nie auf eine Prüfung vor". Übrig bleiben die Möglichkeiten C und D – heißt es nun „well prepared" oder „good prepared"? Der Unterschied: Das Adjektiv „good" bezieht sich auf ein Substantiv, das Adverb „well" auf ein Verb, Adjektiv oder Adverb. Zum Beispiel: „You should always be well prepared (Adverb + Adjektiv) for an exam", aber: „You should always be in good shape (Adjektiv + Substantiv) for an exam". Die richtige Antwort ist demnach C.

Zu 30) B. Whatever gave you that idea?

Antwort E erscheint nicht als englischer Satz, sondern als mangelhafte Übersetzung der Frage „Hast du eine große Fantasie?". Antwort D verwendet mit „find" („finden") ein unangemessenes Verb. Antwort C ist zu nahe am Deutschen: „How you come on this idea?" ist eine wörtliche (und falsche) Anlehnung an „Wie bist du denn auf die Idee gekommen?". Antwort A kommt dem vorgegebenen Satz zwar recht nahe, doch zur Vollständigkeit fehlt das Hilfsverb „did". Nach dem Ausschlussprinzip kommt nur Antwort B infrage.

Englisch: Lückentext (Aufgaben 31–45)

Zu 31) D. The more money he earns

The more money he earns, the better he feels.

Übersetzt: „Je mehr Geld er verdient, desto besser fühlt er sich." Der einzufügende Satzteil muss also die Formel „Je mehr ... desto besser ..." einleiten, was nur mit Antwort D gelingt.

Zu 32) B. the first ten pages

Yesterday he read the first ten pages.

Übersetzt: „Gestern las er die ersten zehn Seiten." Die Satzteile C und E scheiden aus, da sie grammatikalisch falsch aufgebaut sind. Antwort D könnte eine zeitliche Reihenfolge ausdrücken, wobei jedoch der bestimmte Artikel „the" stören würde: „Yesterday he read the ten pages first, afterwards he went shopping" –

„Gestern las er die zehn Seiten zuerst, danach ging er einkaufen". Antwort A nutzt fälschlicherweise den unbestimmten Artikel „a" – wer ein Buch liest, beginnt jedoch mit ganz bestimmten zehn Seiten. Somit kommt nur Vorschlag B infrage.

Zu 33) C. first

January is the first month of the year.

Übersetzt: „Der Januar ist der erste Monat des Jahres." Die Antworten A, D und E sind zwar grammatisch möglich, aber inhaltlich falsch: Der Januar ist weder der kürzeste („shortest") noch der zweite („second") oder heißeste („hottest") Monat des Jahres. Vorschlag B ist zudem auch noch grammatisch falsch. Somit kommt als Lösung nur C infrage.

Lösungen: Fremdsprachenkenntnisse

Zu 34) A. do

What can I do for you?

Übersetzt: „Was kann ich für Sie tun?" Die Antworten C und D stehen der falschen Person („he does" – „er tut") bzw. zudem in der falschen Zeitform („i did" – „ich tat"). Auch Möglichkeit E scheidet aus: „doe" steht für weibliche Wildtiere. Antwort B bezöge sich schließlich auf das Herstellen einer Sache – in der alltäglichen Konversation unüblich. Somit kommt nur Antwort A infrage.

Zu 35) D. aren't

My parents aren't at home. They went out.

Übersetzt: „Meine Eltern sind nicht zuhause. Sie sind ausgegangen." Es fehlt der Ausdruck „sind nicht", gesucht wird also die dritte Person Plural des Verbs „to be" in verneinter Form. Antwort A steht im Singular („isn't" – „ist nicht"), ebenso wie Vorschlag C („wasn't" – „war nicht"). Möglichkeit E verwendet mit „didn't" („taten nicht") das völlig falsche Verb, und Antwort B steht irrtümlicherweise im Konjunktiv. Richtig ist Lösung D.

Zu 36) A. sell or to buy

Are you on this market to sell or to buy?

Übersetzt: „Sind Sie auf diesem Markt, um zu verkaufen oder um zu kaufen?" Es geht hier weder um das Fliegen („fly", Vorschlag B) noch um das Sinken oder gar Weinen („sink or cry", Vorschlag E). Ferner verlangt die Leerstelle nach Verben, nicht nach Adjektiven wie in Lösung C („black or white" – „schwarz oder weiß") oder einem Substantiv wie in Möglichkeit D („cell" – „Zelle"). Somit kann nur Vorschlag A stimmen.

Zu 37) E. at

I arrived at the railway station.

Übersetzt: „Ich kam am Bahnhof an." Mit „arrive by" würde man ausdrücken, dass man mit einem bestimmten Verkehrsmittel angekommen ist („I arrived by train"); „arrive in" könnte sich auf ein weiträumigeres Ankunftsgebiet beziehen („I arrived in London"), das hier jedoch nicht vorkommt. „Auf" dem Bahnhof anzukommen, wie es in Möglichkeit C heißt („on"), wäre sehr ungewöhnlich, und auch „into" ist falsch gewählt. „Ich kam am Bahnhof an" wird korrekt mithilfe von „at" übersetzt.

Zu 38) E. lies on

The knife lies on the table.

Übersetzt: „Das Messer liegt auf dem Tisch." „Of the table" (Vorschlag A) bedeutet nicht etwa „auf dem Tisch", sondern „des Tischs" und würde hier keinen besonders sinnvollen Satz ergeben. Die Mehrzahlform „are" ist bei nur einem Messer ebenfalls unangebracht. „Lay" in Antwort C steht nicht für „liegen", sondern für „legen", sodass in diesem Fall das Messer selbst etwas legen müsste – auch diese Antwort scheidet somit aus. In Möglichkeit D ist sogar von einem ganz anderen Wort die Rede: „Lie to" bedeutet „jemanden anlügen". Als korrekte Antwort bleibt schließlich nur E übrig.

Zu 39) E. mine

The pleasure is all mine.

Übersetzt: „Die Freude ist ganz auf meiner Seite." Diese Redewendung kann nicht wörtlich ins Englische übersetzt werden, wie es Antwort C versucht. Man sagt stattdessen „die Freude ist voll und ganz meine" – „the pleasure is all mine".

Zu 40) A. such a big mistake

She can't understand how Tom could have made such a big mistake.

Übersetzt: „Sie kann nicht verstehen, wie Tom so einen großen Fehler hat machen können." Das in den Antworten C und D verwendete „so" entspricht nicht dem vergleichenden deutschen „so", sondern bedeutet „also", „damit", „dermaßen". Abgesehen davon ist die Wortstellung beide Male nicht korrekt. Vorschlag B benutzt fälschlicherweise den bestimmten Artikel „the" statt des unbestimmten „a". Somit kommt nur Möglichkeit A infrage.

Zu 41) B. any

There aren't any cups in the cupboard.

Übersetzt: „Es sind keine Tassen im Geschirrschrank." Das Wort „keine" ist hier der Schlüssel zur Lösung: Im Englischen verwendet man „any" zur Angabe unbestimmter Stückzahlen in Fragesätzen oder bei Verneinungen – im vorliegenden Fall handelt es sich um Letzteres. „Some" kommt bei normalen Aussagesätzen zum Zuge. Die Artikel „the" (bestimmt) bzw. „a" (unbestimmt) sind hier völlig fehl am Platz.

Zu 42) B. well

He can read very well.

Übersetzt: „Er kann sehr gut lesen." Die englische Übersetzung für „gut" scheint zunächst sehr naheliegend, nämlich „good". Doch als Adverb – wenn etwas „gut gemacht" wird, wenn jemand „gut lesen" kann, wenn sich das „gut" also auf ein Tätigkeitswort bezieht – verwendet man nicht „good", sondern „well". Antwort C ist der unmögliche Versuch, aus „good" durch ein angefügtes „-ly" ein Adverb zu erstellen und ebenso falsch konstruiert wie „goodfully". „Fine" ist kein Adverb, bedeutet in manchen Wendungen aber auch „gut": „How are you?" – „Fine, thank you".

Zu 43) C. was looking

While I was looking outside I saw a bird.

Übersetzt: „Während ich nach draußen schaute, sah ich einen Vogel." Hier geht es um die korrekte Zeitform des richtigen Verbs: Das Signalwort „while" weist darauf hin, dass etwas passiert ist („I saw a bird"), während eine zweite Aktion im Gange war. Das Verb, das diese zweite Aktion benennt, muss daher im past progressive stehen, das nur in Antwort C korrekt gebildet wird. Darüber hinaus verwenden die Antworten B, D und E unpassende Verben: „watch" drückt eher aus, dass man etwas Bestimmtes bewusst beobachtet, das sich verändert oder bewegt, aber nicht ein allgemeines „nach draußen schauen"; „to see" wird eher dann verwendet, wenn etwas ohne besondere Absicht wahrgenommen wird („I saw a bird": Ich habe den Vogel nicht bewusst beobachtet, er kam plötzlich in mein Sichtfeld). Die adäquate Übersetzung für „sehen" lautet hier „look".

Zu 44) A. didn't she

Your sister used to visit Lionel quite often, didn't she?

Übersetzt: „Deine Schwester hat Lionel recht häufig besucht, oder?" Frageanhängsel wie „oder", „stimmt's" oder „nicht wahr" nennt man im Englischen „question tags". In einem question tag werden das Subjekt (hier „she") und das Hilfsverb des Satzes in umgekehrter Reihenfolge wiederholt, abgetrennt durch ein Komma. Enthält der Satz ein Vollverb (wie „visit"), nutzt man im question tag stattdessen das Hilfsverb „do". Bei positiven Sätzen („she does") wird im question tag verneint („doesn't she"), bei negativen Sätzen („she doesn't") wird bejaht („does she"). Das Verb im question tag steht stets in derselben Zeit wie das Verb des Hauptsatzes (im vorliegenden Fall simple past).

Zu 45) D. used to go

Mandy and Tom used to go out every day.

Übersetzt: „Mandy und Tom waren es gewohnt, jeden Tag auszugehen." Die Verlaufsform „using" (Vorschläge A und B) kommt für eine regelmäßig wiederholte Aktivität („every day") nicht infrage, und „were used" (Möglichkeit C) bedeutet „wurden benutzt".

Allgemeinwissen

Staatsbürgerkunde   *Bearbeitungszeit 5 Minuten*

Beantworten Sie bitte die folgenden Aufgaben, indem Sie jeweils den richtigen Lösungsbuchstaben markieren.

1) Wo hat der Bundeskanzler seinen Amtssitz?

A. Bonn
B. Berlin
C. München
D. Rheinland-Pfalz
E. Keine Antwort ist richtig.

2) Wer wählt in Deutschland den Bundeskanzler?

A. Das Volk
B. Die Minister
C. Der Bundestag
D. Der Bundespräsident
E. Keine Antwort ist richtig.

3) Welches politische System hat die Bundesrepublik Deutschland?

A. Parlamentarische Demokratie
B. Parlamentarische Monarchie
C. Militärdiktatur
D. Sozialismus
E. Keine Antwort ist richtig.

4) Von wem wird der Bundestag gewählt?

A. Bundesrat
B. Volk
C. Bundesversammlung
D. Bundesminister
E. Keine Antwort ist richtig.

5) Wie viele Jahre beträgt die Amtszeit des Bundeskanzlers?

A. 3
B. 4
C. 5
D. 6
E. Keine Antwort ist richtig.

6) Wer wählt in Deutschland den Bundespräsidenten?

A. Das Volk
B. Die Minister
C. Der Bundestag
D. Die Bundesversammlung
E. Keine Antwort ist richtig.

7) Was versteht man unter „Gewaltenteilung"?

A. Die Unabhängigkeit von Legislative, Exekutive und Judikative

B. Die Bundeshoheit des Militärs

C. Die Trennung von Politik und Kirche

D. Die Trennung von Demokraten und Republikanern

E. Keine Antwort ist richtig.

8) Welche Institution wurde durch den Vertrag von Maastricht gegründet?

A. Europäische Union

B. Bund Europäischer Landwirte

C. Europäischer Gerichtshof

D. Europäisches Parlament

E. Keine Antwort ist richtig.

9) Das Bundesverfassungsgericht ...?

A. prüft alle Bundesgesetze vor ihrer Verabschiedung.

B. prüft, ob Gesetze mit dem Grundgesetz in Einklang stehen.

C. formuliert die Bundesgesetze zusammen mit der Bundesregierung.

D. hat seinen Amtssitz in München.

E. Keine Antwort ist richtig.

10) Wo befindet sich der offizielle Sitz des Europäischen Parlaments?

A. Straßburg

B. Brüssel

C. Kopenhagen

D. Luxemburg

E. Keine Antwort ist richtig.

Politik und Gesellschaft   *Bearbeitungszeit 5 Minuten*

Beantworten Sie bitte die folgenden Aufgaben, indem Sie jeweils den richtigen Lösungsbuchstaben markieren.

11) Welche Wirtschaftsordnung hat die Bundesrepublik Deutschland?

A. Zentralverwaltungswirtschaft
B. Zentralplanwirtschaft
C. Freie Marktwirtschaft
D. Soziale Marktwirtschaft
E. Keine Antwort ist richtig.

12) Wo residiert der französische Staatspräsident?

A. Montparnasse
B. Louvre
C. Bastille
D. Élysée-Palast
E. Keine Antwort ist richtig.

13) Wen meint man mit dem Begriff „Unionsparteien"?

A. Die an einer Regierungskoalition beteiligten Parteien
B. CDU und CSU
C. Alle nicht an der Regierung beteiligten Parteien
D. Alle Parteien, die den Zentralismus befürworten
E. Keine Antwort ist richtig.

14) Der Ausdruck „GroKo" steht für ...?

A. eine bestimmte Parteienkonstellation in der Regierung.
B. eine mit absoluter Mehrheit regierende Partei.
C. die Partnerschaft der Schwesterparteien CDU und CSU.
D. eine Vereinbarung aller im Bundestag vertretenen Parteien.
E. Keine Antwort ist richtig.

15) Wofür steht die Abkürzung „NATO"?

A. Neighboured Allies Tactical Organization
B. Northern Allies Trade Office
C. North Atlantic Treaty Organization
D. North American Transfer Obligation
E. Keine Antwort ist richtig.

16) Zu welchem Staat gehört diese Flagge?

A. Israel
B. Marokko
C. Libanon
D. Algerien
E. Keine Antwort ist richtig.

17) Was ist das Bruttonationaleinkommen?

A. Der Wert aller Endprodukte und Dienstleistungen, die in einer bestimmten Periode durch Produktionsfaktoren produziert werden, die sich im Eigentum von Inländern befinden
B. Der Wert aller Endprodukte, die eine Volkswirtschaft aus dem Ausland importiert
C. Die Summe aller Güter und Dienstleistungen, die die Welt in einem Jahr zur letzten Verwendung erbringt
D. Die Summe aller Güter und Dienstleistungen, die eine Volkswirtschaft pro Jahr zum Endverbrauch erbringt
E. Keine Antwort ist richtig.

18) Die Gesamtbevölkerung der Europäischen Union liegt bei …?

A. rund 225 Millionen.
B. rund 350 Millionen.
C. rund 450 Millionen.
D. rund 575 Millionen.
E. Keine Antwort ist richtig.

19) Beim EU-Grenzverkehr sind allgemeine Grenzkontrollen …?

A. an allen EU-Binnengrenzen obligatorisch.
B. an den meisten EU-Binnengrenzen abgeschafft.
C. vollständig abgeschafft.
D. nur in 10 EU-Mitgliedsstaaten abgeschafft.
E. nur in 7 EU-Mitgliedsstaaten abgeschafft.

20) Welche Agentur der Europäischen Union koordiniert die Zusammenarbeit der Mitgliedstaaten zum Schutz der EU-Außengrenzen?

A. EBA
B. ESA
C. Frontex
D. Europol
E. Keine Antwort ist richtig.

Geschichte und Kulturgeschichte *Bearbeitungszeit 5 Minuten*

Beantworten Sie bitte die folgenden Aufgaben, indem Sie jeweils den richtigen Lösungsbuchstaben markieren.

21) Der Dreißigjährige Krieg endete mit …?

A. dem Westfälischen Frieden.
B. dem Pakt von Windsor.
C. dem Vertrag von Versailles.
D. der Genfer Konvention.
E. Keine Antwort ist richtig.

22) Wann fand der Erste Weltkrieg statt?

A. 1913–1919
B. 1914–1918
C. 1939–1945
D. 1940–1945
E. Keine Antwort ist richtig.

23) Welches Ereignis steht am Ende der Weimarer Republik?

A. Die Machterlangung der Nationalsozialisten
B. Die deutsche Niederlage im Ersten Weltkrieg
C. Die Ausrufung der Republik
D. Der Friedensvertrag von Versailles
E. Keine Antwort ist richtig.

24) Wann war der Zweite Weltkrieg in Europa?

A. 1940–1945
B. 1914–1918
C. 1939–1945
D. 1940–1946
E. Keine Antwort ist richtig.

25) Wie heißt dieser Politiker?

A. Konrad Adenauer
B. Helmut Kohl
C. Hans-Dietrich Genscher
D. Theodor Heuss
E. Keine Antwort ist richtig.

26) Welcher folgende Staat war als erstes eine Demokratie?

A. Japan

B. Vereinigte Staaten von Amerika

C. Griechenland

D. Frankreich

E. Keine Antwort ist richtig.

27) Der „Deutsche Herbst" war …?

A. 1968.

B. 1972.

C. 1977.

D. 1979.

E. Keine Antwort ist richtig.

28) Welchen Nachnamen trug das Geschwisterpaar, das während des „Dritten Reichs" gegen den Nationalsozialismus protestierte?

A. Stauffenberg

B. Elser

C. Scholl

D. Frank

E. Keine Antwort ist richtig.

29) Wann wurde die deutsche Wiedervereinigung vollzogen?

A. 3. Oktober 1989

B. 11. September 1990

C. 3. Oktober 1990

D. 11. November 1989

E. Keine Antwort ist richtig.

30) Welchen US-Präsidenten brachte die Watergate-Affäre zu Fall?

A. George Bush

B. Ronald Reagan

C. Dwight D. Eisenhower

D. Richard Nixon

E. Keine Antwort ist richtig.

Recht und Gesetz

Bearbeitungszeit 5 Minuten

Beantworten Sie bitte die folgenden Aufgaben, indem Sie jeweils den richtigen Lösungsbuchstaben markieren.

31) In Artikel 1 des Grundgesetzes heißt es: „Die Würde des Menschen ist …"?

A. sicher.
B. unantastbar.
C. abhängig von seiner Rechtstreue.
D. frei.
E. Keine Antwort ist richtig.

32) Was ist ein vorrangiger Zweck des Grundgesetzes?

A. Die Rechtsbeziehungen zwischen Privatpersonen zu regeln
B. Die Wirtschaftsordnung der Bundesrepublik Deutschland zu definieren
C. Die Bürger vor dem Staat zu schützen
D. Die Rechtsstellung zu anderen Staaten zu bestimmen
E. Keine Antwort ist richtig.

33) Nicht zu den im Grundgesetz verbürgten Grundrechten zählt …?

A. die Meinungsfreiheit.
B. die Versammlungsfreiheit.
C. die Menschenwürde.
D. der Waffenbesitz.
E. Keine Antwort ist richtig.

34) Wann beginnt die Rechtsfähigkeit eines Menschen?

A. Mit der Volljährigkeit
B. Mit Vollendung des 7. Lebensjahres
C. Mit Vollendung des 16. Lebensjahres
D. Mit der Vollendung der Geburt
E. Keine Antwort ist richtig.

35) Wann ist man vor dem Gesetz volljährig?

A. Mit 16 Jahren
B. Mit 18 Jahren
C. Mit 21 Jahren
D. Mit dem Erhalt des Personalausweises
E. Keine Antwort ist richtig.

36) Bei akuten Rechtsverletzungen haben Bürger unter bestimmten Umständen weitreichende Eingriffsrechte. Welches zählt nicht dazu?

A. Das Recht auf Anhalten und Festnehmen des Täters

B. Das Recht auf Selbstjustiz

C. Das Recht auf Nothilfe

D. Das Recht auf Notwehr

E. Keine Antwort ist richtig.

37) Die Prohibition bezeichnet das Verbot von …?

A. Prostitution.

B. Glücksspiel.

C. Drogen.

D. Gotteslästerung.

E. Keine Antwort ist richtig.

38) Was wird im rechtlichen Sinne unter „Eigentum" verstanden?

A. Der Besitz eines Gegenstandes

B. Die tatsächliche Herrschaft über einen Gegenstand

C. Die rechtliche Verfügungsgewalt über eine Sache

D. Die tatsächliche Verfügungsgewalt über eine Sache

E. Keine Antwort ist richtig.

39) Welche Form der politischen Partizipation ist hier dargestellt?

A. Volksabstimmung

B. Ziviler Ungehorsam

C. Petition

D. Boykott

E. Keine Antwort ist richtig.

40) Das deutsche Recht versteht unter „Asyl" den Schutz vor …?

A. Armut.

B. Katastrophen.

C. Verfolgung.

D. Gläubigern.

E. Keine Antwort ist richtig.

Geografie und Landeskunde   *Bearbeitungszeit 5 Minuten*

Beantworten Sie bitte die folgenden Aufgaben, indem Sie jeweils den richtigen Lösungsbuchstaben markieren.

41) Wie heißt die Landeshauptstadt von Hessen?

A. Frankfurt
B. Darmstadt
C. Mainz
D. Wiesbaden
E. Keine Antwort ist richtig.

42) Welche Sehenswürdigkeit zeigt dieses Foto?

A. Den Kölner Dom
B. Den Petersdom in Rom
C. Den Felsendom in Jerusalem
D. Die Hagia Sophia in Istanbul
E. Keine Antwort ist richtig.

43) Welcher Fluss fließt nicht durch Deutschland?

A. Fulda
B. Isar
C. Po
D. Inn
E. Keine Antwort ist richtig.

44) In welchem Bundesland liegt der Großteil des Taunus?

A. Bayern
B. Nordrhein-Westfalen
C. Hessen
D. Baden-Württemberg
E. Keine Antwort ist richtig.

45) Aus wie vielen Bundesländern besteht die Bundesrepublik Deutschland?

A. 12
B. 14
C. 15
D. 16
E. Keine Antwort ist richtig.

46) An wie viele Länder grenzt Deutschland?

A. 5
B. 9
C. 11
D. 14
E. Keine Antwort ist richtig.

47) Wie heißt die dunkelgrau eingefärbte Halbinsel im Schwarzen Meer?

A. Krim
B. Istrien
C. Peloponnes
D. Jütland
E. Keine Antwort ist richtig.

48) Welche der unten aufgeführten Inseln liegt im Mittelmeer?

A. Sumatra
B. Capri
C. Baffin Island
D. Honshu
E. Keine Antwort ist richtig.

49) Welchem Staat ist die falsche Hauptstadt zugeordnet?

A. Belgien – Brüssel
B. Tschechische Republik – Prag
C. Polen – Warschau
D. Schweden – Helsinki
E. Keine Antwort ist richtig.

50) Welches ist der längste Fluss Europas?

A. Donau
B. Elbe
C. Wolga
D. Rhein
E. Keine Antwort ist richtig.

Geografie: Europakarte

Bearbeitungszeit 5 Minuten

Auf einer Europakarte sind zehn Länder mit Zahlen gekennzeichnet.

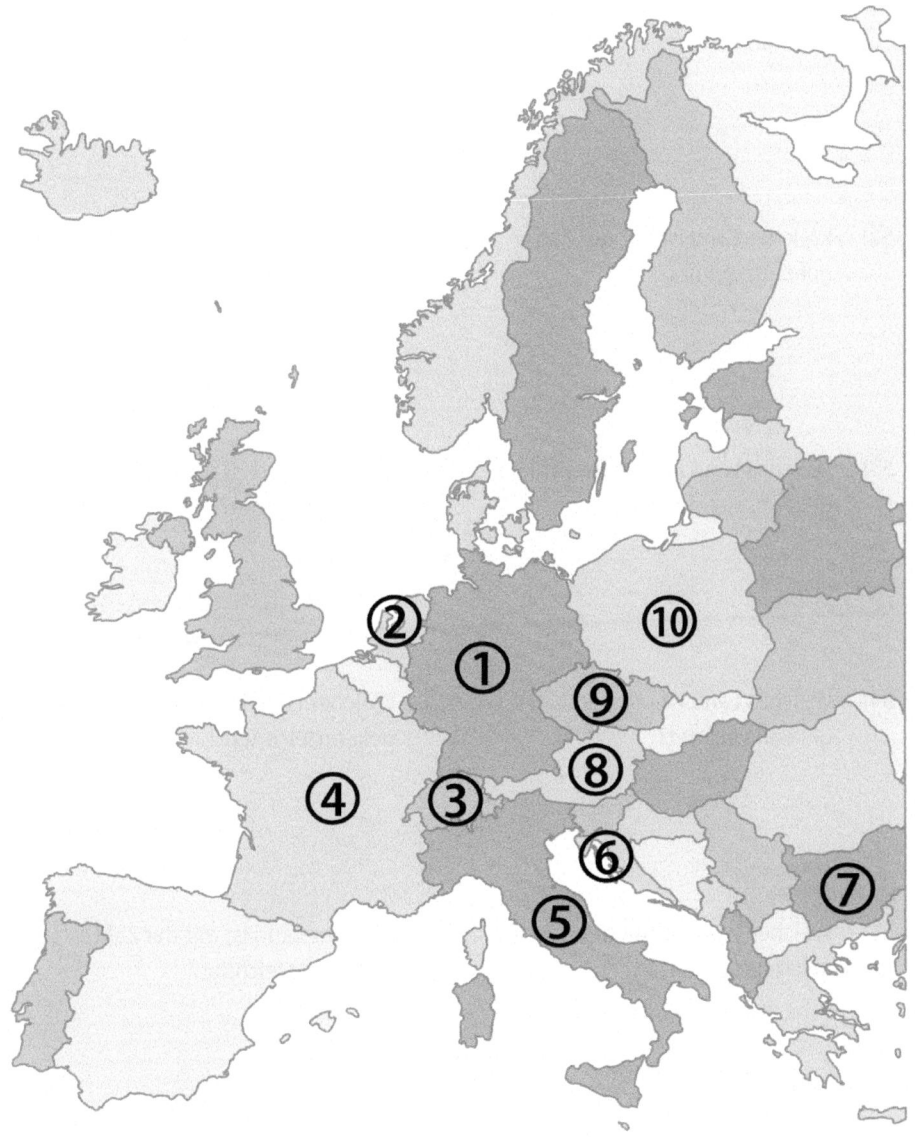

Bitte beantworten Sie die folgenden Aufgaben schriftlich, indem Sie die richtigen Lösungen eintragen.

51) Welches Land ist mit der Zahl 1 gekennzeichnet?

56) Welches Land ist mit der Zahl 6 gekennzeichnet?

52) Welches Land ist mit der Zahl 2 gekennzeichnet?

57) Welches Land ist mit der Zahl 7 gekennzeichnet?

53) Welches Land ist mit der Zahl 3 gekennzeichnet?

58) Welches Land ist mit der Zahl 8 gekennzeichnet?

54) Welches Land ist mit der Zahl 4 gekennzeichnet?

59) Welches Land ist mit der Zahl 9 gekennzeichnet?

55) Welches Land ist mit der Zahl 5 gekennzeichnet?

60) Welches Land ist mit der Zahl 10 gekennzeichnet?

Interkulturelles Wissen   *Bearbeitungszeit 5 Minuten*

Beantworten Sie bitte die folgenden Aufgaben, indem Sie jeweils den richtigen Lösungsbuchstaben markieren.

61) Was enthält die Tora?

A. Verhaltensregeln für Diplomaten

B. Wichtige religiöse Texte des Judentums

C. Völkerrechtliche Verträge

D. Verfassungstexte von UNO-Staaten

E. Keine Antwort ist richtig.

62) Wer oder was ist ein/e Burka?

A. Ein hoher jüdischer Feiertag

B. Ein Ganzkörperschleier muslimischer Frauen

C. Eine Kopfbedeckung orthodoxer Christen

D. Ein buddhistischer Religionsgelehrter

E. Keine Antwort ist richtig.

63) Aus welcher Strophe des „Deutschlandliedes" von Hoffmann von Fallersleben (1798–1874) besteht die deutsche Nationalhymne?

A. Aus der ersten Strophe

B. Aus der zweiten Strophe

C. Aus der dritten Strophe

D. Aus der vierten Strophe

E. Keine Antwort ist richtig.

64) Die größte britische Rundfunkanstalt heißt …?

A. RBB.

B. BBC.

C. ORF.

D. CNN.

E. Keine Antwort ist richtig.

65) Was ist die Scharia?

A. Das islamische Recht

B. Ein Katalog von Verhaltensregeln während einer Pilgerfahrt

C. Eine altägyptische Göttin, die auch heute noch verehrt wird

D. Ein politisches Bündnis arabischer Staaten

E. Keine Antwort ist richtig.

66) Ein traditionelles indisches Kleidungsstück für Frauen heißt …?

A. Fes.

B. Kaftan.

C. Kippa.

D. Sari.

E. Keine Antwort ist richtig.

67) Großbritannien, Schweden, Spanien und Japan sind …?

A. Mitglieder der NATO.

B. Einparteiensysteme.

C. konstitutionelle Monarchien.

D. ständige Mitglieder des UN-Sicherheitsrats.

E. Keine Antwort ist richtig.

68) Das Wort „Wodka" stammt aus dem Slawischen und bedeutet übersetzt …?

A. Wässerchen.

B. Schnaps.

C. Schluck.

D. Alkohol.

E. Keine Antwort ist richtig.

69) „Freiheit, Gleichheit, Brüderlichkeit" ist der Wahlspruch …?

A. Österreichs.

B. Schwedens.

C. Frankreichs.

D. Russlands.

E. Keine Antwort ist richtig.

70) Der Begriff „Maghreb" bezeichnet eine Region …?

A. in Südamerika.

B. auf der Arabischen Halbinsel.

C. in Afghanistan.

D. in Nordafrika.

E. Keine Antwort ist richtig.

Persönlichkeiten, Erfindungen, Entdeckungen

Bearbeitungszeit 5 Minuten

Beantworten Sie bitte die folgenden Aufgaben, indem Sie jeweils den richtigen Lösungsbuchstaben markieren.

71) Welche bahnbrechende Erfindung wird Johannes Gutenberg zugeschrieben?

A. Buchdruck mit beweglichen Lettern
B. Teleskop mit über 100-facher Vergrößerung
C. Dampfmaschine mit zwei Kolben
D. Schwarzpulver
E. Keine Antwort ist richtig.

72) Politikreformen unter den Schlagworten „Glasnost" und „Perestroika" initiierte welcher sowjetische Politiker?

A. Leonid Breschnew
B. Georgij Abrassimow
C. Michail Gorbatschow
D. Andrej Tschernenko
E. Keine Antwort ist richtig.

73) Wann landete Kolumbus erstmals in der Neuen Welt?

A. 1392
B. 1492
C. 1592
D. 1692
E. Keine Antwort ist richtig.

74) „Veni, vidi, vici" – von wem stammt dieser Satz?

A. Gaius Julius Caesar
B. Napoleon Bonaparte
C. Alexander der Große
D. Marcus Tullius Cicero
E. Keine Antwort ist richtig.

75) Als bedeutendster britischer Staatsmann des 20. Jahrhunderts gilt …?

A. Neville Chamberlain.
B. Winston Churchill.
C. Tony Blair.
D. Sir Alex Ferguson.
E. Keine Antwort ist richtig.

76) Einer der Anführer der Studentenproteste gegen Ende der 60er-Jahre war …?

A. Karl Liebknecht.
B. Kurt Georg Kiesinger.
C. Rudi Dutschke.
D. Ernst Bloch.
E. Keine Antwort ist richtig.

77) Wie heißt diese Person?

A. Barack Obama
B. François Hollande
C. Wladimir Putin
D. Silvio Berlusconi
E. Keine Antwort ist richtig.

78) Nikolaus Kopernikus stellte im 16. Jahrhundert die damals revolutionäre Behauptung auf, …?

A. den ersten Planeten außerhalb unseres Sonnensystems entdeckt zu haben.
B. dass es Wasser auf dem Mars gibt.
C. ein Schwarzes Loch entdeckt zu haben.
D. dass sich die Erde um die Sonne dreht.
E. Keine Antwort ist richtig.

79) Galileo Galilei blickte 1610 durch sein Fernrohr und entdeckte …?

A. dass die Neigung des Schiefen Turms von Pisa zunimmt.
B. den Ausbruch eines verheerenden Feuers am anderen Ende der Stadt.
C. die vier größten Jupitermonde.
D. einen bislang unbekannten Vulkan in den Apenninen.
E. Keine Antwort ist richtig.

80) „Das Kommunistische Manifest" verfassten Karl Marx und …?

A. Friedrich Engels.
B. Rosa Luxemburg.
C. Louis-Auguste Blanqui.
D. Wladimir Iljitsch Lenin.
E. Keine Antwort ist richtig.

PC und Internet

Bearbeitungszeit 5 Minuten

Beantworten Sie bitte die folgenden Aufgaben, indem Sie jeweils den richtigen Lösungsbuchstaben markieren.

81) Wenn von einem Blog die Rede ist, meint man damit …?

A. eine bestimmte Partition der Festplatte.

B. ein Modul zur Speicherplatzerweiterung.

C. eine Online-Videokonferenz.

D. eine bestimmte Publikationsform im Internet.

E. Keine Antwort ist richtig.

82) Was versteht man im IT-Bereich unter dem Begriff „Virus"?

A. Kleine Computerprogramme, die sich an andere Programme hängen

B. Hilfsprogramme

C. Nützliche Systemsoftware

D. Schädlingsbekämpfer

E. Keine Antwort ist richtig.

83) Worauf lassen sich unberechtigte Zugriffe auf Computer häufig zurückführen?

A. Auf Cookies

B. Auf unsichere Passwörter

C. Auf instabile Betriebssysteme

D. Auf überholte Hardware

E. Keine Antwort ist richtig.

84) Über eine IP-Adresse findet man …?

A. Produzenten und Herstellungsorte der gekauften Hard- und Software.

B. Internet-Produktdienstleister, die sich im IP-Verband zusammengeschlossen haben.

C. Geräte, die an ein Netzwerk angeschlossen sind.

D. die E-Mail-Kontaktdaten zu jeder Person mit E-Mail-Konto.

E. Keine Antwort ist richtig.

85) Wenn von „Hyperlinks" die Rede ist, spricht man von …?

A. Websites mit eindeutig politischem Inhalt.

B. Kabeln zur besonders schnellen Datenübertragung.

C. betrügerischen Versuchen, an fremde Daten zu gelangen.

D. Querverweisen zwischen Dokumenten.

E. Keine Antwort ist richtig.

86) Was ist ein Motherboard?

A. Die Schnittstelle zu einem Server

B. Der Sockel zum Einsetzen der Grafikkarte

C. Die Hauptplatine zur Unterbringung der Komponenten

D. Ein Computergehäuse

E. Keine Antwort ist richtig.

87) Welche Funktion hat das Betriebssystem bei einem Computer?

A. Das Betriebssystem ist ein Treiber, der benötigt wird, um Druckaufträge zu starten.

B. Das Betriebssystem wird nur beim Erststart des Computers benötigt.

C. Das Betriebssystem ist ein Programm, welches für das Internet benötigt wird.

D. Unter einem Betriebssystem wird die Software zum Betreiben eines Computers verstanden.

E. Keine Antwort ist richtig.

88) Ahmt eine Website das Aussehen einer anderen Seite nach, um Zugangs- oder andere Daten in Erfahrung zu bringen, nennt man das …?

A. „Phishing".

B. „Pulling".

C. „Stalking".

D. „Hitchhiking".

E. Keine Antwort ist richtig.

89) Welche Komponente fällt aus der Reihe?

A. Festplatte

B. CD-ROM

C. USB-Stick

D. Arbeitsspeicher

E. Keine Antwort ist richtig.

90) Wofür steht in der IT-Sprache der Begriff „Client"?

A. Für einen Rechner, der sich in einer untergeordneten Struktur befindet

B. Für einen Rechner, der sich in einer übergeordneten Struktur befindet

C. Für einen Rechner, der als Server betrieben wird

D. Für ein Netzwerk mit mehreren Rechnern

E. Keine Antwort ist richtig.

Abkürzungen

Beantworten Sie bitte die folgenden Aufgaben, indem Sie jeweils den richtigen Lösungsbuchstaben markieren.

91) Was bedeutet die Abkürzung „EU"?

A. Europäische Union
B. Erstunfall
C. Einmalige Untersuchung
D. Endgültige Unabhängigkeit
E. Keine Antwort ist richtig.

92) Was bedeutet die Abkürzung „BND"?

A. Bundestagsnachtdebatte
B. Bayrischer Notdienst
C. Bundesnachrichtendienst
D. Bündnis der Nudisten in Deutschland
E. Keine Antwort ist richtig.

93) Was bedeutet die Abkürzung „IWF"?

A. Internationale Wirtschaftsförderung
B. Industrielle Wirtschaftsförderung
C. Internationaler Währungsfonds
D. Internationales Wirtschaftsforum
E. Keine Antwort ist richtig.

94) Was bedeutet die Abkürzung „EZB"?

A. Echtzeitbelegung
B. Erstes Zentrales Bauamt
C. Europäische Zentralbank
D. Effektiver Zeitbedarf
E. Keine Antwort ist richtig.

95) Die Abkürzung „StVO" bedeutet …?

A. Straßenverkehrs-Ordnung.
B. stellvertretender Oberbürgermeister.
C. ständiges Verfassungsorgan.
D. Stadtverordnung.
E. Keine Antwort ist richtig.

96) Was bedeutet die Abkürzung „TÜV"?

A. Türkischer Volksbund
B. Technischer Überwachungs-Verein
C. Technischer Übermittlungs-Verband
D. Thüringer Verein
E. Keine Antwort ist richtig.

97) Was bedeutet die Abkürzung „AZ"?

A. Arbeitszeit
B. Aktenzeichen
C. Automobilzulassung
D. Anwohnerzone
E. Keine Antwort ist richtig.

98) Was bedeutet die Abkürzung „StGB"?

A. Steuergerichtsbarkeit
B. Stille Gesellschaftsbeteiligung
C. Strikte Genussmittelbegrenzung
D. Strafgesetzbuch
E. Keine Antwort ist richtig.

99) Was bedeutet die Abkürzung „MdB"?

A. Mitglied des Bundestags
B. mit der Bahn
C. Meister des Bösen
D. Ministerium der Bundesregierung
E. Keine Antwort ist richtig.

100) Was bedeutet die Abkürzung „GG"?

A. Gegen
B. Grundsätzliche Gewissensfrage
C. Grundgesetz der Bundesrepublik Deutschland
D. Grinsen
E. Keine Antwort ist richtig.

Begriffe einsetzen

Bearbeitungszeit 5 Minuten

Welcher Begriff ergänzt die Lücke sachlich korrekt?

Beantworten Sie bitte die folgenden Aufgaben, indem Sie jeweils den richtigen Lösungsbuchstaben markieren.

101) Eine _____ kann man nur durch 1 und sich selbst teilen.

A. Primzahl
B. Kubikzahl
C. Quadratwurzel
D. Potenz
E. Keine Antwort ist richtig.

102) Die menschlichen _____ sind in Chromosomen gebündelt.

A. Blutkörperchen
B. Erbinformationen
C. Zellen
D. Nervenbahnen
E. Keine Antwort ist richtig.

103) Eine _____ verbrieft einen Anteil an einer Gesellschaft.

A. Rendite
B. Aktie
C. Subvention
D. Dividende
E. Keine Antwort ist richtig.

104) Alle Tiere haben _____.

A. Nasen
B. Ohren
C. Lungen
D. einen Stoffwechsel
E. Keine Antwort ist richtig.

105) Ohne _____ kann Eisen nicht rosten.

A. Kohlenstoff
B. Stickstoff
C. Sauerstoff
D. Wasserstoff
E. Keine Antwort ist richtig.

106) Im Rahmen des demografischen Wandels steigt hierzulande der Anteil _____ in der Bevölkerung.

A. unverheirateter Menschen
B. konfessionsloser Menschen
C. jüngerer Menschen
D. älterer Menschen
E. Keine Antwort ist richtig.

107) Vitamin D kann der menschliche Körper mithilfe von _____ selbst bilden.

A. Sonnenlicht
B. Mineralwasser
C. sportlicher Betätigung
D. Getreideprodukten
E. Keine Antwort ist richtig.

108) Mit einem _____ misst man die Luftfeuchtigkeit.

A. Nanometer
B. Manometer
C. Hygrometer
D. Thermometer
E. Keine Antwort ist richtig.

109) _____ sind Lösungen mit einem niedrigen pH-Wert.

A. Emulsionen
B. Basen
C. Säuren
D. Laugen
E. Keine Antwort ist richtig.

110) Eine passive Impfung enthält _____.

A. Gegengift.
B. tote Krankheitserreger.
C. lebende Krankheitserreger.
D. Antikörper.
E. Keine Antwort ist richtig.

Lösungen: Allgemeinwissen

1) B	31) B	61) B
2) C	32) C	62) B
3) A	33) D	63) C
4) B	34) D	64) B
5) B	35) B	65) A
6) D	36) B	66) D
7) A	37) C	67) C
8) A	38) C	68) A
9) B	39) B	69) C
10) A	40) C	70) D
11) D	41) D	71) A
12) D	42) B	72) C
13) B	43) C	73) B
14) A	44) C	74) A
15) C	45) D	75) B
16) A	46) B	76) C
17) A	47) A	77) C
18) C	48) B	78) D
19) B	49) D	79) C
20) C	50) C	80) A
21) A	51) Deutschland	81) D
22) B	52) Niederlande	82) A
23) A	53) Schweiz	83) B
24) C	54) Frankreich	84) C
25) A	55) Italien	85) D
26) B	56) Kroatien	86) C
27) C	57) Bulgarien	87) D
28) C	58) Österreich	88) A
29) C	59) Tschechien	89) D
30) D	60) Polen	90) A

91) A	98) D	105) C
92) C	99) A	106) D
93) C	100) C	107) A
94) C	101) A	108) C
95) A	102) B	109) C
96) B	103) B	110) D
97) B	104) D	

Staatsbürgerkunde (Aufgaben 1–10)

Zu 1) B. Berlin

Der Bundeskanzler hatte von 1949 bis 1999 seinen Amtssitz in Bonn. Seit 1999 residiert er in Berlin, wo er 2001 das neu errichtete Bundeskanzleramtsgebäude bezog.

Zu 2) C. Der Bundestag

Der Bundeskanzler wird bei der Erstwahl vom Bundespräsidenten vorgeschlagen, vom Bundestag gewählt und danach vom Bundespräsidenten zum Bundeskanzler ernannt.

Zu 3) A. Parlamentarische Demokratie

In einer parlamentarischen Demokratie werden die wichtigsten politischen Entscheidungen von einem Parlament getroffen, das aus einer freien Volkswahl hervorgegangen ist und daraus seine Legitimation ableitet. Die parlamentarische Demokratie ist eine repräsentative Demokratie: Die gewählten Abgeordneten sollen das Volk vertreten, von dem als Souverän die Staatsgewalt ausgeht.

Zu 4) B. Volk

Der Deutsche Bundestag, das Parlament der Bundesrepublik Deutschland mit Sitz in Berlin, wird als einziges Verfassungsorgan des Bundes direkt durch das Volk gewählt und legitimiert. Die Hälfte der Parlamentssitze besetzen die erfolgreichen Kandidaten aus der Direktwahl in den 299 Wahlkreisen („Direktmandate"). Die andere Hälfte wird so verteilt, wie es dem Anteil einer Partei an der Gesamtzahl der Sitze entspricht, unter Anrechnung der Direktmandate aus den Landeslisten.

Zu 5) B. 4

Eine reguläre Amtsperiode des Bundeskanzlers dauert vier Jahre, anschließend ist eine Wiederwahl möglich. Der Kanzler kann jedoch auch vorzeitig abgewählt werden – durch ein Misstrauensvotum der Bundestags-Mehrheit.

Zu 6) D. Die Bundesversammlung

Der deutsche Bundespräsident wird für fünf Jahre von der Bundesversammlung gewählt, die der Bundestagspräsident ausschließlich zu diesem Zweck einberuft. Die Bundesversammlung besteht aus den Mitgliedern des Bundestages und Abgesandten der Landesparlamente.

Zu 7) A. Die Unabhängigkeit von Legislative, Exekutive und Judikative

„Gewaltenteilung" bezeichnet das Prinzip, die Staatsgewalt auf mehrere Staatsorgane zu verteilen, um ihre Macht zu begrenzen und dadurch Freiheit und Gerechtigkeit zu sichern. Man unterscheidet drei Gewalten: die Gesetzgebung (Legislative), die ausführende Gewalt (Exekutive) und die Rechtsprechung (Judikative).

Zu 8) A. Europäische Union

Der Vertrag von Maastricht heißt offiziell „Vertrag über die Europäische Union". Der Gründungsvertrag der EU wurde 1992 verabschiedet und schuf einen übergeordneten Verbund für die existierenden Vereinbarungen im Rahmen der Europäischen Gemeinschaften. Die EU fußt auf einer gemeinsam koordinierten Agrar-, Wirtschafts-, Bildungs- und Sozialpolitik sowie gemeinsamem Verbraucherschutz, beinhaltet eine gemeinsame Außen- und Sicherheitspolitik und entwickelt die polizeiliche und justizielle Zusammenarbeit ihrer Mitgliedsstaaten.

Zu 9) B. prüft, ob Gesetze mit dem Grundgesetz in Einklang stehen.

Als „Hüter der Verfassung" wacht das Bundesverfassungsgericht über die Einhaltung des Grundgesetzes. Zu seinen Kernaufgaben zählen sogenannte Normenkontrollverfahren: Das Gericht prüft auf Antrag, ob ein Gesetz verfassungsgemäß ist oder nicht. Außerdem ist es unter anderem für Parteiverbotsverfahren zuständig. Der Amtssitz ist Karlsruhe.

Zu 10) A. Straßburg

Das Europäische Parlament ist das Parlament der Europäischen Union mit Sitz in Straßburg. Seit 1979 wird es alle fünf Jahre in allgemeinen, freien und geheimen Wahlen gewählt. Als weltweit einzige direkt gewählte supranationale Institution repräsentiert das Parlament rund 500 Millionen EU-Staatsbürger und wird auch als „Bürgerkammer der EU" bezeichnet. Seit der Parlamentsgründung 1952 wurden seine Kompetenzen mehrmals stark ausgeweitet, insbesondere durch die Verträge von Maastricht (1992) und Nizza (2001). Im Vergleich mit den nationalen Parlamenten hat es allerdings noch immer relativ wenige Rechte.

Politik und Gesellschaft (Aufgaben 11–20)

Zu 11) D. Soziale Marktwirtschaft

In der Sozialen Marktwirtschaft fällt dem Staat die Rolle zu, auf sozialen Ausgleich hinzuwirken. Die Soziale Marktwirtschaft gilt heute als Grundlage der deutschen Wirtschafts- und Sozialordnung. Das Modell wurde von Ludwig Erhard entworfen und baut auf Elementen der freien Marktwirtschaft auf, wird jedoch durch wettbewerbspolitische und regulierende Maßnahmen des Staats ergänzt.

Zu 12) D. Élysée-Palast

Der Amtssitz des französischen Staatspräsidenten ist der Élysée-Palast in Paris. Er wurde 1718 bis 1722 erbaut und befindet sich unweit der Champs-Élysées.

Zu 13) B. CDU und CSU

Als „Unionsparteien" bezeichnet man die Schwesterparteien CDU (Christlich Demokratische Union) und CSU (Christlich-Soziale Union). Bei Wahlen tritt in Bayern nur die CSU an, außerhalb des Freistaats nur die CDU. Im Bundestag bilden sie eine Fraktionsgemeinschaft.

Zu 14) A. eine bestimmte Parteienkonstellation in der Regierung.

„GroKo" steht für „Große Koalition", ein Regierungsbündnis der beiden stärksten Parteien im Parlament. In der Praxis handelt es sich dabei meist um CDU/CSU und SPD: Sie regierten auf Bundesebene gemeinsam von 1966 bis 1969, von 2005 bis 2009 und waren zuletzt von 2013 bis 2021 an der Macht. Auf Landesebene gab und gibt es ebenfalls Große Koalitionen.

Zu 15) C. North Atlantic Treaty Organization

Die „North Atlantic Treaty Organization", kurz NATO, ist ein Bündnis zur gemeinsamen Selbstverteidigung, gegründet 1949 durch den Nordatlantikvertrag. Mitglieder sind 32 europäische und nordamerikanische Staaten, darunter die USA, Kanada, Großbritannien, Frankreich und Deutschland. Das NATO-Hauptquartier befindet sich seit 1967 in Brüssel.

Zu 16) A. Israel

Abgebildet ist die Nationalflagge Israels. Auf weißem Grund liegt in der Mitte der blaue Davidstern, ein traditionelles Symbol des Judentums. Oben und unten verlaufen zwei waagerechte blaue Streifen.

Zu 17) A. Der Wert aller Endprodukte und Dienstleistungen, die in einer bestimmten Periode durch Produktionsfaktoren produziert werden, die sich im Eigentum von Inländern befinden

Das Bruttonationaleinkommen (früher „Bruttosozialprodukt") ist der Wert der Endprodukte und Dienstleistungen, die in einer bestimmten Periode durch Produktionsfaktoren produziert werden, die sich im Eigentum von Inländern befinden – unabhängig davon, ob die Produktion im In- oder Ausland stattfindet.

Zu 18) C. rund 450 Millionen.

In den Mitgliedsstaaten der Europäischen Union leben insgesamt rund 450 Millionen Menschen.

Zu 19) B. an den meisten EU-Binnengrenzen abgeschafft.

Im Grenzverkehr zwischen den Staaten, die das Schengener Abkommen vollständig umsetzen, finden planmäßig keine allgemeinen Personenkontrollen mehr statt. In Ausnahmesituationen – wie z. B. während der Flüchtlingskrise 2015/16 – können die Kontrollen jedoch vorübergehend wieder aufgenommen werden. Der Schengen-Raum umfasst derzeit (Stand 2026) 29 europäische Länder: 25 davon Mitgliedsländer der EU, zusätzlich Island, Liechtenstein, Norwegen und die Schweiz. Die EU-Staaten Bulgarien, Rumänien und Zypern wollen das Abkommen noch unterzeichnen, Irland ist nicht beigetreten.

Zu 20) C. Frontex

Frontex, abgeleitet vom französischen „frontières extérieures" („Außengrenzen"), ist der Kurzname der „Europäischen Agentur für die operative Zusammenarbeit an den Außengrenzen der Mitgliedstaaten der Europäischen Union". Sie koordiniert und leitet verschiedene Operationen, um die EU-Außengrenzen zu überwachen und zu sichern. Öffentlich bekannt sind vor allem die Seenotrettungsmissionen im Mittelmeer.

Geschichte und Kulturgeschichte (Aufgaben 21–30)

Zu 21) A. dem Westfälischen Frieden.

Der Dreißigjährige Krieg brach 1618 mit dem Aufstand der böhmischen Stände gegen die Herrschaft der Habsburger aus. Im Verlauf des Kriegs griffen alle Großmächte Europas auf den mitteleuropäischen Kriegsschauplätzen ein, mit verheerenden Folgen für die Bevölkerung. Nach fünfjährigen Verhandlungen der involvierten Parteien konnten 1648 in Münster und Osnabrück die endgültigen Friedensverträge beschlossen werden. Sie führten zu einer politischen und territorialen Neuordnung Europas.

Zu 22) B. 1914–1918

Der Erste Weltkrieg wurde von 1914 bis 1918 in Europa, dem Nahen Osten, Afrika und Ostasien geführt. Kriegsparteien waren auf der einen Seite die Mittelmächte Deutsches Reich, Österreich-Ungarn, später noch das Osmanische Reich und Bulgarien. Auf der anderen Seite standen zunächst die Entente-Mächte Frankreich, Großbritannien und Russland sowie Serbien. 1917 griffen die USA auf Seiten der Entente entscheidend in den Krieg ein. Im Ersten Weltkrieg starben insgesamt rund 9–10 Millionen Soldaten.

Zu 23) A. Die Machterlangung der Nationalsozialisten

Wirtschaftliche und politische Krisen hatten die Weimarer Republik schon zu Beginn der 1930er-Jahre geschwächt. Das faktische Ende der parlamentarischen Demokratie war im Januar 1933 besiegelt, als Adolf Hitler zum Reichskanzler ernannt wurde und die Nationalsozialisten die Macht erlangten.

Zu 24) C. 1939–1945

Auslöser des Zweiten Weltkriegs war der Angriff des Deutschen Reiches auf Polen am 1. September 1939 ohne vorherige Kriegserklärung. Großbritannien und Frankreich antworteten mit Kriegserklärungen an das Deutsche Reich. Der Zweite Weltkrieg forderte 55 bis 60 Millionen Menschenleben und endete mit den vollständigen Kapitulationen Deutschlands (8. Mai 1945) und Japans (2. September 1945).

Zu 25) A. Konrad Adenauer

Konrad Adenauer (1876–1967) war von 1949 bis 1963 der erste Bundeskanzler der Bundesrepublik Deutschland. Parallel dazu bekleidete er von 1951 bis 1955 auch das Amt des Außenministers. 1946 gehörte Adenauer zu den Begründern der CDU, die er

1950 bis 1966 als Bundesvorsitzender anführte. Der Jurist und ehemalige Kölner Oberbürgermeister (von 1917 bis 1933) hatte nachhaltigen Einfluss auf die junge Bundesrepublik: Er trieb die europäische Integration voran, setzte auf Westbindung, Antikommunismus und die soziale Marktwirtschaft.

Zu 26) B. Vereinigte Staaten von Amerika

Die älteste Demokratie der Neuzeit sind die Vereinigten Staaten von Amerika. Die 1787 verabschiedete US-Verfassung garantiert unter anderem die föderale Republik, die Gewaltenteilung, elementare Bürgerrechte und die Volkssouveränität: Die wahlberechtigten Bürger wählen direkt oder indirekt das Staatsoberhaupt (den Präsidenten) und die Mitglieder des Parlaments. Die griechische Antike wird zwar oft als „Wiege der Demokratie" bezeichnet, den Staat Griechenland gibt es jedoch erst seit Ende der 1820er-Jahre.

Zu 27) C. 1977.

Der „Deutsche Herbst" steht für die politische Krise in Deutschland im Herbst 1977, ausgelöst durch den Linksterrorismus der Roten Armee Fraktion (RAF). Am 5. September entführten RAF-Mitglieder den Arbeit-

geberpräsidenten Hanns Martin Schleyer, um ihre inhaftierten RAF-Genossen Andreas Baader, Gudrun Ensslin, Jan-Carl Raspe und Irmgard Möller freizupressen. Mit dem gleichen Ziel entführten palästinensische Terroristen am 13. Oktober die Lufthansa-Maschine „Landshut". Als die Spezialeinheit GSG 9 die „Landshut"-Geiseln am 18. Oktober befreite, nahmen sich Baader, Ensslin und Raspe das Leben, woraufhin Schleyer erschossen wurde.

Zu 28) C. Scholl

Die Geschwister Hans und Sophie Scholl waren Mitglieder der „Weißen Rose", einer Widerstandsgruppe gegen den Nationalsozialismus. Die „Weiße Rose" bildete sich 1942 im Freundeskreis Hans Scholls und Alexander Schmorells im Umfeld der Münchener Universität. Die Gruppe prangerte unter anderem in Flugblättern die Verbrechen des NS-Regimes an. Nach ihrer Enttarnung wurden die Geschwister Scholl im Februar 1943 zum Tode verurteilt und hingerichtet.

Zu 29) C. 3. Oktober 1990

Am 3. Oktober 1990 trat die DDR dem Geltungsbereich des Grundgesetzes der Bundesrepublik Deutschland bei. Wie im Einigungsvertrag festgelegt wurde, gilt der 3. Oktober („Tag der

Deutschen Einheit") seitdem als offizieller Nationalfeiertag.

Zu 30) D. Richard Nixon

1972 wurden mehrere Männer bei dem Versuch ertappt, in die Zentrale der Demokratischen Partei im Washingtoner Watergate-Gebäudekomplex einzudringen und dort Ab-

hörinstrumente zu installieren. Schon bald führten Spuren zu den Drahtziehern im engsten Umfeld des republikanischen Präsidenten Richard Nixon. Im weiteren Verlauf der Ermittlungen wurden weitere gravierende Fälle von Amtsmissbrauch durch die Regierung aufgedeckt. Am 9. August 1974 trat Nixon schließlich zurück.

Recht und Gesetz (Aufgaben 31–40)

Zu 31) B. unantastbar.

Der erste Absatz von Artikel 1 des Grundgesetzes lautet: „Die Würde des Menschen ist unantastbar. Sie zu achten und zu schützen ist Verpflichtung aller staatlichen Gewalt."

Zu 32) C. Die Bürger vor dem Staat zu schützen

Ein Kern der deutschen Verfassung besteht darin, die Bürger vor dem Staat zu schützen, der in allen seinen Einrichtungen an das geltende Recht gebunden ist. In die Freiheit des Einzelnen darf nur unter genau geregelten Umständen eingegriffen werden. Die Vorgaben des Grundgesetzes wirken sich zwar auch auf die Rechtsbeziehungen von Privatpersonen aus – konkret werden diese aber im Bürgerlichen Gesetzbuch (BGB) geregelt. Über die wirtschaftliche Ordnung Deutschlands und die Rechtsstellung

zu anderen Staaten findet sich im Grundgesetz wenig.

Zu 33) D. der Waffenbesitz.

Die Grundrechte werden in den Artikeln 1 bis 19 des Grundgesetzes formuliert. Dazu gehören unter anderem die Menschenwürde, die allgemeine Handlungsfreiheit, das Recht auf körperliche Unversehrtheit, die Glaubens- und Gewissensfreiheit, die Meinungsfreiheit und die Versammlungsfreiheit. Ein Recht auf Waffenbesitz gibt es in Deutschland nicht.

Zu 34) D. Mit der Vollendung der Geburt

Die Rechtsfähigkeit als Ausdruck der personalen Würde des Menschen bedeutet, Träger von Rechten und Pflichten zu sein. Sie beginnt mit der Geburt, die mit dem vollständigen Austritt des Kindes aus dem Mutterkörper vollendet ist, wobei es nicht auf die Lösung der Nabelschnur ankommt. Die Rechtsfähigkeit endet mit dem Tod, der nach herrschender Rechtsauffassung mit Eintritt des Hirntodes erreicht ist.

Zu 35) B. Mit 18 Jahren

In Deutschland gilt man mit Vollendung des 18. Lebensjahres – sprich: ab dem 18. Geburtstag – rechtlich als volljährig und damit als unbeschränkt geschäftsfähig. In der DDR war dies schon seit 1950 so; in der Bundesrepublik Deutschland lag das Schwellenalter noch bis zum Jahr 1975 bei 21 Jahren. Zum Besitz eines Personalausweises ist man übrigens ab 16 Jahren verpflichtet.

Zu 36) B. Das Recht auf Selbstjustiz

Paragraf 127 der Strafprozessordnung regelt das Jedermann-Anhalte-und-Festnahmerecht, kurz „Jedermannsrecht": Demnach darf jeder Bürger einen auf frischer Tat ertappten Verdächtigen, der flieht oder zu fliehen droht, vorläufig festnehmen. „Notwehr" bezeichnet alle erforderlichen Maßnahmen, um einen gegenwärtigen rechtswidrigen Angriff von sich oder einem anderen abzuwenden. Die „Nothilfe" erlaubt das Abwenden von Angriffen auf Rechtsgüter Anderer. „Selbstjustiz" bedeutet, dass jemand für erlittenes Unrecht

selbst Vergeltung übt – die Ahndung von Straftaten ist in Deutschland jedoch Sache der Justiz.

Zu 37) C. Drogen.

Die Prohibition (lat. „prohibere" = „verhindern") ist das Verbot bestimmter Drogen, dem international z. B. Kokain, Heroin und Ecstasy unterliegen. Ziel ist es, die Bevölkerung vor negativen Wirkungen des Drogenkonsums zu schützen. Kritikern zufolge führt eine Prohibition andererseits zur Entstehung von Schwarzmärkten und zu einer Zunahme drogenbedingter Kriminalität.

Zu 38) C. Die rechtliche Verfügungsgewalt über eine Sache

Als Eigentum im rechtlichen Sinne (§§ 903 ff. BGB) bezeichnet man die rechtliche Verfügungsgewalt über eine Sache, während mit Besitz (§§ 854 ff. BGB) die tatsächliche Gewalt über eine Sache gemeint ist.

Zu 39) B. Ziviler Ungehorsam

Das Foto zeigt eine Sitzblockade, eine Ausdrucksform zivilen Ungehorsams. Dieser politik- und rechtstheoretische Begriff bezeichnet die symbolische Verletzung rechtlicher Normen, um gegen eine Unrechtssituation anzugehen und grundlegende Rechte einzufordern. Die beteiligten Personen nehmen in Kauf, dafür verurteilt zu werden.

Zu 40) C. Verfolgung.

Laut Artikel 16a des deutschen Grundgesetzes haben politisch Verfolgte ein Asylrecht. Im weiteren Sinne spricht man auch dann von Asyl, wenn jemand als Flüchtling nach der Genfer Flüchtlingskonvention (GFK) anerkannt wird, weil er in seinem Heimatstaat aufgrund seiner Rasse, Religion, Nationalität, politischen Überzeugung oder Zugehörigkeit zu einer sozialen Gruppe verfolgt und bedroht wird. Kein Asylanspruch entsteht durch Naturkatastrophen, Armut oder Krieg im Allgemeinen.

Geografie und Landeskunde (Aufgaben 41–50)

Zu 41) D. Wiesbaden

Die hessische Landeshauptstadt heißt Wiesbaden. Die mit rund 300.000 Einwohnern zweitgrößte Stadt Hessens liegt am Rhein, direkt gegenüber dem rheinland-pfälzischen Regierungssitz Mainz. Wiesbaden verfügt über zahlreiche Thermal- und Mineralquellen und ist eines der ältesten Kurbäder Europas.

Zu 42) B. Den Petersdom in Rom

Das Foto zeigt die Basilika Sankt Peter im Vatikan, besser bekannt als Petersdom. Die Grabeskirche des Apostels Petrus, 1626 von Papst Urban VIII. eingeweiht, zählt zu den größten Kirchengebäuden der Welt. Sie bildet den Mittelpunkt des in Rom gelegenen Staates Vatikanstadt, dem Sitz des Papstes; zu ihrer Ostseite erstreckt sich der Petersplatz. Am Bau des Petersdoms waren berühmte Architekten und Künstler der Hochrenaissance beteiligt, darunter Raffael und Michelangelo.

Zu 43) C. Po

Der Po ist mit einer Länge von 652 km der längste Fluss Italiens. Er entspringt in den Alpen nahe der italienisch-französischen Grenze und mündet in die Adria.

Zu 44) C. Hessen

Das Mittelgebirge Taunus, Teil des Rheinischen Schiefergebirges, reicht vom östlichen Rheinland-Pfalz nach Südwesthessen hinein. Der Taunus bedeckt eine Fläche von rund 2.700 Quadratkilometern; höchster Gipfel ist der Große Feldberg mit 879 Metern über Normalnull.

Zu 45) D. 16

Die Bundesrepublik Deutschland besteht aus 16 Bundesländern. In alphabetischer Folge: Baden-Württemberg, Bayern, Berlin, Brandenburg, Bremen, Hamburg, Hessen, Mecklenburg-Vorpommern, Niedersachsen, Nordrhein-Westfalen, Rheinland-Pfalz, Saarland, Sachsen, Sachsen-Anhalt, Schleswig-Holstein, Thüringen.

Zu 46) B. 9

Deutschland hat gemeinsame Grenzen mit neun weiteren Ländern. Im Uhrzeigersinn: Dänemark, Polen, Tschechien, Österreich, Schweiz, Frankreich, Luxemburg, Belgien, Niederlande.

Zu 47) A. Krim

Die Krim ist die größte Halbinsel des Schwarzen Meeres und territorial umstritten. Nach dem Zerfall der Sowjetunion 1991 konnte die Ukraine ihren Herrschaftsanspruch über die Krim gegen Autonomieforderungen durchsetzen. Doch in der Krimkrise 2014 kam es zu einem Machtwechsel: Nachdem die ukrainische Regierung infolge der Euromaidan-Proteste ab-

gelöst worden war, bildeten Separatisten – gestützt durch russisches Militär – auf der Halbinsel eine Parallelregierung. Diese erklärte zunächst die Unabhängigkeit der Krim und verkündete später – nach einer international mehrheitlich nicht anerkannten Volksabstimmung – ihren Beitritt zur Russischen Föderation.

Zu 48) B. Capri

Capri ist eine italienische Felseninsel im Golf von Neapel und hat eine Fläche von 10,4 km².

Zu 49) D. Schweden – Helsinki

Kombination D stimmt nicht: Die Hauptstadt Schwedens heißt Stockholm. Helsinki ist die finnische Hauptstadt.

Zu 50) C. Wolga

Die Wolga ist mit 3.534 km Länge der längste und wasserreichste Fluss Europas. Sie verläuft im europäischen Teil Russlands und mündet ins Kaspische Meer. Der zweitlängste Fluss ist die Donau mit 2.888 km.

Geografie: Europakarte (Aufgaben 51–60)

Zu 51) Deutschland

Das europäische Land zur Zahl 1 heißt Deutschland. Nach der Vereinigung von Bundesrepublik Deutschland und Deutscher Demokratischer

Republik 1990 wurde Deutschland mit mehr als 80 Millionen Einwohnern zum bevölkerungsreichsten EU-Mitgliedsstaat. Das Land mit der Hauptstadt Berlin weist darüber hinaus die stärkste Wirtschaftsleistung aller europäischen Staaten auf.

Zu 52) Niederlande

Die Zahl 2 kennzeichnet die Niederlande. Die Hauptstadt des über 17 Millionen Einwohner zählenden EU-Gründungsmitglieds ist Amsterdam, Regierungssitz ist jedoch das 50 Kilometer entfernte Den Haag. Zum Staatsgebiet des „Königreichs der Niederlande" (so der vollständige offizielle Name) gehören neben dem europäischen Territorium auch einige karibische Inseln.

Zu 53) Schweiz

Das europäische Land zur Zahl 3 heißt Schweiz, international oft auch mit CH („confoederatio helvetica") abgekürzt. Für den Alpenstaat mit gut 8 Millionen Einwohnern ist neben dem Maschinenbau, der Pharma-, Chemie- und Nahrungsmittelindustrie sowie dem Bankenwesen vor allem der Tourismus volkswirtschaftlich bedeutend. Außenpolitisch verpflichtet sich die Schweiz konsequent zur Neutralität in Konflikten und Kriegen. Ihre Hauptstadt ist Bern.

Zu 54) Frankreich

Frankreich, das mit der Zahl 4 gekennzeichnete Land, wird zentralistisch von der Hauptstadt Paris aus verwaltet und hat mit über 67 Millionen Einwohnern die zweitgrößte Bevölkerung der EU. Das Land ist landschaftlich vielfältig: Im Süden des Landes liegen die Pyrenäen und das Mittelmeer, im Westen und Nordwesten der Atlantik, im Osten die Alpen.

Zu 55) Italien

Italien, das europäische Land zur Zahl 5, liegt zum Großteil auf einer vom Mittelmeer umschlossenen Halbinsel, durch die sich das Apennin-Gebirge zieht. Zudem gehören einige Mittelmeerinseln – darunter Sizilien und Sardinien – zu Italien. Hauptstadt des EU-Mitgliedsstaats, in dem über 60 Millionen Menschen leben, ist Rom.

Zu 56) Kroatien

Das europäische Land zur Zahl 6 heißt Kroatien. Kroatien ging aus dem ehemaligen Jugoslawien hervor, von dem es 1991 seine Unabhängigkeit erklärte. Seit 2013 ist das Land EU-Mitglied. Es zählt gut 4 Millionen Einwohner, die Hauptstadt ist Zagreb.

Zu 57) Bulgarien

Das mit der Zahl 7 gekennzeichnete europäische Land ist Bulgarien, eine südosteuropäische Republik an der Westküste des Schwarzen Meeres mit gut 7 Millionen Einwohnern. Der ehemalige Ostblockstaat mit der Hauptstadt Sofia ist mittlerweile EU- und NATO-Mitglied.

Zu 58) Österreich

Das mit der Zahl 8 gekennzeichnete Land ist Österreich, ein mitteleuropäischer Binnenstaat mit rund 8,9 Millionen Einwohnern. Er liegt größtenteils in den Ostalpen und wird häufig auch als „Alpenrepublik" bezeichnet. Österreich ist ein wichtiges Transitland für den Verkehr zwischen Nord- und Südosteuropa. Die Hauptstadt des EU-Mitgliedslandes ist Wien.

Zu 59) Tschechien

Das europäische Land zur Zahl 9 heißt Tschechien (10,6 Millionen Einwohner). Die Tschechische Republik entstand 1993 als eine Nachfolgerepublik der Tschechoslowakei, wobei Prag die Hauptstadt blieb. Mittlerweile ist Tschechien EU-Mitglied.

Zu 60) Polen

Die Zahl 10 kennzeichnet das europäische Land Polen. Die Hauptstadt des 38-Millionen-Einwohner-Staates ist Warschau im östlichen Zentrum des Landes. Polen ist seit 2004 EU-Mitglied und hat entlang der Flüsse Oder und Neiße eine 467 Kilometer lange Grenze zu Deutschland.

Interkulturelles Wissen (Aufgaben 61–70)

Zu 61) B. Wichtige religiöse Texte des Judentums

Die Tora (auch „Thora") ist der erste Teil der hebräischen Bibel, der wichtigsten religiösen Schrift des Judentums. Sie besteht aus den fünf Büchern Mose. Oft meint man mit dem Begriff auch die Torarolle, eine handgeschriebene Pergamentrolle mit dem Text der Tora, aus der in jüdischen Gottesdiensten gelesen wird.

Zu 62) B. Ein Ganzkörperschleier muslimischer Frauen

Die Burka ist ein Stofftuch, das den Körper nahezu vollständig verdeckt. Solche Ganzkörperschleier werden von muslimischen Frauen vor allem in Afghanistan, Pakistan und Teilen Indiens getragen. In der hiesigen Öffentlichkeit wird das Tragen der Burka kontrovers diskutiert; Kritiker sehen darin ein Symbol für die Unterdrückung der Frau.

Zu 63) C. Aus der dritten Strophe

Das Deutschlandlied wurde 1922 mit allen drei Strophen die Nationalhymne des Deutschen Reiches. Im nationalsozialistischen „Dritten Reich" wurde nur noch die erste Strophe gesungen, die mit ihrem überschwänglichen „Deutschland, Deutschland über alles" und der überholten Grenzziehung „von der Maas bis an die Memel, von der Etsch bis an den Belt" heute als diskreditiert gilt. 1952 entschied man, das Deutschlandlied als Nationalhymne beizubehalten, aber zu offiziellen Anlässen nur die dritte Strophe zu singen. Nach dem Mauerfall verständigten sich 1991 Bundespräsident Richard von Weizsäcker und Bundeskanzler Helmut Kohl darauf, die dritte Strophe zur Nationalhymne des wiedervereinigten Deutschlands zu erklären.

Zu 64) B. BBC.

Die größte britische Rundfunkanstalt ist die BBC („British Broadcasting Corporation"). Die BBC betreibt mehrere Radio- und Fernsehkanäle, die zum Teil rund um den Globus zu empfangen sind. CNN („Cable News Network") ist ein US-amerikanischer Nachrichtensender, ORF der Österreichische Rundfunk und der RBB („Rundfunk Berlin-Brandenburg") ge-

hört zum deutschen ARD-Senderverbund.

Zu 65) A. Das islamische Recht

„Scharia" nennt man das islamische Recht, das der religiösen Lehre nach auf die Umsetzung der göttlichen Vorschriften und die Verwirklichung einer göttlichen Ordnung abzielt. Dem religiösen Verständnis zufolge gelten die Gesetze der Scharia bis auf wenige Ausnahmen für alle Menschen, auch für Nichtmuslime. In manchen Ländern ist die Scharia Grundlage der staatlichen Gesetzgebung.

Zu 66) D. Sari.

Die Rede ist vom Sari, einem traditionellen Frauengewand, das in Indien, Sri Lanka, Bangladesch, Nepal und Teilen Pakistans bis heute alltäglich ist. Saris bestehen aus einer meist fünf bis sechs Meter langen, raffiniert um den Körper gewickelten Stoffbahn. Die Antworten A und C bezeichnen Kopfbedeckungen: Die Kippa wird von männlichen Juden getragen, der Fes war früher vor allem im Orient und auf dem Balkan gängig. Der Kaftan, ein knie- bis knöchellanges Woll- oder Seidenhemd, war einst im Osmanischen Reich und unter osteuropäischen Juden verbreitet. Heute schätzt man ihn noch in Zentralasien.

Zu 67) C. konstitutionelle Monarchien.

Die konstitutionelle Monarchie ist eine Staats- und Regierungsform, in der die Macht eines Monarchen durch eine Verfassung beschränkt und reguliert wird. Weltweit sind gut ein Dutzend Staaten konstitutionell-monarchisch verfasst – darunter Großbritannien, Schweden, Spanien und Japan. Japan ist kein Mitglied der NATO, und nur Großbritannien hat einen ständigen Sitz im UN-Sicherheitsrat inne.

Zu 68) A. Wässerchen.

Wodka ist eine farblose, annähernd geschmacksneutrale Spirituose. Das slawische „vodka" ist die Verkleinerungsform von „voda" („Wasser").

Zu 69) C. Frankreichs.

„Freiheit, Gleichheit, Brüderlichkeit" (französisch: „Liberté, Égalité, Fraternité") wurde im Nachhinein zur Parole der Französischen Revolution von 1789 erklärt und nach dem Zweiten Weltkrieg in die Verfassung aufgenommen. Als Teil des nationalen französischen Erbes ist der Wahlspruch heute auf vielen öffentlichen Gebäuden, auf Münzen und Briefmarken zu finden.

Zu 70) D. in Nordafrika.

„Maghreb" (arabisch für „Westen") bezeichnet den westlichen Teil des Verbreitungsgebiets des Islam. Der Maghreb umfasst die nordafrikanischen Länder Marokko, Tunesien und Algerien, teilweise auch Libyen und Mauretanien.

Persönlichkeiten, Erfindungen, Entdeckungen (Aufgaben 71–80)

Zu 71) A. Buchdruck mit beweglichen Lettern

Johannes Gensfleisch (um 1400–1468), genannt Gutenberg, entwickelte den Buchdruck mit beweglichen Metall-Lettern. Sicher ist, dass er diese Technik in Europa als erster in einem funktionierenden Gesamtsystem umsetzen konnte. Ob ihm dieser Verdienst auch auf globaler Ebene gebührt, ist jedoch fraglich, da entsprechende koreanische Drucke bereits auf das 14. Jh. datiert werden.

Zu 72) C. Michail Gorbatschow

Als Generalsekretär des Zentralkomitees der Kommunistischen Partei der Sowjetunion initiierte Michail Gorbatschow unter den Schlagworten „Glasnost" („Öffnung") und „Perestroika" („Umbau") Mitte der 1980er-Jahre breit angelegte Reformen, um die sowjetische Politik, Wirtschaft und Gesellschaft grundlegend zu modernisieren. Die Reformen konnten den Verfall der Sowjetunion jedoch nicht aufhalten, zum Teil beschleunigten sie ihn sogar. Die UdSSR hörte 1991 auf zu existieren.

Zu 73) B. 1492

Am 12. Oktober 1492 erreichten die Schiffe des Christoph Kolumbus Amerika. Kolumbus ging zuerst auf einer Insel der Bahamas an Land, die er „San Salvador" taufte. Wie heute bekannt ist, wurde der amerikanische Kontinent schon rund 500 Jahre vor Kolumbus von Leif Eriksson oder anderen Isländern entdeckt. Dennoch gilt Kolumbus bis heute als Entdecker Amerikas, da erst seine Reisen zur dauerhaften Kolonisierung und Besiedlung durch Menschen anderer Kontinente führten. Da dies mit einer zum Teil äußerst gewaltsamen Verdrängung der Ureinwohner einherging, wird die historische Rolle des Kolumbus bis heute kontrovers diskutiert.

Zu 74) A. Gaius Julius Caesar

Gaius Julius Caesar (100–44 v. Chr.) war Feldherr, Staatsmann und der erste Alleinherrscher im antiken Rom.

Mit dem Satz „Veni, vidi, vici" – „Ich kam, ich sah, ich siegte" – kommentierte Caesar seine rasche militärische Eroberung des Königreichs Pontos am Schwarzen Meer (47 v. Chr.). Der Ausspruch hat sich zum geflügelten Wort entwickelt.

Zu 75) B. Winston Churchill.

Sir Winston Churchill (1874–1965) war zweimal britischer Premierminister: Während des Zweiten Weltkriegs von 1940 bis 1945 und zwischen 1951 und 1955. Seine Popularität verdankte er insbesondere seiner Eloquenz und seinem charismatischen, entschlossenen Auftreten. Anders als sein Vorgänger Neville Chamberlain machte Churchill in seiner ersten Amtszeit keine Zugeständnisse an Adolf Hitler, sondern setzte auf eisernen Widerstand. Darüber hinaus verstand er sich auf eine feinsinnige, wirkungsvolle Sprache, die ihm 1953 den Literatur-Nobelpreis einbrachte.

Zu 76) C. Rudi Dutschke.

Rudi Dutschke (1940–1979), Mitglied des Sozialistischen Deutschen Studentenbundes (SDS), gilt als bekanntester Wortführer der Studentenbewegung in Westberlin und Westdeutschland Ende der 60er-Jahre. 1968 wurde Dutschke bei einem Attentat vom Hilfsarbeiter Josef Bachmann angeschossen und schwer verletzt. An den Spätfolgen des Anschlags starb er elf Jahre darauf.

Zu 77) C. Wladimir Putin

Das Foto zeigt den Politiker Wladimir Wladimirowitsch Putin. Putin wurde 1952 in Leningrad (dem heutigen Sankt Petersburg) geboren und ist seit 2012 erneut Präsident der Russischen Föderation, nachdem er das Amt bereits von 2000 bis 2008 bekleidet hatte. Von 1999 bis 2000 sowie von Mai 2008 bis Mai 2012 war Putin russischer Ministerpräsident.

Zu 78) D. dass sich die Erde um die Sonne dreht.

Nikolaus Kopernikus (1473–1543) kritisierte das seit der Antike gültige, von der Kirche vertretene geozentrische Weltbild, wonach die Erde den Mittelpunkt des Weltalls bildet, umkreist von der Sonne und den anderen Planeten. Stattdessen vertrat er die Ansicht, die Erde bewege sich mitsamt den übrigen Planeten um die Sonne. Dieses Modell bezeichnet man als heliozentrisches oder auch „kopernikanisches" Weltbild.

Zu 79) C. die vier größten Jupitermonde.

Bei der Beobachtung des Planeten Jupiter 1610 entdeckte Galileo Galilei die vier größten Monde des Riesenplaneten. Die Trabanten mit den Namen „Ganymed", „Kallisto", „Io" und „Europa" bezeichnet man noch heute als „Galileische Monde".

Zu 80) A. Friedrich Engels.

„Das Manifest der Kommunistischen Partei" oder kurz „Das Kommunistische Manifest", 1848 erschienen, verfasste der Ökonom und Philosoph Karl Marx (1818–1883) zusammen mit dem Philosophen und Historiker Friedrich Engels (1820–1895). Auf knapp 30 Seiten skizzieren sie die historische Entwicklung der Gesellschaftsmodelle vor dem Hintergrund fortwährender Klassenkämpfe, grenzen den Kommunismus von bisherigen Gesellschaftsformen ab und betonen die internationale Solidarität des Proletariats.

PC und Internet (Aufgaben 81–90)

Zu 81) D. eine bestimmte Publikationsform im Internet.

„Weblog" oder kurz „Blog" ist ein aus „Web" und „Logbuch" zusammengesetztes Kunstwort für tagebuch- bzw. journalähnliche Publikationsformen im Internet. Üblicherweise sind Blogs stark subjektiv gefärbt und erlauben es, einzelne Beiträge zu kommentieren. Doch feste Standards gibt es nicht; Blogs können Forumscharakter haben, eher informativ sein oder auch Plattformen für rein persönliche Betrachtungen darstellen.

Zu 82) A. Kleine Computerprogramme, die sich an andere Programme hängen

Ein Virus ist im IT-Bereich ein sich selbst verbreitendes, meist schädliches Computerprogramm, das sich ungewollt in Computer einschleust und reproduziert. Das Computervirus nutzt wie sein biologisches Vorbild die Ressourcen seines Wirtes und schadet ihm dabei häufig. Der Schaden für das Wirtssystem oder dessen Programme kann von harmlosen Störungen bis hin zum Datenverlust reichen. Es kann zu nicht kontrollierbaren Veränderungen am Status der Hardware, am Betriebssystem oder an der Software kommen. Umgangssprachlich wird die Bezeichnung „Computervirus" auch für Computerwürmer und Trojanische Pferde genutzt, zwischen denen der Übergang heute fließend und für Anwender oft nicht zu erkennen ist.

Zu 83) B. Auf unsichere Passwörter

Benutzer authentifizieren sich durch Passwörter, um auf Computer, Programme oder Online-Dienste zuzugreifen. Unsichere Passwörter rühren meist daher, dass Anwender relativ einfache Zeichenfolgen oder Begriffe wählen, die zwar einprägsam sind, sich aber leicht erraten oder ermitteln lassen: zum Beispiel Eigennamen, Geburtstage, Adressen oder ihre einfache Kombination. Schwerer zu merken, aber dafür sicherer sind Passwörter, die per Zufallsgenerator erzeugt werden.

Zu 84) C. Geräte, die an ein Netzwerk angeschlossen sind.

Eine IP-Adresse ist eine Kennziffer, die es ermöglicht, jedes Gerät in einem auf Basis des Internetprotokolls (IP) eingerichteten Netzwerk zu identifizieren. Der lange Jahre vorherrschende IPv4-Standard definiert eine IP-Adresse als 32 Bit langes Datenwort. Es besteht in der bekanntesten Notation aus vier Zahlen zwischen 0 und 255, die durch einen Punkt getrennt sind. Rechnerisch lassen sich so knapp 4,3 Milliarden Adressen darstellen. Da dieser Vorrat nicht mehr ausreicht, hat man mittlerweile das IPv6-Verfahren eingeführt: Es erlaubt 128 Bit lange Adressen in Hexadezimal-Schreibweise.

Zu 85) D. Querverweisen zwischen Dokumenten.

Ein Hyperlink (oder kurz „Link") ist ein Querverweis, der in einem Web-Dokument auf ein anderes verweist. Führt man den Hyperlink z. B. per Mausklick aus, springt man direkt zum entsprechenden Ziel. Hyperlinks sind oft durch Unterstreichung und Schriftfarbe hervorgehoben.

Zu 86) C. Die Hauptplatine zur Unterbringung der Komponenten

„Motherboard", „Mainboard" oder „Systemplatine" nennt man die Hauptplatine eines Computers, auf der sich in der Regel folgende Systemkomponenten befinden: die CPU, der PCI-Bus mit den Slots für die Erweiterungskarten, die Steckplätze für den Arbeitsspeicher, verschiedene Schnittstellen, der Cache, die Echtzeituhr, BIOS-ROM und CMOS-RAM, die verschiedenen Controller und der Tastatur-Prozessor. Die Konzeption des Mainboards beeinflusst systemrelevante Parameter wie die Systemleistung, die Zukunftssicherheit und die Kompatibilität zu Systemkomponenten (Anschlüsse, Erweiterbarkeit).

Zu 87) D. Unter einem Betriebssystem wird die Software zum Betreiben eines Computers verstanden.

Das Betriebssystem ist die Software zum Betrieb eines Computers. Es verwaltet die Komponenten wie Speicher, Ein- und Ausgabegeräte und steuert die Ausführung von Programmen. Bekannte Betriebssysteme sind Windows, Android, iOS, macOS und Linux.

Zu 88) A. „Phishing".

Mit dem Begriff „Phishing" bezeichnet man Versuche, über gefälschte Websites an fremde Daten zu gelangen. Dabei ahmen Kriminelle beispielsweise das Aussehen einer Bank-Website nach und fordern Benutzer mit betrügerischen E-Mails vermeintlich im Namen der Bank dazu auf, die entsprechende Seite zu besuchen und sensible Daten einzugeben.

Zu 89) D. Arbeitsspeicher

Alle Komponenten dienen zur Datenspeicherung. Im Gegensatz zu Festplatten, CD-ROMs und USB-Sticks sichert der Arbeitsspeicher diese Informationen jedoch nicht dauerhaft. Nach einer Stromunterbrechung sind sie daher in der Regel auf diesem Medium nicht mehr vorhanden.

Zu 90) A. Für einen Rechner, der sich in einer untergeordneten Struktur befindet

In einem Computernetzwerk bezeichnet man dasjenige System als „Client" (dt. „Kunde"), das Kontakt zu einem Server aufnimmt: sei es als Teil eines Rechnernetzwerks oder nach dem Client-Server-Modell. Der Client nutzt den Dienst, den das Server-Programm anbietet. Der Server ist jederzeit in Bereitschaft, um auf die Kontaktaufnahme eines Clients reagieren zu können. Im Unterschied zum passiven Server, der auf Anforderungen wartet, verhält sich der Client also aktiv.

Abkürzungen (Aufgaben 91–100)

Zu 91) A. Europäische Union

Das Kürzel „EU" steht für die Europäische Union, einen Zusammenschluss von 27 europäischen Staaten (Stand 2026). Die EU fußt auf einer gemeinsam koordinierten Agrar-, Wirtschafts-, Bildungs- und Sozialpolitik sowie gemeinsamem Verbraucherschutz, beinhaltet eine gemeinsame Außen- und Sicherheitspolitik und entwickelt die polizeiliche und justizielle Zusammenarbeit ihrer Mitgliedsländer.

Zu 92) C. Bundesnachrichtendienst

„BND" ist das offizielle Kürzel für den Bundesnachrichtendienst, den Auslandsnachrichtendienst der Bundesrepublik Deutschland. Die Bundesbehörde mit Sitzen in Pullach bei München und Berlin beschäftigt rund 6.500 Mitarbeiter.

Zu 93) C. Internationaler Währungsfonds

Der Internationale Währungsfonds (IWF) ist eine Organisation der Vereinten Nationen, gegründet am 22. Juli 1944 durch eine internationale Übereinkunft. Er ist eine Schwesterorganisation der Weltbank-Gruppe und hat seinen Sitz in Washington D.C., USA. Zu den Aufgaben des IWF gehören: Förderung der internationalen Zusammenarbeit in der Währungspolitik, Ausweitung des Welthandels, Stabilisierung von Wechselkursen, Kreditvergabe, Überwachung der Geldpolitik, technische Hilfe.

Zu 94) C. Europäische Zentralbank

„EZB" steht für die Europäische Zentralbank, die Zentralbank der Eurozone. Ihre Kernaufgaben bestehen darin, die Geldpolitik festzulegen und umzusetzen, Devisengeschäfte zu tätigen, die offiziellen Währungsreserven der Mitgliedsstaaten zu verwalten und die Volkswirtschaft mit Geld zu versorgen, um einen reibungslosen Zahlungsverkehrs zu gewährleisten.

Zu 95) A. Straßenverkehrs-Ordnung.

„StVO" steht für die deutsche Straßenverkehrs-Ordnung, die den Verkehr auf Straßen, Wegen und Plätzen regelt. Sie definiert u. a. erlaubte Geschwindigkeiten, Halte- und Parkverbote, Vorfahrten, Abbiege- und Überholvorgänge – und Bußgelder bei Verstößen.

Zu 96) B. Technischer Überwachungs-Verein

Ein Technischer Überwachungs-Verein (TÜV) führt technische Kontrollen durch, um die Sicherheit u. a. von Kraftfahrzeugen und Maschinen zu prüfen. TÜVs sind privatwirtschaftliche Gesellschaften, die der Staat mit hoheitlichen Aufgaben betraut, beispielsweise der Hauptuntersuchung für Kraftfahrzeuge. Den Namen „TÜV" tragen in Deutschland mehrere eigenständige, konkurrierende Unternehmen: die Holdings TÜV Süd, TÜV Nord und TÜV Rheinland sowie die konzernunabhängigen TÜV Thüringen und TÜV Saarland.

Zu 97) B. Aktenzeichen

„AZ" oder auch „Az." steht für „Aktenzeichen", die Signatur einer Akte. Ein Aktenzeichen muss sich jederzeit eindeutig einer bestimmten Akte zuordnen lassen und darf folgerichtig nur ein einziges Mal vergeben werden. Das Aktenzeichen wird anhand von Aktenplan und Aktenverzeichnis systematisch zugeordnet und ist Bestandteil des Geschäftszeichens.

Zu 98) D. Strafgesetzbuch

„StGB" ist die Abkürzung von „Strafgesetzbuch". Das Strafgesetzbuch gliedert sich in zwei Hauptabschnitte: Der allgemeine Teil regelt, was überhaupt eine Straftat ist und welche Handlungen mit Strafe bedroht sind. Der besondere Teil behandelt die verschiedenen Deliktformen (Mord, Betrug, Raub …) und die dafür möglichen Sanktionen.

Zu 99) A. Mitglied des Bundestags

„MdB" ist die Abkürzung von „Mitglied des Bundestages" – so lautet die amtliche Bezeichnung für die Abgeordneten des bundesdeutschen Parlaments.

Zu 100) C. Grundgesetz der Bundesrepublik Deutschland

Das Kürzel „GG" steht für das Grundgesetz der Bundesrepublik Deutschland. Darin sind die Leitlinien des Staatsprinzips niedergelegt: Demokratie, Republik, Sozialstaatlichkeit, Föderalismus (Teilautonomie der Bundesländer), Gewaltenteilung und

Gesetzmäßigkeit aller Staatsorgane. Das Grundgesetz wurde am 23. Mai 1949 verabschiedet und ist seitdem die verfassungsmäßige Grundlage der Bundesrepublik Deutschland.

Begriffe einsetzen (Aufgaben 101–110)

Zu 101) A. Primzahl

Primzahlen sind nur durch 1 und sich selbst ohne Rest teilbar. Die Primzahlen bis 100 lauten: 2, 3, 5, 7, 11, 13, 17, 19, 23, 29, 31, 37, 41, 43, 47, 53, 59, 61, 67, 71, 73, 79, 83, 89, 97.

Zu 102) B. Erbinformationen

Die menschlichen Erbinformationen sind in den Genen codiert. Mehrere Gene reihen sich jeweils zu einem langen, dünnen Faden aneinander, der wiederum zu einer kompakten Struktur, einem Chromosom aufgewickelt ist. Der Mensch besitzt 23 verschiedene Chromosomenpaare, also insgesamt 46 Chromosomen. Darunter findet sich nur bei Frauen ein xx-Chromosomenpaar und ausschließlich bei Männern ein xy-Paar.

Zu 103) B. Aktie

Die Rede ist von der Aktie. Dividenden sind Gewinnbeteiligungen, die Aktiengesellschaften an ihre Aktionäre ausschütten. Subventionen sind finanzielle Vorteile, die ein Staat Privathaushalten, Unternehmen oder

anderen Staaten gewährt. Die Rendite beziffert den mit einer Geldanlage erzielten Gewinn im Verhältnis zum eingesetzten Kapital.

Zu 104) D. einen Stoffwechsel

Einem Tier, das weder Nase, noch Ohren oder Lunge besitzt, begegnet man recht häufig – dem Regenwurm. Wie alle anderen Lebewesen hat er jedoch einen Stoffwechsel, das heißt: Sein Organismus wandelt chemische Stoffe in andere Stoffe um, die er braucht, um seine Körpersubstanz zu erhalten, Energie zu gewinnen und seine Körperfunktionen aufrechtzuerhalten. Ein weiterer Stoffwechsel-Prozess ist die Umwandlung schädlicher Stoffe in ausscheidbare Stoffe.

Zu 105) C. Sauerstoff

Rost entsteht, wenn Eisen oder Stahl in Gegenwart von Wasser mit Sauerstoff oxidiert. Dabei verliert das Metall Elektronen an eine Wasser-Sauerstoff-Verbindung, wodurch sich seine Eigenschaften und seine Funktionalität verändern. Man nennt diesen Prozess auch Korrosion.

Zu 106) D. älterer Menschen

Als demografischen Wandel bezeichnet man die hiesigen Tendenzen in der Bevölkerungsentwicklung. Maßgebliche demografische Faktoren sind die Geburten- und Sterbezahlen sowie Zu- und Fortzüge. In Deutschland liegt seit Beginn der 70er-Jahre die Sterberate über der Geburtenrate, sodass die Bevölkerung insgesamt abnimmt. Gleichzeitig steigt der Bevölkerungsanteil der älteren Menschen.

Zu 107) A. Sonnenlicht

Die Substanz Cholecalciferol – auch als Vitamin D bekannt – kann der menschliche Körper in der Haut selbst herstellen. Eine Voraussetzung dafür ist die Einwirkung von UVB-Strahlung, wie sie im Sonnenlicht vorkommt. Vitamin D übernimmt wichtige Aufgaben im Organismus, beispielsweise beim Knochenaufbau.

Zu 108) C. Hygrometer

Zur Bestimmung der Luftfeuchtigkeit nutzt man ein Hygrometer. Der Name des Instruments setzt sich zusammen aus den altgriechischen Wörtern „hygrós" („feucht", „nass") und „mét-

ron" („Maß", „Maßstab"). Mit einem Thermometer misst man Temperaturen, mit einem Manometer Drücke. Das Nanometer ist eine Längeneinheit und entspricht einem milliardstel Meter.

Zu 109) C. Säuren

Der pH-Wert gibt an, wie sauer bzw. basisch eine wässrige Lösung ist. Niedrige Werte haben beispielsweise Zitronensaft (pH-Wert 2,4), Magensäure (1–1,5) und Batteriesäure (<1). Am anderen Ende der Skala finden sich Basen wie Seife (9–10), Bleichmittel (12,5) oder Natronlauge (13,5–14). Emulsionen sind Gemische zweier normalerweise nicht mischbarer Flüssigkeiten (ohne sichtbare Entmischung), „Lauge" ist ein umgangssprachlicher Ausdruck für eine bestimmte Art von Basen.

Zu 110) D. Antikörper.

Bei aktiven Impfungen verabreicht man lebende oder tote Krankheitserreger, die das Immunsystem zur Bildung eigener Antikörper anregen. Bei passiven Immunisierungen enthält der Impfstoff selbst die benötigten Antikörper, das Immunsystem bleibt „passiv". Streng medizinisch ist dieses Verfahren keine Impfung im eigentlichen Sinne.

Fachbezogenes Wissen

Bundespolizei *Bearbeitungszeit 7½ Minuten*

Wie gut kennen Sie sich in den Strukturen und Aufgaben der Bundespolizei aus?

Beantworten Sie bitte die folgenden Aufgaben, indem Sie jeweils den richtigen Lösungsbuchstaben markieren.

1) Die Bundespolizei …?

A. hat die gleichen Aufgaben wie die Polizeien der Bundesländer.

B. ist eine gemeinsame Sondereinheit der Landespolizeien.

C. beaufsichtigt die Landespolizeien.

D. ist organisatorisch unabhängig von den Landespolizeien und hat ein eigenes Aufgabenspektrum.

E. besteht aus allen Angehörigen der Landespolizeien.

2) Die Aufgaben und die Rechtsstellung der Bundespolizei regelt …?

A. das Grundgesetz.

B. das Polizeigesetz des Bundeslands Berlin.

C. das Strafgesetzbuch.

D. das Bundespolizeigesetz.

E. eine Zusammenschrift der Länder-Polizeigesetze.

3) Wann darf die Bundespolizei die Landespolizeien unterstützen?

A. Grundsätzlich überhaupt nicht

B. Grundsätzlich immer, wenn sie es für nötig hält

C. In besonderen Ausnahmefällen

D. Nur im Kriegsfall

E. Nur, wenn die Landespolizei nicht mehr handlungsfähig ist

4) Woraus ging die Bundespolizei hervor?

A. Bundesgrenzschutz

B. Bundessicherheitsbehörde

C. Zoll

D. Bundesordnungsdienst

E. Grenz- und Küstenwache

5) Was dürfen Polizisten nicht?

A. Verdächtige in Gewahrsam nehmen

B. Körperliche Gewalt einsetzen

C. Wohnungen öffnen

D. Schusswaffen einsetzen

E. Verbrecher verurteilen

6) Wodurch trägt die Bundespolizei nicht zur Sicherung der Infrastruktur bei?

A. Wartung grenznaher Autobahnen

B. Maßnahmen zur Feststellung gefährlicher Gegenstände an Flughäfen

C. Ermittlung bei Verstößen gegen Umweltschutzbestimmungen auf See

D. Verfolgung von Vandalismus an Fernbahnhöfen

E. Präsenzstreifen in Zügen der Deutschen Bahn AG

7) Deutsche Polizisten dürfen auch im Ausland eingesetzt werden – unter bestimmten Bedingungen. Welche gehört nicht dazu?

A. Eine internationale Organisation beantragt den Einsatz, im Einvernehmen mit dem betreffenden Staat.

B. Die eingesetzten Polizisten stimmen dem Einsatz zu.

C. Die Beamten stehen nicht unter militärischem Kommando.

D. Die Beamten werden nur in einem sicheren Umfeld eingesetzt.

E. Der Bundestag stimmt dem Einsatz zu.

8) Der Grenzschutz der Bundespolizei umfasst die Abwehr von Gefährdungen der Grenzsicherheit, und zwar …?

A. seit dem Schengener Abkommen nur noch an den Außengrenzen der EU.

B. im Grenzgebiet etwa 30 Kilometer in den grenznahen Raum hinein (zur See: 50 Kilometer).

C. im gesamten Bundesgebiet.

D. nur noch an den Grenzen zu Nicht-EU-Staaten.

E. ausschließlich an Kontrollposten und Übergängen unmittelbar an der Grenze.

9) Neben den beamtenrechtlichen Anforderungen an körperliche Tauglichkeit, Bildungsgrad und Mindestalter zählen beim Einstellungsverfahren der Bundespolizei auch …?

A. Waffenkenntnis und Unerschrockenheit.

B. Teamfähigkeit und Zivilcourage.

C. politische und sexuelle Orientierung.

D. Strenge und Draufgängertum.

E. Autoritätshörigkeit und Zurückhaltung.

10) „GSG 9" heißt …?

A. eine Spezialeinheit der Bundespolizei.

B. eine gemeinsame Einheit von Bundeswehr, Polizeien und Zoll.

C. der neunköpfige Generalstab der Landespolizeien.

D. ein Gremium des Bundestags, das die Polizeibehörden parlamentarisch kontrolliert.

E. eine der wichtigsten Polizei-Dienstvorschriften.

11) Wie sieht das Dienstabzeichen der Bundespolizei aus?

A. Silberner Stern mit schwarz-rotgoldener Umfassung

B. Goldener Bundesadler auf schwarzem Grund

C. Bundesfahne mit eingeklinktem Polizeisignet in der rechten oberen Ecke

D. Goldener Bundesadler auf schwarzem Grund mit roter Umrandung

E. Schwarzer Bundesadler auf goldenem Schild in einem dunkelblauen Wappen

12) Ganz abgesehen von ihren polizeilichen Aufgaben machen Bundespolizisten regelmäßig Schlagzeilen im Bereich …?

A. Autorenfilm.

B. Spitzensport.

C. Webdesign.

D. Biologie.

E. Wirtschaftspolitik.

13) Wer ist der Dienstherr eines BPOL-Beamten?

A. Der unmittelbare Disziplinarvorgesetzte

B. Der Präsident der BPOL

C. Die Bundesrepublik Deutschland

D. Der Bundeskanzler

E. Die BPOL als Behörde

14) Die oberste Behörde der Bundespolizei ist …?

A. das Bundespolizeipräsidium in Potsdam.

B. das Verteidigungsministerium in Berlin.

C. das Bundesinnenministerium in Berlin.

D. die Bundespolizeidirektion in Koblenz.

E. das Oberkommissariat der Bundespolizei in Hamburg.

15) Was ist die zentrale Aus- und Weiterbildungsstätte der Bundespolizei?

A. Die Bundespolizeiakademie in Lübeck

B. Die Polizeischule des Bundes in Berlin

C. Eine Zentrale gibt es nicht – die Aus- und Weiterbildung findet an den entsprechenden Einrichtungen der Landespolizeien statt.

D. Die Lehr- und Ausbildungskaserne der Bundespolizei in Regensburg

E. Das gemeinsame Schulungszentrum von Bundeswehr und Bundespolizei in Potsdam

16) Was verbirgt sich hinter der Abkürzung „BFE"?

A. Spezialkräfte für die Beweissicherung und Festnahme

B. Die Fernmelde-Einheit der Polizei

C. Bestimmungen für Polizeiformationen im Einsatz

D. Ein spezieller Ausrüstungsgegenstand der Bereitschaftspolizei

E. Der Befehlshaber einer Hundertschaft im Einsatz

17) Welche Aussage stimmt nicht? Eine Bereitschaftspolizei (BePo) …

A. ist ein eigenständiger Großverband.

B. kommt unterstützend bei Großereignissen und Schwerpunktaufgaben (z. B. Kriminalitätsbekämpfung) zum Einsatz.

C. gibt es bei den Landespolizeien und der Bundespolizei.

D. besteht aus nicht verbeamteten polizeilichen Hilfskräften, die bei Bedarf hinzugezogen werden können.

E. ist meist in Gemeinschaftsunterkünften einquartiert.

18) Wobei handelt es sich um eine nach Personalstärke aufsteigende Reihe von Einheiten der Bereitschaftspolizei?

A. Gruppe, Zug, Kompanie

B. Zug, Hundertschaft, Division

C. Zug, Gruppe, Bataillon

D. Gruppe, Zug, Hundertschaft

E. Regiment, Zug, Gruppe

19) Was ist eine korrekte, hierarchisch aufsteigende Folge von Amtsbezeichnungen der Polizei?

A. Polizeihauptkommissar, Polizeioberkommissar, Polizeirat

B. Polizeirat, Polizeikommissar, Polizeidirektor

C. Polizeiobermeister, Polizeikommissar, Polizeirat

D. Polizeimajor, Polizeikommissar, Polizeigeneral

E. Polizeihauptkommissar, Polizeioberrat, Polizeihauptmeister

20) In welchem Eintrittsamt startet man die Karriere im mittleren Polizeivollzugsdienst?

A. Polizeimeister

B. Polizeikommissar

C. Polizeirat

D. Polizeimajor

E. Polizeifähnrich

Staat und Bundespolizei: Aktuelle Fragen

Fakten, die man kennen sollte.

Um im Einstellungsverfahren gut abzuschneiden, sollte Ihr Grundwissen rund um den Staat und Bundespolizei auf dem neuesten Stand sein. Halten Sie sich daher – per Zeitung, Fernsehen, Internet – über aktuelle Entwicklungen auf dem Laufenden, damit Sie die folgenden Fragen stets sicher beantworten können.

- ¬ Wie heißt der/die Bundeskanzler/in?
- ¬ Wie heißen die Bundesminister, insbesondere der Bundesminister für Inneres?
- ¬ Wie heißen die Ministerpräsidenten der Bundesländer?
- ¬ Wann haben auf Bundesebene und in Ihrem Heimat-Bundesland die letzten Wahlen stattgefunden und wie sind sie ausgegangen? Wann ist der nächste Wahltermin?
- ¬ Welche länderübergreifend wichtigen Wahlen fanden bzw. finden bundesweit in diesem und im nächsten Jahr statt (Bundestagswahlen, Europawahlen, Landtagswahlen)?
- ¬ Wie viele Einwohner hat die Bundesrepublik Deutschland?
- ¬ Wie viele Einwohner haben die Bundesländer, insbesondere Ihr Heimat-Bundesland?
- ¬ Wie heißt der höchste Vertreter der Bundespolizei?
- ¬ Wie viele Angehörige hat die Bundespolizei aktuell?
- ¬ Bei welchen aktuellen Ereignissen ist oder war die Bundespolizei involviert?

Lösungen: Fachbezogenes Wissen

1) D	8) B	15) A
2) D	9) B	16) A
3) C	10) A	17) D
4) A	11) E	18) D
5) E	12) B	19) C
6) A	13) C	20) A
7) E	14) A	

Bundespolizei (Aufgaben 1–20)

Zu 1) D. ist organisatorisch unabhängig von den Landespolizeien und hat ein eigenes Aufgabenspektrum

Die Landespolizeien und die Bundespolizei sind grundsätzlich unterschiedliche, eigenständige Institutionen: Die Bundespolizei ist die Polizei des Bundes, die unabhängig von den verschiedenen Polizeien der Bundesländer agiert.

Zu 2) D. das Bundespolizeigesetz.

Die Bundespolizei richtet sich weder nach den Polizeigesetzen eines oder mehrerer Bundesländer, noch sind ihre Aufgaben im Grundgesetz festgelegt. Analog zu den Polizeigesetzen der Länder gibt es ein Polizeigesetz des Bundes – nämlich das Bundespolizeigesetz, das die Zuständigkeiten und die rechtliche Situation der Bundespolizei definiert.

Zu 3) C. In besonderen Ausnahmefällen

Die Bundespolizei darf die Landespolizeien nur auf Anfrage und in bestimmten Ausnahmefällen unterstützen. Dazu zählen: die Aufrechterhaltung oder Wiederherstellung der öffentlichen Sicherheit und Ordnung (z. B. bei Großdemonstrationen), die Hilfe bei Naturkatastrophen und besonders schweren Unglücksfällen oder die Abwehr einer drohenden Gefahr für den Bestand oder die freiheitliche demokratische Grundordnung des Bundes bzw. eines Bundeslandes.

Zu 4) A. Bundesgrenzschutz

Die Bundespolizei hieß bis zum 30. Juni 2005 „Bundesgrenzschutz" (BGS). Der BGS wurde 1951 mit dem Auftrag gegründet, die Grenzen der Bundesrepublik zu sichern, und hatte ursprünglich eine Stärke von 10.000 Mann. Nach der deutschen Wiedervereinigung und dem Schengener Abkommen – das die allgemeinen Grenzkontrollen an den europäischen Binnengrenzen abschaffte – kamen neue Tätigkeitsfelder hinzu, etwa in der Sicherung der Infrastruktur.

Zu 5) E. Verbrecher verurteilen

Um die öffentliche Ordnung und die innere Sicherheit zu gewährleisten, dürfen Polizisten – wenn nötig – körperliche und Waffengewalt einsetzen, Wohnungen öffnen, die Freiheit der Bürger einschränken und sie notfalls in Gewahrsam nehmen. Einen Menschen schuldig sprechen und ihn verurteilen dürfen jedoch nur Gerichte.

Zu 6) A. Wartung grenznaher Autobahnen

Der Bundespolizei obliegen zahlreiche Aufgaben zur Sicherung der Infrastruktur: Dazu zählt der Schutz vor Angriffen auf die Sicherheit des zivilen Luftverkehrs durch Maßnahmen zur Erkennung und Beseitigung potenziell gefährlicher Gegenstände an Flughäfen, dazu zählen bahnpolizeiliche Aufgaben (u. a. Sicherung von Bahnhöfen und Bahngeländen, Präsenzstreifen in Zügen) und auch die Übernahme grenzpolizeilicher Ver-

antwortung auf See (Kontrolle der Einhaltung von Umweltschutzbestimmungen, Bekämpfung von Schlepper- und Schleuserkriminalität, Überwachung von Fischerei-Fangquoten). Die Wartung grenznaher Autobahnen gehört nicht zum vorgesehenen Tätigkeitsspektrum.

Zu 7) E. Der Bundestag stimmt dem Einsatz zu.

Laut einer Entscheidung der Bundesregierung dürfen Polizeiangehörige an internationalen polizeilichen oder anderen nichtmilitärischen Aufgaben teilhaben. Dies jedoch nur auf Anfrage einer internationalen Organisation (z. B. der Vereinten Nationen oder der Europäischen Union) und im Rahmen eines internationalen Einsatzes unter der Leitung der anfragenden Organisation. Der Einsatz darf zudem nicht gegen den Willen des betreffenden Staates stattfinden.

Wenn es der Bundesinnenminister entscheidet, können Angehörige der Bundespolizei darüber hinaus in Absprache mit dem Auswärtigen Amt im Einzelfall zur Rettung von Personen aus einer gegenwärtigen Gefahr für Leib und Leben im Ausland eingesetzt werden. Die Bedingungen dafür: Kein Beamter darf zum Einsatz gezwungen, unter ein militärisches Kommando gestellt oder in einem unsicheren Umfeld eingesetzt werden. Die Zustimmung des Bundestags ist nicht erforderlich.

Zu 8) B. im Grenzgebiet etwa 30 Kilometer in den grenznahen Raum hinein (zur See: 50 Kilometer).

Im Rahmen des Grenzschutzes sichert die Bundespolizei die Grenzen im Grenzgebiet bis zu einer Tiefe von 30 Kilometern (zur See 50 Kilometer) gegen mögliche Gefahren ab. Auch nach dem Schengener Abkommen wird an den Binnengrenzen der EU die Grenzsicherung weiterhin durchgeführt, um grenzüberschreitende und organisierte Kriminalität zu bekämpfen.

Zu 9) B. Teamfähigkeit und Zivilcourage.

Natürlich kommt es bei der Bundespolizei nicht allein auf „harte Fakten" wie Bildungsgrad, Mindestalter oder allgemeine körperliche Tauglichkeit an. Es zählen auch so genannte „soft skills" wie Demokratieverständnis, Leistungsbereitschaft, Zivilcourage und Teamfähigkeit. Der unerschrockene Draufgänger ist dabei ebenso wenig gefragt wie das schüchterne Schaf. Einen Bewerber aus Gründen der sexuellen oder politischen Orientierung abzulehnen, wäre diskriminierend und ist nicht erlaubt. Die politische Orientierung des Kandidaten darf jedoch nicht der freiheitlich-demokratischen Grundordnung Deutschlands zuwiderlaufen.

Zu 10) A. eine Spezialeinheit der Bundespolizei.

Die GSG 9 (Grenzschutzgruppe 9) ist eine Antiterror-Spezialeinheit der Bundespolizei. Gegründet wurde sie nach einer terroristischen Attacke während der Olympischen Spiele in München 1972, als ein palästinensisches Terrorkommando ins Olympische Dorf eindrang und mehrere israelische Sportler als Geiseln nahm. Bei der missglückten Befreiungsaktion durch die Polizei auf dem Flugplatz Fürstenfeldbruck kamen alle Geiseln ums Leben. Der damalige Innenminister Hans-Dietrich Genscher ordnete nach diesem Fiasko die Aufstellung einer schlagkräftigen Antiterroreinheit an.

Zu 11) E. Schwarzer Bundesadler auf goldenem Schild in einem dunkelblauen Wappen

Das Dienstabzeichen der Bundespolizei zeigt den schwarzen Bundesadler auf goldenem Schild in einem blauen Wappen mit dem Schriftzug „Bundespolizei". Dienstabzeichen werden z. B. auf Uniformen getragen und sind Hoheitszeichen, mit denen die

Staatsgewalt gekennzeichnet und repräsentiert wird. Das Dienstabzeichen ist nicht zu verwechseln mit einem anderen Erkennungs- und Hoheitszeichen der Bundespolizei: dem schwarzen Bundesadler auf goldenem Grund, aufgelegt auf einen silbernen Polizeistern.

Zu 12) B. Spitzensport.

Wie viele andere Polizeibehörden unterstützt die Bundespolizei junge Leistungssportler, die in speziellen Förderprogrammen parallel zur Sportkarriere eine Polizeiausbildung absolvieren. Der Vorteil: Da die Geförderten als Polizeibeamte beruflich abgesichert sind, können sie sich in ihrer aktiven Zeit ganz auf den Sport konzentrieren.

Zu 13) C. Die Bundesrepublik Deutschland

Der Dienstherr eines BPOL-Beamten ist der Bund, die Bundesrepublik Deutschland. Die Definition findet sich im Beamtenstatusgesetz: Ein Dienstherr ist eine juristische Person des öffentlichen Rechts, die Beamte beschäftigen darf – dazu gehören der Bund, die Länder und die Gemeinden. Daneben dürfen auch Organisationen der mittelbaren öffentlichen Verwaltung (Körperschaften, Anstal-

ten, Stiftungen) als Dienstherren Beamte beschäftigen.

Achtung: „Oberster Dienstherr" nennt man den Leiter der obersten Behörde, in deren Geschäftsbereich der Beamte ein Amt wahrnimmt. Da die BPOL im Bundesinnenministerium angesiedelt ist, ist ihr oberster Dienstherr der Bundesinnenminister.

Zu 14) A. das Bundespolizeipräsidium in Potsdam.

Betraut mit der Dienst- und Fachaufsicht über die Bundespolizei und verantwortlich für ihre polizeilichstrategische Ausrichtung ist das Bundespolizeipräsidium mit Sitz in Potsdam. Ihm unterstehen die neun regionalen BPOL-Direktionen sowie die Direktion Bundesbereitschaftspolizei. Das Innen- und das Verteidigungsministerium sind selbstredend keine Behörden der Bundespolizei; vielmehr untersteht die Bundespolizei dem Bundesministerium des Innern. Ein Oberkommissariat der Bundespolizei gibt es nicht.

Zu 15) A. Die Bundespolizeiakademie in Lübeck

An der Bundespolizeiakademie in Lübeck findet ein Großteil der grundlegenden Aus- und fachspezifischen Weiterbildung für den mittleren, gehobenen und höheren Dienst der Bundespolizei statt.

Zu 16) A. Spezialkräfte für die Beweissicherung und Festnahme

Die Abkürzung „BFE" steht für „Beweissicherungs- und Festnahmeeinheit". BFE-Einheiten werden typischerweise bei Großveranstaltungen, seltener auch bei Razzien oder im polizeilichen Einzeldienst (Streifendienst) eingesetzt.

Zu 17) D. besteht aus nicht verbeamteten polizeilichen Hilfskräften, die bei Bedarf hinzugezogen werden können.

Die Bereitschaftspolizei (BePo) ist eine selbstständige Großeinheit der Polizei, die die Polizei des aufstellenden Bundeslands oder anderer Länder bei Großeinsätzen unterstützt. Die Einheiten sind in der Regel in Gemeinschaftsunterkünften einquartiert, was sie flexibel und schnell einsetzbar macht. Auch die Bundespolizei verfügt über eine eigene Bereitschaftspolizei mit Sitz in Fuldatal.

Zu 18) D. Gruppe, Zug, Hundertschaft

Die Bereitschaftspolizei gliedert ihre Einheiten in Gruppen (jeweils ca. 10

Polizeivollzugsbeamte/PVB), Züge (bestehend aus je 3 Gruppen) und Hundertschaften (selbstständig handlungsfähige Einheiten aus 3 Zügen mit zusätzlichem Führungs- und Versorgungspersonal). Regiment, Kompanie, Bataillon und Division sind militärische Einheiten.

Zu 19) C. Polizeiobermeister, Polizeikommissar, Polizeirat

Die Ämterhierarchie der Bundespolizei lautet (ohne Anwärterdienstbezeichnungen):

Mittlerer Dienst: Polizeimeister, Polizeiobermeister, Polizeihauptmeister, Polizeihauptmeister mit Amtszulage

Gehobener Dienst: Polizeikommissar, Polizeioberkommissar, Polizeihauptkommissar, Erster Polizeihauptkommissar

Höherer Dienst: Polizeirat, Polizeioberrat, Polizeidirektor, Leitender Polizeidirektor

An der Spitze steht der Präsident des Bundespolizeipräsidiums.

Zu 20) A. Polizeimeister

Ämterlaufbahn im mittleren Dienst: Polizeimeister, Polizeiobermeister, Polizeihauptmeister, Polizeihauptmeister mit Amtszulage.

Mathematik

Grundrechenarten

Bearbeitungszeit 10 Minuten

Die Aufgaben sind **ohne Taschenrechner** zu lösen, **unter Berücksichtigung der Punkt-vor-Strich-Regel**. Als Hilfsmittel sind Papier und Stift für Nebenrechnungen zugelassen.

Bearbeiten Sie bitte die folgenden Aufgaben, indem Sie jeweils den richtigen Lösungsbuchstaben markieren.

1) $10 + 5 \times 10 = ?$

A. 75
B. 150
C. 60
D. 90
E. Keine Antwort ist richtig.

2) $6 - (3 + 2) \times 3 = ?$

A. 3
B. 15
C. −9
D. −15
E. Keine Antwort ist richtig.

3) $392.865 + 878.515 = ?$

A. 1.261.380
B. 1.271.480
C. 1.271.380
D. 1.371.380
E. Keine Antwort ist richtig.

4) $194.256 - 86.257 = ?$

A. 106.999
B. 107.999
C. 108.989
D. 109.979
E. Keine Antwort ist richtig.

5) $9.648 \times 7.487 = ?$

A. 71.234.576
B. 72.234.576
C. 73.334.576
D. 74.344.576
E. Keine Antwort ist richtig.

6) $546.784 \div 14 = ?$

A. 38.056
B. 38.156
C. 39.056
D. 39.156
E. Keine Antwort ist richtig.

7) $12.156 \times 5.234 = ?$

A. 62.624.504

B. 63.614.504

C. 63.624.504

D. 63.623.502

E. Keine Antwort ist richtig.

8) $(-4) \times 2 - (-3) \times 4 = ?$

A. 4

B. 20

C. −20

D. −56

E. Keine Antwort ist richtig.

9) $59.812 \times 4.589 = ?$

A. 272.476.268

B. 274.467.278

C. 274.477.268

D. 274.577.278

E. Keine Antwort ist richtig.

10) $520.668 \div 18 = ?$

A. 28.916

B. 28.926

C. 29.126

D. 29.326

E. Keine Antwort ist richtig.

Bruchrechnen

Bearbeitungszeit 10 Minuten

Bearbeiten Sie bitte die folgenden Aufgaben, indem Sie jeweils den Lösungsbuchstaben des richtigen Ergebnisses bestimmen.

11) $\dfrac{10}{4} - \dfrac{4}{2} = ?$ A. $\dfrac{6}{4}$ B. $\dfrac{1}{4}$ C. $\dfrac{6}{2}$ D. 0,5   E. Keine Antwort ist richtig.

12) $\dfrac{10}{4} + \dfrac{4}{2} = ?$ A. $\dfrac{14}{4}$ B. $\dfrac{14}{2}$ C. $\dfrac{18}{4}$ D. $\dfrac{14}{6}$ E. Keine Antwort ist richtig.

13) $\dfrac{10}{4} \div \dfrac{4}{2} = ?$ A. $\dfrac{40}{8}$ B. $\dfrac{2}{2}$ C. $\dfrac{5}{4}$ D. $\dfrac{2}{4}$ E. Keine Antwort ist richtig.

14) $\dfrac{10}{4} \times \dfrac{4}{2} = ?$ A. 2   B. 3   C. 4   D. 5   E. Keine Antwort ist richtig.

15) $4\dfrac{8}{4} = ?$ A. 4   B. 6   C. 8   D. 10   E. Keine Antwort ist richtig.

16) $\dfrac{4}{8} \times 3 = ?$ A. $\dfrac{10}{8}$ B. $\dfrac{28}{8}$ C. $\dfrac{4}{24}$ D. $1\dfrac{1}{2}$ E. Keine Antwort ist richtig.

17) $6\dfrac{2}{4} \times 2\dfrac{2}{4} = ?$ A. $\dfrac{260}{4}$ B. 13   C. 16,25   D. 65   E. Keine Antwort ist richtig.

18) $6\dfrac{2}{4} \div 2\dfrac{2}{4} = ?$ A. $3\dfrac{2}{4}$ B. 2,6   C. $\dfrac{1}{4}$ D. 4   E. Keine Antwort ist richtig.

19) $\dfrac{1}{3} - 3 + 3\dfrac{2}{3} - 1,5 + 9,5 = ?$ A. 8   B. 9   C. 10   D. 11   E. Keine Antwort ist richtig.

20) $40 \times \dfrac{1}{4} + \dfrac{2}{4} + 1.029 + 0,5 = ?$ A. 1.020   B. 1.041   C. 1.051   D. 1.040   E. Keine Antwort ist richtig.

Kettenrechnen

Bearbeitungszeit 7½ Minuten

Bitte benutzen Sie **keinen Taschenrechner**, die **Punkt-vor-Strich-Regel gilt hier nicht!** Bearbeiten Sie die folgenden Aufgaben, indem Sie jeweils das richtige Ergebnis ins Lösungsfeld eintragen.

21) $3 \times 6 \div 9 + 3 \times 9 \div 3 \times 2 - 3 \times 2 \div 9 =$ _____

22) $9 \times 4 \div 6 \times 3 + 4 - 3 \times 2 + 4 \div 6 \times 5 + 2 =$ _____

23) $30 \div 6 + 23 + 46 - 2 \div 8 \times 9 + 9 + 909 \div 3 =$ _____

24) $1 \times 2 + 3 \times 4 - 5 \times 2 + 15 \div 9 \times 10 - 11 \div 3 =$ _____

25) $9 \times 8 \div 6 - 5 \times 7 + 6 \div 5 + 9 \times 3 \div 2 - 1 =$ _____

26) $14 \times 3 \div 6 \times 7 + 7 \div 8 + 9 \div 8 \times 7 + 9 \times 2 + 5 \div 3 =$ _____

27) $27 \div 3 + 18 \div 3 \times 2 + 118 - 30 \div 2 + 3 \div 7 \div 2 + 16 =$ _____

28) $1.550 - 26 + 12 \div 3 \times 2 \div 4 - 156 - 20 \div 16 =$ _____

29) $57 - 12 \div 9 + 12 - 3 \div 2 - 3 \times 5 + 6 \div 2 \times 3 - 3 \div 6 =$ _____

30) $2 \times 2 + 2 \div 2 + 2 \times 2 - 2 + 22 \div 2 + 2 \times 2 - 2 \times 2 + 2 =$ _____

31) $4 + 8 \times 6 + 5 \div 7 + 6 \times 4 - 16 \div 4 + 12 \div 5 \times 4 + 3 - 7 \times 3 =$ _____

32) $5 \times 5 + 3 \div 4 + 2 \times 2 - 3 \times 3 \div 9 + 9 \times 6 - 6 - 8 \div 7 =$ _____

33) $9 \times 2 + 9 \div 3 \times 9 - 3 \div 6 + 15 \div 4 \times 5 + 11 \div 2 - 5 \div 6 + 78 \div 9 =$ _____

34) $24 + 17 \times 2 + 3 \div 5 + 4 \div 7 \times 2 + 19 \div 5 + 1 \times 8 + 7 =$ _____

35) $18 + 4 \div 2 + 9 - 3 \times 4 - 2 \div 2 + 2 - 5 \div 5 \times 3 \div 2 =$ _____

Kopfrechnen

Im Folgenden sind einfache Rechnungen im Kopf zu lösen.

Bitte benutzen Sie **keinen Taschenrechner** und machen Sie **keine schriftlichen Nebenrechnungen**! Bearbeiten Sie die folgenden Aufgaben, indem Sie jeweils den richtigen Lösungsbuchstaben markieren.

36) $20 \times 0{,}5 + 20 = ?$

A. 30

B. 40

C. 50

D. 60

E. Keine Antwort ist richtig.

37) $21 + 12 \times 3 = ?$

A. 99

B. 36

C. 57

D. 56

E. Keine Antwort ist richtig.

38) $12 - 6 \div 2 \times 4 = ?$

A. 0

B. 6

C. 12

D. −10

E. Keine Antwort ist richtig.

39) $8.948{,}75 + 8795{,}25 = ?$

A. 14.744

B. 15.844

C. 16.944

D. 17.744

E. Keine Antwort ist richtig.

40) $33 \div \dfrac{1}{3} = ?$

A. 10

B. 11

C. 999

D. 99

E. Keine Antwort ist richtig.

41) $8 - 4 + 3 \times 4 = ?$

A. 4

B. 16

C. 18

D. 28

E. Keine Antwort ist richtig.

42) $567.616 - 564.854 = ?$

A. 2.662

B. 2.762

C. 2.862

D. 3.762

E. Keine Antwort ist richtig.

43) $8.648 + 9.576 + 978 = ?$

A. 18.304

B. 18.302

C. 19.202

D. 20.202

E. Keine Antwort ist richtig.

44) $(-4)^3 = ?$

A. −64

B. −12

C. 12

D. 64

E. Keine Antwort ist richtig.

45) $(-6) \times 3 + 4 \times (-4) - 3 = ?$

A. −59

B. −53

C. 37

D. −37

E. Keine Antwort ist richtig.

Rechenzeichen ergänzen *Bearbeitungszeit 7½ Minuten*

Welche Rechenzeichen (+, −, ×, ÷) müssen in die Felder eingefügt werden, damit das jeweilige Endergebnis stimmt?

Bedenken Sie, dass dabei die Punkt-vor-Strich-Regel gilt.

Hierzu ein Beispiel

Aufgabe

1)   2 _____ 6 _____ 3 = 15

Antwort

1)   2 _×_ 6 _+_ 3 = 15

Es gibt nur eine Möglichkeit, die Aufgabe korrekt zu vervollständigen.

Bearbeiten Sie bitte die folgenden Aufgaben, indem Sie jeweils die richtigen Operatoren eintragen.

46) 10 _____ 15 _____ 8 = 3	**54)** 11 _____ 6 _____ 2 = 8
47) 18 _____ 9 _____ 9 = 11	**55)** 1 _____ 4 _____ 4 = 17
48) 7 _____ 2 _____ 3 = 1	**56)** 7 _____ 9 _____ 3 = 10
49) 15 _____ 3 _____ 4 = 9	**57)** 8 _____ 2 _____ 1 = 7
50) 2 _____ 8 _____ 7 = 9	**58)** 14 _____ 2 _____ 7 = 4
51) 9 _____ 3 _____ 4 = 12	**59)** 17 _____ 3 _____ 5 = 2
52) 12 _____ 2 _____ 8 = 16	**60)** 18 _____ 3 _____ 2 = 4
53) 3 _____ 6 _____ 2 = 9	

Maßeinheiten umrechnen   *Bearbeitungszeit 10 Minuten*

Beantworten Sie bitte die folgenden Aufgaben, indem Sie jeweils den richtigen Lösungsbuchstaben markieren.

61) Wie viele Dezimeter sind 243,45 Zentimeter?

A. 24.345

B. 2.434,5

C. 24,345

D. 2,4345

E. Keine Antwort ist richtig.

62) Der Abstand zwischen zwei Schienenkörpern wird als „Spurweite" bezeichnet und beträgt 1.435 mm. Wie viele Dezimeter sind das?

A. 1,435 dm

B. 14,35 dm

C. 0,1435 dm

D. 143,5 dm

E. Keine Antwort ist richtig.

63) Wie viele Hektoliter sind 416 Liter?

A. 4.160

B. 41.600

C. 8,32

D. 4,16

E. Keine Antwort ist richtig.

64) Ein Lkw-Laderaum ist 6,05 m lang, 2,43 m breit und 2,35 m hoch. Welches Ladevolumen hat der Lastkraftwagen? Runden Sie das Ergebnis auf zwei Nachkommastellen.

A. $34,55 \text{ m}^3$

B. $345,5 \text{ m}^3$

C. $3.454,85 \text{ m}^3$

D. $34.548,53 \text{ cm}^3$

E. Keine Antwort ist richtig.

65) Herr Mayer hat noch einen Rest an Dollars aus seinem letzten Urlaub. Er möchte den Betrag von 2.600 Dollar in Euros tauschen. Die Bank bietet ihm einen Rückkaufkurs von 1 € = 1,6 $ an. Wie viel Euro bekommt Herr Mayer von der Bank?

A. 1.400 €

B. 1.600 €

C. 1.625 €

D. 1.700 €

E. Keine Antwort ist richtig.

66) Wie viele Zentimeter sind 14,3 Kilometer?

A. 1.430
B. 1,430
C. 1.430.000
D. 143.000
E. Keine Antwort ist richtig.

67) Wie viele Quadratmeter sind 6,8 Quadratkilometer?

A. 6.800.000
B. 6.800
C. 68.000
D. 680.000
E. Keine Antwort ist richtig.

68) Eine Hebebühne ist 1,80 m lang und 2,40 m breit. Wie groß ist die Bühnenfläche?

A. 43,2 cm²
B. 432 cm²
C. 4.320 cm²
D. 43.200 cm²
E. Keine Antwort ist richtig.

69) Wie viele Sekunden haben 4,5 Tage?

A. 388.800 Sekunden
B. 389.000 Sekunden
C. 390.600 Sekunden
D. 390.800 Sekunden
E. Keine Antwort ist richtig.

70) Wie viele Meter pro Sekunde sind 75 Kilometer pro Stunde?

A. 20,83
B. 7,5
C. 22,5
D. 18
E. Keine Antwort ist richtig.

Dreisatz

Beantworten Sie bitte die folgenden Aufgaben, indem Sie jeweils den richtigen Lösungsbuchstaben markieren.

71) In einer Kantine wird von der Belegschaft, bestehend aus 140 Personen, in 5 Tagen 266 kg Obst verzehrt. Wie viel Kilogramm Obst würden im gleichen Zeitraum verbraucht, wenn die Belegschaft um 10 Personen aufgestockt würde?

A. 192 kg
B. 195 kg
C. 285 kg
D. 290 kg
E. Keine Antwort ist richtig.

72) Für eine Veranstaltung werden an zwei Tagen sechs Popcornmaschinen aufgestellt. Insgesamt kommen die Maschinen dabei auf einen Stromverbrauch von 420 kWh. Wie hoch wäre der Stromverbrauch, wenn man drei Tage lang acht Maschinen betreiben würde?

A. 800 kWh
B. 820 kWh
C. 840 kWh
D. 900 kWh
E. Keine Antwort ist richtig.

73) Vor seinem Flug nach London kauft Herr Möller für 230 € 195,50 Britische Pfund. Wie viele Pfund erhielte er für 500 €?

A. 425,00 Pfund
B. 421,20 Pfund
C. 418,50 Pfund
D. 415,90 Pfund
E. Keine Antwort ist richtig.

74) Für die Produktion von 40 Maschinen setzt Herr Mayer acht Mitarbeiter für acht Arbeitstage jeweils 8 Stunden ein. Nun muss Herr Mayer einen dringenden Auftrag über 60 Maschinen in sechs Tagen bewältigen. Wie viel Arbeiter müsste er für diesen Auftrag einsetzen?

A. 12 Mitarbeiter
B. 14 Mitarbeiter
C. 16 Mitarbeiter
D. 20 Mitarbeiter
E. Keine Antwort ist richtig.

75) Ein Angestellter bearbeitet 20 Anträge in 60 Minuten. Wie lange wird er bei gleicher Arbeitsleistung für 240 Anträge benötigen?

A. 600 min
B. 10 h
C. 12 h
D. 780 min
E. Keine Antwort ist richtig.

76) Herrn Mayers Lieferwagen verbraucht im Durchschnitt 10 l Benzin auf 100 km. Wie viel Benzin verbraucht Herr Mayer pro Monat, wenn er monatlich an 22 Werktagen jeweils 60 km unterwegs ist?

A. 85 l
B. 128 l
C. 132 l
D. 156 l
E. Keine Antwort ist richtig.

77) Für die Eingabe von Kundendaten benötigen 2 Mitarbeiter genau 3 Tage. Wie viele Tage werden für die Dateneingabe eines neuen Auftrages benötigt, wenn der Auftrag 50 Prozent größer ist und ein Mitarbeiter erkrankt ist?

A. 4 Tage
B. 6 Tage
C. 8 Tage
D. 9 Tage
E. Keine Antwort ist richtig.

78) Zur Herstellung von Ersatzteilen wird ein spezielles Blech in der Produktion verwendet. Für 200 Ersatzteile werden 1,5 Tonnen dieses Bleches verbraucht. Wie viel Blech wird für einen Kundenauftrag von 120 Ersatzteilen benötigt?

A. 900 kg
B. 1.100 kg
C. 1.200 kg
D. 1.500 kg
E. Keine Antwort ist richtig.

79) Für einen Kundenauftrag benötigen sechs Mitarbeiter 50
Stunden. Wie viele Mitarbeiter
müssten eingesetzt werden,
um nach 20 Stunden fertig zu
werden?

A. 12 Mitarbeiter

B. 13 Mitarbeiter

C. 14 Mitarbeiter

D. 15 Mitarbeiter

E. Keine Antwort ist richtig.

80) Der Laserprinter des Versiche-
rungsunternehmens „Live"
druckt 24.000 Zeilen pro Stunde. Wie lange benötigt er für
200 Seiten mit je 50 Zeilen?

A. 0,25 h

B. 25 min

C. 35 min

D. 45 min

E. Keine Antwort ist richtig.

Prozentrechnen

Bei der Prozentrechnung sind drei Größen zu beachten: der Prozentsatz, der Prozentwert und der Grundwert. Zwei dieser Größen müssen gegeben sein, um die dritte Größe berechnen zu können.

Beantworten Sie bitte die folgenden Aufgaben, indem Sie jeweils den richtigen Lösungsbuchstaben markieren.

81) Herr Mayer möchte einen gebrauchten Pkw für 10.000 € erwerben. Da Herr Mayer ein guter Kunde ist, bekommt er einen Rabatt von 10 Prozent. Wie viel Euro spart er durch den Rabatt?

A. 500 €
B. 800 €
C. 1.000 €
D. 1.200 €
E. Keine Antwort ist richtig.

82) Bei der Betriebsratswahl der Mayer Einzelhandelsgesellschaft sind von 100 Beschäftigten 75 Prozent wahlberechtigt. Wie viele Beschäftigte dürfen wählen?

A. 60 Beschäftigte
B. 70 Beschäftigte
C. 75 Beschäftigte
D. 85 Beschäftigte
E. Keine Antwort ist richtig.

83) Herr Mayer möchte den Einkauf eines Sonderpostens über die Bank finanzieren. Um den Kredit in einem Jahr zurückzuzahlen, müsste er bei einem Zinssatz von 6 % inklusive Zinsen 16.960 Euro aufwenden. Wie teuer ist der Sonderposten?

A. 15.000 €
B. 16.000 €
C. 17.000 €
D. 18.000 €
E. Keine Antwort ist richtig.

84) Für eine Warenlieferung werden inklusive 19 Prozent Mehrwertsteuer 28.560 € gezahlt. Wie hoch ist der Anteil der Mehrwertsteuer?

A. 4.318 €
B. 4.497 €
C. 4.518 €
D. 4.560 €
E. Keine Antwort ist richtig.

85) Herrn Mayers altes Motorrad hat einen Verbrauch von 3,2 Litern pro 100 km. Das neue Motorrad verbraucht dagegen nur 2,4 Liter pro 100 km. Wie viel Prozent Benzin verbraucht das neue Motorrad weniger?

A. 10 %
B. 15 %
C. 20 %
D. 25 %
E. Keine Antwort ist richtig.

86) Herr Mayer zahlt für einen Lieferantenkredit halbjährlich einen Betrag von 636 €. Das sind sechs Prozent mehr als bei jährlicher Zahlungsweise. Wie hoch wäre der Jahresbetrag?

A. 400 €
B. 480 €
C. 800 €
D. 440 €
E. Keine Antwort ist richtig.

87) Herr Mayer möchte eine Halle für 350.000 € erwerben. Wenn er sie erst nächstes Jahr erwirbt, muss er mit einer Preiserhöhung von 2,5 % rechnen. Wie hoch wäre der Kaufpreis dann?

A. 350.100 €
B. 350.500 €
C. 358.500 €
D. 358.750 €
E. Keine Antwort ist richtig.

88) Herr Mayer möchte seinem Buchhalter eine Gehaltserhöhung von 2 % geben. Nach der Gehaltserhöhung soll der Angestellte 3.774 € verdienen. Wie viel verdient der Buchhalter vor der Gehaltserhöhung?

A. 3.500 €
B. 3.600 €
C. 3.700 €
D. 3.800 €
E. Keine Antwort ist richtig.

89) In einer Firma fahren 60 % der Männer und 30 % der Frauen mit dem Pkw zur Arbeit. Wie viel Prozent der Belegschaft kommen mit dem Pkw zur Arbeit, wenn die Belegschaft zu 60 % aus Männern besteht?

A. 40 %

B. 48 %

C. 58 %

D. 65 %

E. Keine Antwort ist richtig.

90) Herr Mayer zahlt für eine Lieferung inklusive 19 Prozent Mehrwertsteuer 2.618 €. Wie hoch ist der Anteil der Mehrwertsteuer?

A. 318 €

B. 497 €

C. 418 €

D. 518 €

E. Keine Antwort ist richtig.

Gemischte Textaufgaben   *Bearbeitungszeit 10 Minuten*

Beantworten Sie bitte die folgenden Aufgaben, indem Sie jeweils den richtigen Lösungsbuchstaben markieren.

91) Herr Mayer möchte den durchschnittlichen Zeitbedarf für das Auszeichnen einer Standardlieferung ermitteln. Dazu ermittelt er während einer Woche folgende Zeiten:

Mo	Di	Mi	Do	Fr
4 h	5 h	4 h	6 h	8 h

Wie hoch ist der durchschnittliche Zeitbedarf zum Auszeichnen einer Standardlieferung?

A. 4,00 h
B. 4,50 h
C. 5,40 h
D. 6,00 h
E. Keine Antwort ist richtig.

92) Maja Mayer kauft 33 kg Marmelade zum Preis von 200 €. Wie viele Gläser zu je 150 g kann sie damit abfüllen?

A. 222 Gläser
B. 228 Gläser
C. 221 Gläser
D. 220 Gläser
E. Keine Antwort ist richtig.

93) Herr Mayer benötigt für eine Strecke sechs Stunden, wenn er durchschnittlich mit 120 km/h fährt. Wie schnell müsste er durchschnittlich fahren, wenn er die Strecke in vier Stunden schaffen möchte?

A. 140 km/h
B. 160 km/h
C. 180 km/h
D. 190 km/h
E. Keine Antwort ist richtig.

94) Ein ICE muss eine Verspätung von zwölf Minuten auf einer Strecke von 220 Kilometern aufholen. Die reguläre Fahrzeit dafür beträgt 78 Minuten. Welche Durchschnittsgeschwindigkeit muss der ICE erzielen, um die Verspätung wieder aufzuholen?

A. 169 km/h
B. 190 km/h
C. 200 km/h
D. 220 km/h
E. Keine Antwort ist richtig.

95) Auszubildender Müller hat bei seiner Anreise zum Seminar genau 30 Liter Kraftstoff im Tank. Die Entfernung zum Seminar beträgt 350 km. Der durchschnittliche Verbrauch seines Pkws beträgt 10 Liter auf 100 km. Wie weit kommt Auszubildender Müller mit seiner Tankfüllung?

A. 250 km
B. 280 km
C. 300 km
D. 320 km
E. Keine Antwort ist richtig.

96) Um Kartons auf einer Palette zu fixieren, wird je Palette 12 Meter Handstretchfolie benötigt. Auf einer Palette können 8 Kartons gestapelt werden. Wie viel Meter Stretchfolie werden für 160 Kartons benötigt?

A. 120 m
B. 180 m
C. 240 m
D. 280 m
E. Keine Antwort ist richtig.

97) Die Außenabmessungen eines Umzugskartons betragen 650 × 350 × 370 mm. Wie groß ist sein Volumen (V)?

A. 84,18 cm^3
B. 78.150 cm^3
C. 84.175 cm^3
D. 84.175 cm^2
E. Keine Antwort ist richtig.

98) Die Außenabmessungen eines Umzugskartons betragen 650 × 350 × 370 mm. Wie groß ist seine Oberfläche (O)?

A. 11,95 cm^2
B. 119,50 cm^2
C. 11.950 cm^2
D. 11.950 cm^3
E. Keine Antwort ist richtig.

99) Die Mayer Handels GmbH möchte eine Prämie von 35.000 € im Verhältnis 12 : 6 : 3 an ihre drei Gesellschafter ausschütten. Wie viel Euro hat der Gesellschafter mit dem höchsten Anteil zu erhalten?

A. 10.000 €
B. 20.000 €
C. 15.000 €
D. 25.000 €
E. Keine Antwort ist richtig.

100) In einer Warenlieferung ent-
puppen sich ⁷⁄₁₅ der 360 gelieferten Teile als beschädigt. ²⁄₉
aller gelieferten Teile sind Fehl-
lieferungen. Keines der falsch
gelieferten Teile ist zugleich
beschädigt. Wie hoch ist der
Anteil der verwendbaren Teile
der Lieferung, dargestellt als
Bruch?

A. $\dfrac{9}{36}$

B. $\dfrac{7}{15}$

C. $\dfrac{14}{45}$

D. 54 %

E. Keine Antwort ist richtig.

Schätzaufgaben

Bearbeitungszeit 10 Minuten

Versuchen Sie nicht, die folgenden Aufgaben vollständig auszurechnen: Sie sollen die Ergebnisse geschickt schätzen! Einen **Taschenrechner dürfen Sie dazu nicht benutzen**, auch **schriftliche Nebenrechnungen sind unzulässig**.

Bearbeitungstipps

Konzentrieren Sie sich auf die Endziffern der Operanden, um die letzte Stelle des Ergebnisses zu ermitteln.

Ergebnisbereiche lassen sich durch eine Überschlagsrechnung mit gerundeten Werten abschätzen. Aber Vorsicht: Kleine Abweichungen bei Faktoren, Dividenden und Divisoren können das Ergebnis stark verändern.

Beantworten Sie bitte die folgenden Aufgaben, indem Sie jeweils den richtigen Lösungsbuchstaben markieren.

101) $12.479 + 8.508 + 898 = ?$

A. 20.585
B. 21.885
C. 21.995
D. 22.185
E. 23.524

102) In welchem Bereich liegt das Ergebnis von:
$4,1 \times 3,7$?

A. Zwischen 12,5 und 13
B. Zwischen 13 und 13,8
C. Zwischen 13,9 und 14,6
D. Zwischen 14,6 und 15,5
E. Zwischen 15,5 und 15,9

103) $467,45 - 276,5 + 1.235,55 = ?$

A. 1.508,65
B. 1.492
C. 1.426,5
D. 1.284,5
E. Keine Antwort ist richtig.

104) In welchem Bereich liegt das Ergebnis von:
$125 \div 35$?

A. Zwischen 2,8 und 3,1
B. Zwischen 3,1 und 3,4
C. Zwischen 3,4 und 3,7
D. Zwischen 3,7 und 4,0
E. Zwischen 4,0 und 4,3

105) $\sqrt{48.400} = ?$

A. 120
B. 200
C. 220
D. 320
E. 400

106) $1.645 \times 3.987 = ?$

A. 3.661.196
B. 6.558.615
C. 111.965.515
D. 987.435
E. Keine Antwort ist richtig.

107) $5/14 + 4/27 = ?$

A. 0,992
B. 1,202
C. 0,848
D. 0,505
E. Keine Antwort ist richtig.

108) 73,2 % von 845 = ?

A. 388,6
B. 546,99
C. 764,88
D. 618,54
E. Keine Antwort ist richtig.

109) $(243 \div 2,105) \times 3/4 = ?$

A. 54,63
B. 86,579
C. 99,754
D. 112,867
E. Keine Antwort ist richtig.

110) In welchem Bereich liegt das Ergebnis von:
$3,9^2 \times 202?$

A. Zwischen 3.400 und 3.550
B. Zwischen 3.050 und 3.125
C. Zwischen 3.200 und 3.275
D. Zwischen 3.325 und 3.400
E. Zwischen 2.850 und 2.925

Mathematische Kniffeleien   *Bearbeitungszeit 10 Minuten*

Bei diesen Aufgaben besteht die Herausforderung darin, die im Text enthaltenen Angaben in die richtige mathematische Form zu bringen.

Beantworten Sie bitte die folgenden Aufgaben, indem Sie jeweils den richtigen Lösungsbuchstaben markieren.

111) Wenn man zu der Zahl 3 „4" sagen würde und zu der Dezimalzahl 0,5 „1", was ergäbe dann 4 geteilt durch 1?

A.   1,5
B.   6
C.   8
D.   2
E.   Keine Antwort ist richtig.

112) An einem Fußballturnier nehmen vier Mannschaften teil. Jedes Team spielt genau einmal gegen jedes andere Team. Wie viele Spiele gibt es insgesamt?

A.   5
B.   4
C.   8
D.   6
E.   Keine Antwort ist richtig.

113) Auf dem Tisch liegen 6 Bonbons – doppelt so viele weiße wie gelbe. Wie viele gelbe Bonbons liegen auf dem Tisch?

A.   1
B.   2
C.   3
D.   4
E.   Keine Antwort ist richtig.

114) Addiert man zu einer Zahl sechs und multipliziert die Summe mit zwei, so erhält man die Zahl 120. Welche Zahl wird gesucht?

A.   8
B.   28
C.   54
D.   48
E.   Keine Antwort ist richtig.

115) Auszubildender Müller schreibt eine Klassenarbeit und fand, dass ¼ der Aufgaben sehr schwer waren und ⅕ sehr leicht. Wie viel Prozent der Aufgaben lagen dazwischen?

A. 45 %
B. 50 %
C. 55 %
D. 60 %
E. Keine Antwort ist richtig.

116) Zu einer Zahl wird 1 addiert. Der so erhaltene Wert wird mit 3 multipliziert, daraufhin wird das Dreifache der gesuchten Zahl abgezogen. Das Ergebnis ist 3. Wie lautet die gesuchte Zahl?

A. 3
B. 5
C. Jede Zahl ist möglich.
D. 86
E. Keine Antwort ist richtig.

117) John ist vier Jahre älter als Ivana. Zusammen kommen sie auf 40 Jahre. Wie alt ist John?

A. 16 Jahre
B. 18 Jahre
C. 20 Jahre
D. 22 Jahre
E. Keine Antwort ist richtig.

118) Herr Müller hat 62 € im Portemonnaie und seine Frau 38 €. Welchen Betrag muss Herr Müller seiner Frau geben, damit beide gleich viel Geld haben?

A. 10 €
B. 12 €
C. 16 €
D. 14 €
E. Keine Antwort ist richtig.

119) Addiert man die Hälfte, ein Drittel und ein Viertel einer Zahl, so erhält man die Zahl 156. Wie lautet die gesuchte Zahl?

A. 124
B. 144
C. 164
D. 184
E. Keine Antwort ist richtig.

120) Sie schauen in den Spiegel und sehen das Spiegelbild Ihrer Zimmeruhr, in dem die Zeiger auf Punkt 9 Uhr stehen. Wie spät ist es tatsächlich?

A. 2 Uhr
B. 6 Uhr
C. 1 Uhr
D. 3 Uhr
E. Keine Antwort ist richtig.

Funktionen und Gleichungen   *Bearbeitungszeit 5 Minuten*

Beantworten Sie bitte die folgenden Aufgaben, indem Sie jeweils den richtigen Lösungsbuchstaben markieren.

121) Welche der Funktionen entspricht dem Graphen im Koordinatensystem?

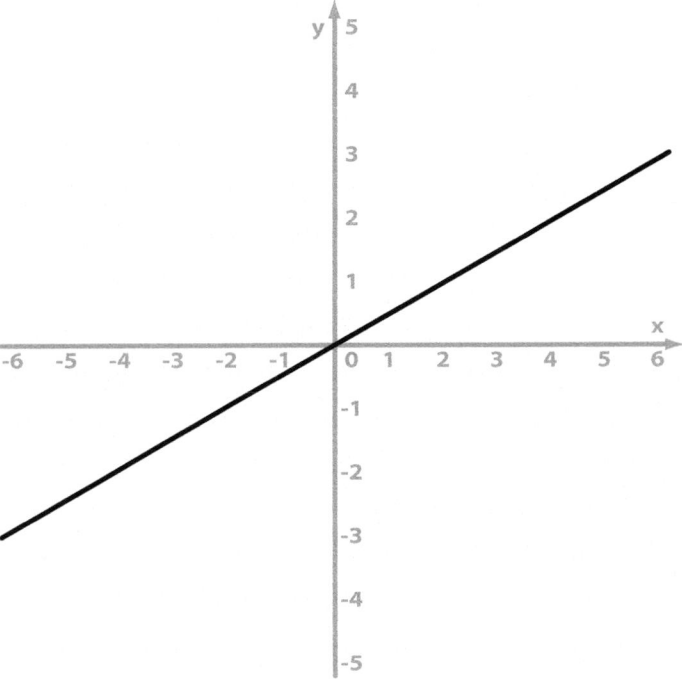

A. $y = 0{,}5x$
B. $y = -x$
C. $y = -2x$
D. $y = 2$
E.   Keine Antwort ist richtig.

122) Welches Ergebnis erhalten Sie, wenn Sie die Gleichung nach x auflösen?

$4x \div 10 = 4$

A. 5

B. 10

C. 15

D. 20

E. Keine Antwort ist richtig.

123) Welche Formel liefert das gleiche Ergebnis wie $[A + (B \times C)]$?

A. $(A + B) \times (A + C)$

B. $(A + B) + (A \times C)$

C. $(A + B) - (A - C)$

D. $(B \times C) + A$

E. Keine Antwort ist richtig.

124) Welchen Wert hat x?

$3x - 9 = 11 - 2x$

A. 1

B. 2

C. 3

D. 4

E. Keine Antwort ist richtig.

125) Zwischen den x- und y-Werten in der Tabelle besteht ein Zusammenhang. Durch welche Gleichung wird die Beziehung korrekt wiedergegeben?

x	1	2	3	4
y	1	4	9	16

A. $y = 1 + x^2$

B. $y = 2x$

C. $y = 1 \div x$

D. $y = x^2$

E. Keine Antwort ist richtig.

Tabellen analysieren

Bearbeitungszeit 5 Minuten

Welche Informationen liefert die Tabelle?

Bitte analysieren Sie die Angaben und beantworten Sie die nachfolgenden Aufgaben, indem Sie jeweils den richtigen Buchstaben markieren.

Konsumausgaben privater Haushalte

Durchschnitt je Haushalt und Monat (Stand 2020)

Konsumzweck	Ausgaben
Lebensmittel und Tabakwaren	387 €
Bekleidung	93 €
Wohnen	923 €
Möbel und Haushaltsgeräte	160 €
Gesundheit	107 €
Verkehr	325 €
Telekommunikation	67 €
Freizeit und Kultur	239 €
Bildung	15 €
Ausgehen	102 €
Sonstiges	89 €

Quelle: Statistisches Bundesamt

126) Wie hoch sind die durchschnittlichen monatlichen Konsumausgaben eines privaten Haushalts?

A. 2.296 €
B. 2.350 €
C. 2.507 €
D. 2.512 €
E. Keine Antwort ist richtig.

127) Wofür wird das meiste Geld ausgegeben?

A. Freizeit und Kultur
B. Lebensmittel und Tabakwaren
C. Verkehr
D. Wohnen
E. Keine Antwort ist richtig.

128) Wie viel könnte ein Privathaushalt monatlich sparen, wenn die Ausgaben für Verkehr sowie für Freizeit und Kultur um 25 % gesenkt werden könnten?

A. 140,50 €
B. 145,25 €
C. 141 €
D. 160 €
E. Keine Antwort ist richtig.

129) Für Möbel und Haushaltsgeräte werden durchschnittlich 160 € inklusive 19 % Mehrwertsteuer ausgegeben. Wie hoch ist der Nettobetrag ohne die Steuer?

A. 133,10 €
B. 134,45 €
C. 135,25 €
D. 136,12 €
E. Keine Antwort ist richtig.

130) Angenommen, die Kfz-Steuer macht 10 % der Verkehrsausgaben aus: Um welchen Betrag würden diese Ausgaben wachsen, wenn die Kfz-Steuer um 20 % stiege?

A. 4,89 €
B. 5,17 €
C. 6,50 €
D. 17,23 €
E. Keine Antwort ist richtig.

Lösungen: Mathematik

1) C	31) 48	61) C
2) C	32) 10	62) B
3) C	33) 9	63) D
4) B	34) 55	64) A
5) B	35) 9	65) C
6) C	36) A	66) C
7) C	37) C	67) A
8) A	38) A	68) D
9) C	39) D	69) A
10) B	40) D	70) A
11) D	41) B	71) C
12) C	42) B	72) C
13) C	43) C	73) A
14) D	44) A	74) C
15) B	45) D	75) C
16) D	46) $-\,|\,+$	76) C
17) C	47) $\div\,|\,+$	77) D
18) B	48) $-\,|\times$	78) A
19) B	49) $\div\,|\,+$	79) D
20) D	50) $\times\,|\,-$	80) B
21) 6	51) $\div\,|\times$	81) C
22) 37	52) $\times\,|\,-$	82) C
23) 333	53) $\times\,|\div$	83) B
24) 13	54) $-\,|\div$	84) D
25) 29	55) $+\,|\times$	85) D
26) 17	56) $+\,|\div$	86) E
27) 20	57) $-\,|\,+$	87) D
28) 5	58) $\times\,|\div$	88) C
29) 6	59) $-\,|\times$	89) B
30) 66	60) $\div\,|\,-$	90) C

91) C	105) C	119) B
92) D	106) B	120) D
93) C	107) D	121) A
94) C	108) D	122) B
95) C	109) B	123) D
96) C	110) B	124) D
97) C	111) B	125) D
98) C	112) D	126) C
99) B	113) B	127) D
100) C	114) C	128) C
101) B	115) C	129) B
102) D	116) C	130) C
103) C	117) D	
104) C	118) B	

Grundrechenarten (Aufgaben 1–10)

Zu 1) C. 60

Es gilt die Punkt-vor-Strich-Regel.

$10 + 5 \times 10 = 10 + 50 = 60$

Zu 2) C. −9

Beachten Sie die Punkt-vor-Strich-Regel.

$6 - (3 + 2) \times 3 = 6 - 5 \times 3 = 6 - 15 = -9$

Zu 3) C. 1.271.380

```
          392.865
+         878.515
+       1 111   1
=       1.271.380
```

Zu 4) B. 107.999

```
          194.256
−          86.257
−         1 1  1 1
=         107.999
```

Zu 5) B. 72.234.576

```
          9648 × 7487
          67536000
+          3859200
+           771840
+            67536
+            1 2 2 2 1
=          72234576
```

Zu 6) C. 39.056

$546784 \div 14 = 39056$

$\underline{42}$

126

$\underline{126}$

$\quad 07$

$\quad \underline{\ 0}$

$\quad 78$

$\quad \underline{70}$

$\quad\quad 84$

$\quad\quad \underline{84}$

$\quad\quad\ \ 0$

Zu 7) C. 63.624.504

	12156×5234
	60780000
+	2431200
+	364680
+	48624
+	$1\,2\,1\,1\,1$
=	63624504

Zu 8) A. 4

Es gilt die Punkt-vor-Strich-Regel.

$-4 \times 2 = -8$

$(-3) \times 4 = -12$

$-8 - (-12) = 4$

Zu 9) C. 274.477.268

	59812×4589
	239248000
+	29906000
+	4784960
+	538308
+	$2\,2\,1\,2\,1$
=	274477268

Zu 10) B. 28.926

$520668 \div 18 = 28926$

$\underline{36}$

160

$\underline{144}$

166

$\underline{162}$

$\quad 46$

$\quad \underline{36}$

108

$\underline{108}$

$\quad\ 0$

Bruchrechnen (Aufgaben 11–20)

Zu 11) D. 0,5

Brüche werden subtrahiert, indem man den kleinsten gemeinsamen Nenner findet, die Zähler subtrahiert und den Nenner beibehält. Anschlie-ßend ist das Ergebnis hier in eine Dezimalzahl umzuwandeln.

$$\frac{10}{4} - \frac{4}{2} = \frac{10}{4} - \frac{8}{4} = \frac{2}{4} = \frac{1}{2} = 0,5$$

Zu 12) C. $\dfrac{18}{4}$

Brüche werden addiert, indem man den kleinsten gemeinsamen Nenner findet, die Zähler addiert und den Nenner beibehält.

$$\frac{10}{4}+\frac{4}{2}=\frac{10}{4}+\frac{8}{4}=\frac{18}{4}$$

Zu 13) C. $\dfrac{5}{4}$

Brüche werden dividiert, indem man mit dem Kehrwert multipliziert. Anschließend ist das Ergebnis so weit wie möglich zu kürzen.

$$\frac{10}{4}\div\frac{4}{2}=\frac{10}{4}\times\frac{2}{4}=\frac{20}{16}=\frac{5}{4}$$

Zu 14) D. 5

Brüche werden multipliziert, indem man Zähler mit Zähler sowie Nenner mit Nenner multipliziert. Anschließend ist das Ergebnis so weit wie möglich zu kürzen.

$$\frac{10}{4}\times\frac{4}{2}=\frac{40}{8}=\frac{5}{1}=5$$

Zu 15) B. 6

Gemischte Zahlen sollten zunächst in reine Brüche umgewandelt werden. Anschließend ist das Ergebnis so weit wie möglich zu kürzen.

$$4\frac{8}{4}=\frac{24}{4}=6$$

Zu 16) D. $1\dfrac{1}{2}$

Ein Bruch wird mit einer ganzen Zahl multipliziert, indem man den Nenner beibehält und den Zähler mit der ganzen Zahl multipliziert. Anschließend ist das Ergebnis so weit wie möglich zu kürzen.

$$\frac{4}{8}\times3=\frac{12}{8}=\frac{3}{2}=1\frac{1}{2}$$

Zu 17) C. 16,25

Gemischte Zahlen sollten zunächst in reine Brüche umgewandelt werden. Brüche werden multipliziert, indem man Nenner mit Nenner sowie Zähler mit Zähler malnimmt. Anschließend ist das Ergebnis hier in eine Dezimalzahl umzuwandeln.

$$6\frac{2}{4}\times2\frac{2}{4}=\frac{26}{4}\times\frac{10}{4}=\frac{260}{16}=16,25$$

Zu 18) B. 2,6

Gemischte Zahlen sollten zunächst in reine Brüche umgewandelt werden. Brüche werden dividiert, indem man mit dem Kehrwert multipliziert. Anschließend ist das Ergebnis so weit wie möglich zu kürzen.

$$6\frac{2}{4}\div2\frac{2}{4}=\frac{26}{4}\div\frac{10}{4}=\frac{26}{4}\times\frac{4}{10}=$$
$$\frac{104}{40}=2\frac{3}{5}=2,6$$

Zu 19) B. 9

Fassen Sie Additionen und Subtraktionen geschickt zusammen:

$$\frac{1}{3}+3\frac{2}{3}+9,5=13,5$$

$$-3-1,5=-4,5$$

$$13,5-4,5=9$$

Zu 20) D. 1.040

Beachten Sie die Punkt-vor-Strich-Regel bei $40 \times \frac{1}{4}$. Der Rest ist schnell berechnet.

$$40\times\frac{1}{4}+\frac{2}{4}+1.029+0,5=10+0,5+$$

$$1.029+0,5=1.040$$

Kettenrechnen (Aufgaben 21–35)

Zu 21) $3 \times 6 \div 9 + 3 \times 9 \div 3 \times 2 - 3 \times 2 \div 9 = 6$

Zu 22) $9 \times 4 \div 6 \times 3 + 4 - 3 \times 2 + 4 \div 6 \times 5 + 2 = 37$

Zu 23) $30 \div 6 + 23 + 46 - 2 \div 8 \times 9 + 9 + 909 \div 3 = 333$

Zu 24) $1 \times 2 + 3 \times 4 - 5 \times 2 + 15 \div 9 \times 10 - 11 \div 3 = 13$

Zu 25) $9 \times 8 \div 6 - 5 \times 7 + 6 \div 5 + 9 \times 3 \div 2 - 1 = 29$

Zu 26) $14 \times 3 \div 6 \times 7 + 7 \div 8 + 9 \div 8 \times 7 + 9 \times 2 + 5 \div 3 = 17$

Zu 27) $27 \div 3 + 18 \div 3 \times 2 + 118 - 30 \div 2 + 3 \div 7 \div 2 + 16 = 20$

Zu 28) $1.550 - 26 + 12 \div 3 \times 2 \div 4 - 156 - 20 \div 16 = 5$

Zu 29) $57 - 12 \div 9 + 12 - 3 \div 2 - 3 \times 5 + 6 \div 2 \times 3 - 3 \div 6 = 6$

Zu 30) $2 \times 2 + 2 \div 2 + 2 \times 2 - 2 + 22 \div 2 + 2 \times 2 - 2 \times 2 + 2 = 66$

Zu 31) $4 + 8 \times 6 + 5 \div 7 + 6 \times 4 - 16 \div 4 + 12 \div 5 \times 4 + 3 - 7 \times 3 = 48$

Zu 32) $5 \times 5 + 3 \div 4 + 2 \times 2 - 3 \times 3 \div 9 + 9 \times 6 - 6 - 8 \div 7 = 10$

Zu 33) $9 \times 2 + 9 \div 3 \times 9 - 3 \div 6 + 15 \div 4 \times 5 + 11 \div 2 - 5 \div 6 + 78 \div 9 = 9$

Zu 34) $24 + 17 \times 2 + 3 \div 5 + 4 \div 7 \times 2 + 19 \div 5 + 1 \times 8 + 7 = 55$

Zu 35) $18 + 4 \div 2 + 9 - 3 \times 4 - 2 \div 2 + 2 - 5 \div 5 \times 3 \div 2 = 9$

Kopfrechnen (Aufgaben 36–45)

Zu 36) A. 30

$$20 \times 0,5 = 10$$

$$10 + 20 = 30$$

Zu 37) C. 57

Es gilt die Punkt-vor-Strich-Regel.

$$21 + 12 \times 3 = 21 + 36 = 57$$

Zu 38) A. 0

Beachten Sie die Punkt-vor-Strich-Regel.

$12 - 6 \div 2 \times 4 = 12 - 3 \times 4 = 12 - 12$
$= 0$

Zu 39) D. 17.744

$\begin{array}{r} 8.948{,}75 \\ + \quad 8.795{,}25 \\ \underline{+ \quad {\scriptstyle 1\ 1\ 1\ 1\ 1}} \\ = 17.744{,}00 \end{array}$

Zu 40) D. 99

Eine Division durch ⅓ entspricht einer Multiplikation mit 3:

$$33 \div \frac{1}{3} = 33 \times 3 = 99$$

Zu 41) B. 16

Beachten Sie die Punkt-vor-Strich-Regel.

$8 - 4 + 3 \times 4 = 8 - 4 + 12 = 16$

Zu 42) B. 2.762

$\begin{array}{r} 567.616 \\ - \quad 564.854 \\ \underline{- \qquad {\scriptstyle 1\ 1}} \\ = \quad 2.762 \end{array}$

Zu 43) C. 19.202

$\begin{array}{r} 8.648 \\ + \quad 9.576 \\ + \qquad 978 \\ \underline{+ \qquad {\scriptstyle 2\ 2\ 2}} \\ = \quad 19.202 \end{array}$

Zu 44) A. −64

Bitte beachten Sie in der Vorzeichenkalkulation, dass minus multipliziert mit minus ein plus als Vorzeichen ergibt („–" × „–" = „+") und minus multipliziert mit plus ein minus als Vorzeichen ergibt („–" × „+" = „–"):

$-4 \times -4 \times -4 = 16 \times -4 = -64$

Zu 45) D. −37

Beachten Sie die Punkt-vor-Strich-Regel.

$-6 \times 3 = -18$

$4 \times (-4) = -16$

$-18 + (-16 - 3) = -18 - 19 = -37$

Rechenzeichen ergänzen (Aufgaben 46–60)

Zu 46) $10 - 15 + 8 = 3$

Zu 47) $18 \div 9 + 9 = 2 + 9 = 11$

Zu 48) $7 - 2 \times 3 = 7 - 6 = 1$

Zu 49) $15 \div 3 + 4 = 5 + 4 = 9$

Zu 50) $2 \times 8 - 7 = 9$

Zu 51) $9 \div 3 \times 4 = 3 \times 4 = 12$

Zu 52) $12 \times 2 - 8 = 24 - 8 = 16$

Zu 53) $3 \times 6 \div 2 = 18 \div 2 = 9$

Zu 54) $11 - 6 \div 2 = 11 - 3 = 8$

Zu 55) $1 + 4 \times 4 = 17$

Zu 56) $7 + 9 \div 3 = 7 + 3 = 10$

Zu 57) $8 - 2 + 1 = 7$

Zu 58) $14 \times 2 \div 7 = 28 \div 7 = 4$

Zu 59) $17 - 3 \times 5 = 17 - 15 = 2$

Zu 60) $18 \div 3 - 2 = 6 - 2 = 4$

Maßeinheiten umrechnen (Aufgaben 61–70)

Zu 61) **C.** 24,345

Ein Zentimeter entspricht 0,1 Dezimetern, also ergeben 243,45 Zentimeter 24,345 Dezimeter:

$243{,}45 \times 0{,}1 \, dm = 24{,}345 \, dm$

Zu 62) **B.** 14,35 dm

Die Spurweite beträgt 14,35 Dezimeter.

$1 \, mm = 0{,}1 \, cm = 0{,}01 \, dm$

$1.435 \, mm = 1.435 \times 0{,}01 \, dm = 14{,}35 \, dm$

Zu 63) **D.** 4,16

Ein Liter entspricht 0,01 Hektolitern, also ergeben 416 Liter 4,16 Hektoliter:

$416 \times 0{,}01 \, hl = 4{,}16 \, hl$

Zu 64) **A.** 34,55 m³

Das Ladevolumen beträgt 34,55 m³.

$6{,}05 \, m \times 2{,}43 \, m \times 2{,}35 \, m = 34{,}55 \, m^3$

Zu 65) **C.** 1.625 €

Herr Mayer erhält für seine 2.600 $ von der Bank 1.625 €.

$2.600 \, \$ \div 1{,}60 \, \$/\text{€} = 1.625 \, \text{€}$

Zu 66) **C.** 1.430.000

Ein Kilometer entspricht 1.000 Metern bzw. 100.000 Zentimetern, also ergeben 14,3 Kilometer 1.430.000 Zentimeter:

$14{,}3 \times 100.000 \, cm = 1.430.000 \, cm$

Zu 67) **A.** 6.800.000

Ein Quadratkilometer umfasst 1.000.000 Quadratmeter, also umfassen 6,8 Quadratkilometer 6,8 Mio. Quadratmeter:

$6{,}8 \times 1.000.000 \, m^2 = 6.800.000 \, m^2$

Zu 68) **D.** 43.200 cm²

Die Bühnenfläche beträgt 43.200 cm². Ein Meter entspricht 100 Zentimetern, demnach ergibt sich:

Bühnenfläche $= 1{,}80 \, m \times 2{,}40 \, m = 180 \, cm \times 240 \, cm = 43.200 \, cm^2$

Zu 69) **A.** 388.800 Sekunden

4,5 Tage haben 388.800 Sekunden:

$4{,}5 \times 24 \, h = 108 \, h$

$108 \times 60 \, min = 6.480 \, min$

$6.480 \times 60 \, s = 388.800 \, s$

Zu 70) A. 20,83

Da ein Kilometer 1.000 Metern und eine Stunde 3.600 Sekunden entspricht, entsprechen 75 Kilometer pro Stunde 75.000 Metern in 3.600 Sekunden. Welche Distanz wird nun in einer Sekunde zurückgelegt?

$$\frac{75.000\,m}{3.600\,s} = \frac{750\,m}{36\,s} \approx 20,83\,\frac{m}{s}$$

75 Kilometer pro Stunde entsprechen 20,83 Metern pro Sekunde.

Dreisatz (Aufgaben 71–80)

Zu 71) C. 285 kg

Es werden 285 kg Obst benötigt.

140 + 10 = 150 Personen

266 kg ÷ 140 × 150 = 285 kg Obst

Zu 72) C. 840 kWh

Der Stromverbrauch würde 840 kWh betragen.

420 kWh ÷ 6 Maschinen ÷ 2 d = 35 kWh pro Maschine pro Tag

35 kWh × 8 (Maschinen) × 3 (Tage) = 840 kWh

Zu 73) A. 425,00 Pfund

Der Wechselkurs von Euro zu Pfund berechnet sich wie folgt:

195,50 Pfund ÷ 230 € = 0,85 Pfund/€

Der Umtauschkurs liegt also bei 1:0,85 – für 1 € bekommt man 0,85 Britische Pfund. Für 500 € erhielte

Herr Möller demnach 500 × 0,85 = 425 Pfund.

Zu 74) C. 16 Mitarbeiter

Herr Mayer müsste für den zweiten Auftrag 16 Mitarbeiter einsetzen.

8 Mitarbeiter × 8 d × 8 h = 512 h

512 h ÷ 40 Maschinen = 12,8 h pro Maschine

12,8 h/Maschine × 60 Maschinen = 768 h

768 h ÷ (6 d × 8 h) = 16 Mitarbeiter

Zu 75) C. 12 h

Er wird zwölf Stunden benötigen.

60 min ÷ 20 = 3 min pro Antrag

240 × 3 min = 720 min

720 min ÷ 60 = 12 h

Zu 76) C. 132 l

Herr Mayer verbraucht unter den genannten Bedingungen 132 Liter Benzin.

22 × 60 km = 1.320 km pro Monat

1.320 km ÷ 100 km × 10 l = 132 l

Zu 77) D. 9 Tage

Für die Eingabe der neuen Daten werden 9 Tage benötigt.

Alter Auftrag: 2 × 3 d = 6 d Gesamt-Arbeitsaufwand (verteilt auf 2 Mitarbeiter)

Neuer Auftrag: 6 d + 0,5 × 6 d = 9 d Gesamt-Arbeitsaufwand (für einen Mitarbeiter)

Zu 78) A. 900 kg

Für den Kundenauftrag werden 900 kg Blech benötigt.

Prozentrechnen (Aufgaben 81–90)

Zu 81) C. 1.000 €

Herr Mayer spart durch den Rabatt einen Betrag von 1.000 €.

$$Prozentwert = \frac{Grundwert \times Prozentsatz}{100}$$

$$Prozentwert = \frac{10.000 € \times 10\%}{100} = 1.000 €$$

Zu 82) C. 75 Beschäftigte

Die Mayer Einzelhandelsgesellschaft hat 75 wahlberechtigte Beschäftigte.

1.500 kg ÷ 200 Teile = 7,5 kg pro Ersatzteil

7,5 kg × 120 Ersatzteile = 900 kg

Zu 79) D. 15 Mitarbeiter

Es müssten 15 Mitarbeiter eingesetzt werden, um den Auftrag in 20 Stunden zu bewältigen.

6 × 50 h = 300 h Gesamtzeit

300 h ÷ 20 h = 15 Mitarbeiter

Zu 80) B. 25 min

Für 200 Seiten würde der Drucker 25 Minuten benötigen.

24.000 ÷ 60 = 400 Zeilen pro min

200 × 50 = 10.000 Zeilen

10.000 ÷ 400 = 25 min

$$Prozentwert = \frac{Grundwert \times Prozentsatz}{100}$$

$$Prozentwert = \frac{100 \times 75\%}{100}$$

= 75 Beschäftigte

Zu 83) B. 16.000 €

Der Sonderposten hat im Einkauf 16.000 € gekostet.

$$Grundwert = \frac{Prozentwert \times 100}{Prozentsatz}$$

$$Grundwert = \frac{16.960\,€\times100}{106\%}$$
$$=16.000\,€$$

Zu 84) D. 4.560 €

Die Mehrwertsteuer beträgt 4.560 €.

$$Grundwert = \frac{Prozentwert\times100}{Prozentsatz}$$

$$Grundwert = \frac{28.560\,€\times100}{119\%}$$
$$=24.000\,€$$

Mehrwertsteuer = 28.560 € – 24.000 € = 4.560 €

Zu 85) D. 25 %

Das neue Motorrad verbraucht ein Viertel – also 25 % – weniger Benzin als das alte.

$$Prozentsatz = \frac{Prozentwert\times100}{Grundwert}$$

$$Prozentsatz = \frac{(3,2\,l-2,4\,l)\times100}{3,2\,l}$$

$$= \frac{0,8\,l\times100}{3,2\,l} = 25\,\%$$

Zu 86) E. Keine Antwort ist richtig.

Herr Mayer müsste jährlich 1.200 € zahlen.

636 € × 2 = 1.272 €

$$Grundwert = \frac{Prozentwert\times100}{Prozentsatz}$$

$$Grundwert = \frac{1.272\,€\times100}{106\%} = 1.200\,€$$

Zu 87) D. 358.750 €

Der Kaufpreis würde nächstes Jahr 358.750 € betragen.

$$Prozentwert = \frac{Grundwert\times Prozentsatz}{100}$$

$$Prozentwert = \frac{350.000\,€\times2,5\%}{100}$$
$$=8.750\,€$$

Betrag = 350.000 € + 8.750 € = 358.750 €

Zu 88) C. 3.700 €

Der Buchhalter verdient vor der Gehaltserhöhung 3.700 €.

$$Grundwert = \frac{Prozentwert\times100}{Prozentsatz}$$

$$Grundwert = \frac{3.774\,€\times100}{102} = 3.700\,€$$

Zu 89) B. 48 %

Insgesamt fahren 48 % der Belegschaft mit dem Pkw zur Arbeit.

$$Prozentwert = \frac{Grundwert\times Prozentsatz}{100}$$

$$Männer = \frac{60\%\,d.\,Belegschaft\times60}{100}$$
$$=36\,\%$$

$$Frauen = \frac{40\%\,d.\,Belegschaft\times30}{100}$$
$$= 12\,\%$$

Insgesamt = 36 % + 12 % = 48 % der Belegschaft

Zu 90) C. 418 €

Die Mehrwertsteuer beträgt 418 €.

$$\text{Grundwert} = \frac{\text{Prozentwert} \times 100}{\text{Prozentsatz}}$$

$$\text{Grundwert} = \frac{2.618 \text{€} \times 100}{119\%} = 2.200 \text{€}$$

Mehrwertsteuer = 2.618 € – 2.200 € = 418 €

Gemischte Textaufgaben (Aufgaben 91–100)

Zu 91) C. 5,40 h

Für die Auszeichnung werden im Durchschnitt 5,4 Stunden benötigt.

4 h + 5 h + 4 h + 6 h + 8 h = 27 h

27 h ÷ 5 = 5,4 h

Zu 92) D. 220 Gläser

Frau Mayer kann 220 Gläser Marmelade abfüllen.

33.000 g ÷ 150 g = 220

Zu 93) C. 180 km/h

Herr Mayer müsste mit einer Durchschnittsgeschwindigkeit von 180 km/h fahren.

6 h × 120 km/h = 720 km

720 km ÷ 4 h = 180 km/h

Zu 94) C. 200 km/h

Der ICE müsste mit einer Durchschnittsgeschwindigkeit von 200 km/h fahren, um die Verspätung aufzuholen.

78 min – 12 min = 66 min = 1,1 h verbleibende Fahrzeit

220 km ÷ 1,1 h = 200 km/h

Zu 95) C. 300 km

Auszubildender Müller könnte mit seiner Tankfüllung 300 km weit fahren.

100 km ÷ 10 l × 30 l = 300 km

Zu 96) C. 240 m

Für die Verpackung von 160 Kartons auf 20 Paletten sind 240 m Stretchfolie notwendig.

160 Kartons ÷ 8 Kartons/Palette = 20 Paletten

20 Paletten × 12 m Stretchfolie/Palette = 240 m Stretchfolie

Zu 97) C. 84.175 cm³

Das Volumen beträgt 84.175 cm³.

Um das Volumen eines Quaders zu berechnen, benötigt man dessen

Länge, Breite und Höhe. Das Volumen ergibt sich aus der Multiplikation der drei Werte.

Volumen $= l \times b \times h = 650$ mm $\times 350$ mm $\times 370$ mm $= 65$ cm $\times 35$ cm $\times 37$ cm $= 84.175$ cm^3

Zu 98) C. 11.950 cm^2

Die gesamte Oberfläche des Kartons besteht aus 6 rechteckigen Einzelflächen, wobei jeweils gegenüberliegende Flächen gleiche Abmessungen und dementsprechend auch den gleichen Flächeninhalt besitzen. Man muss also nicht den Inhalt aller 6 Flächen einzelnen ausrechnen, sondern nur die 3 unterschiedlichen Flächeninhalte, verdoppelt sie und addiert sie schließlich:

$O = 2\,(l \times b) + 2\,(b \times h) + 2\,(l \times h)$

Da 10 mm 1 cm entsprechen, erhält man durch Einsetzen:

$O = 2\,(65$ cm $\times 35$ cm$) + 2\,(35$ cm $\times 37$ cm$) + 2\,(65$ cm $\times 37$ cm$) = 2 \times 2.275$ cm$^2 + 2 \times 1.295$ cm$^2 + 2 \times 2.405$ cm$^2 = 4.550$ cm$^2 + 2.590$ cm$^2 + 4.810$ cm$^2 = 11.950$ cm^2

Schätzaufgaben (Aufgaben 101–110)

Zu 101) B. 21.885

Durch Addition der gerundeten Tausender und Hunderter kommt man schnell zum richtigen Ergebnis:

Die Oberfläche des Umzugskartons beträgt 11.950 cm^2.

Zu 99) B. 20.000 €

Der Gesellschafter mit dem höchsten Anteil erhält 20.000 €.

$12 + 6 + 3 = 21$ Teile

35.000 € $\div 21 = 1666.67$ €

$1666,67$ € $\times 12 = 20.000$ €

Zu 100) C. $\dfrac{14}{45}$

Von der Gesamtmenge sind sowohl die beschädigten als auch die falsch gelieferten Teile abzuziehen, um auf den Anteil der brauchbaren Teile zu kommen. Brüche werden subtrahiert, indem man sie auf einen gemeinsamen Nenner bringt, ihre Zähler subtrahiert und den Nenner beibehält:

$$1 - \frac{7}{15} - \frac{2}{9} = 1 - \frac{42}{90} - \frac{20}{90} = \frac{90}{90} - \frac{62}{90}$$

$$= \frac{28}{90} = \frac{14}{45}$$

Die Gesamtzahl der Teile spielt hierbei keine Rolle.

$12,5 + 8,5 + 0,9 = 21,9$

Zu 102) D. Zwischen 14,6 und 15,5

Runden Sie zunächst den Faktor, der am nächsten an einer ganzen Zahl liegt, und multiplizieren Sie ihn mit dem anderen Faktor: $4 \times 3{,}7 = 14{,}8$. Somit kommen Sie dem tatsächlichen Ergebnis ausreichend nahe, da die vernachlässigte Nachkommastelle 0,1 nur zu einer geringen Erhöhung führen kann $(0{,}1 \times 3{,}7 = 0{,}37)$.

Zu 103) C. 1.426,5

Die Nachkommastellen lassen sich geschickt umgruppieren und gesondert berechnen:

$0{,}45 - 0{,}5 + 0{,}55 = 0{,}45 + 0{,}55 - 0{,}5 = 0{,}5$

Die Nachkommastelle der Lösung lautet also 0,5. Mit gerundeten Hunderterwerten lässt sich das Ergebnis außerdem wie folgt überschlagen:

$4{,}7 - 2{,}8 + 12{,}3 = 14{,}2$

Beide dieser Bedingungen erfüllt nur Antwort C.

Zu 104) C. Zwischen 3,4 und 3,7

Die erste Stelle des Ergebnisses muss 3 lauten, da der Divisor dreimal vollständig in den Dividenden hineinpasst: $3 \times 35 = 105$. Es verbleibt ein Rest von 20 (125 − 105). Die erste Nachkommastelle des Ergebnisses berechnen Sie, indem Sie den Rest mit 10 multiplizieren und prüfen, wie oft der Divisor in den erhaltenen Wert hineinpasst: $200 \div 35 = 5$, Rest 25. Das Ergebnis beginnt also mit 3,5

und liegt demnach zwischen 3,4 und 3,7; Antwort C stimmt.

Zu 105) C. 220

Da $200 \times 200 = 40.000$ ergibt und $300 \times 300 = 90.000$ ergibt, muss das Ergebnis zwischen 200 und 300 liegen. Als richtige Lösung kommt somit nur Antwort C infrage.

Zu 106) B. 6.558.615

Die letzte Ziffer der Lösung lässt sich berechnen, indem man nur die Endziffern der einzelnen Werte betrachtet:

$5 \times 7 = 35$

Die letzte Ziffer des Endergebnisses ist also 5. Da zwei vierstellige Zahlen multipliziert werden, muss der gesuchte Wert außerdem mindestens siebenstellig, kann aber höchstens achtstellig sein. Beide dieser Bedingungen erfüllt nur Antwort B.

Zu 107) D. 0,505

Für die Schätzung kann statt $\frac{4}{27}$ der Wert $\frac{4}{28}$ − oder $\frac{2}{14}$ − verwendet werden. Als Annäherung erhält man so:

$\frac{5}{14} + \frac{2}{14} = \frac{7}{14} = 0{,}5$

Zu 108) D. 618,54

Für die Schätzung kann statt 73,5 % ein handlicherer Wert von 75 % − oder drei Viertel − angenommen werden. Statt mit 845 empfiehlt es sich dann, mit einer überschaubaren, durch 4 teilbaren Zahl zu rechnen, z. B. mit 840. Der Überschlag sieht dann wie folgt aus:

$$840 \div 4 = 210$$

$$210 \times 3 = 630$$

Drei Viertel von 840 sind 630. Damit hat man sich dem tatsächlichen Ergebnis der Aufgabe (618,54) ausreichend angenähert.

Zu 109) B. 86,579

Die Klammer ist in dieser Aufgabe eigentlich überflüssig – lassen Sie sich daher von ihr nicht irritieren. Die Lösung lässt sich einfacher schätzen, wenn man statt von 243 vom handlicheren Wert 240 ausgeht und ihn durch 2 teilt. Demnach ist zu berechnen:

$$240 \div 2 \times \tfrac{3}{4} = 120 \times \tfrac{3}{4} = {}^{360}\!/_4 = 90$$

Dieser Wert ist eine ausreichende Annäherung an das genaue Endergebnis.

Zu 110) B. Zwischen 3.050 und 3.125

Überschlagen Sie mit gerundeten Werten: Die zweite Potenz von 3,9 liegt nahe an der zweiten Potenz von 4, und die lautet 16. Multipliziert mit 200, ergibt sich 3.200. Da das Aufrunden der Potenz durch das Abrunden des zweiten Faktors nicht ausgeglichen wird, ist das tatsächliche Ergebnis etwas kleiner – als richtige Lösung kommt nur der Bereich zwischen 3.050 und 3.125 infrage.

Mathematische Kniffeleien (Aufgaben 111–120)

Zu 111) B. 6

Das Ergebnis wäre 6.

$$3 = 4$$

$$0,5 = 1$$

$$4 \div 1 = 3 \div 0,5 = 6$$

Zu 112) D. 6

Der Reihe nach: Mannschaft A spielt gegen die Mannschaften B, C und D. Mannschaft B muss danach nur noch gegen C und D antreten, und diese Teams bestreiten schließlich die letzte Partie. Insgesamt gibt es also 3 + 2 + 1 = 6 Spiele.

Zu 113) B. 2

Es gibt nur zwei Möglichkeiten, die Zahl 6 durch eine Addition zweier verschiedener positiver ganzer Zahlen darzustellen: 1 + 5 = 6 und 2 + 4 = 6. Wenn es doppelt so viele weiße Bonbons sind wie gelbe, liegen zwei gelbe Bonbons auf dem Tisch.

Zu 114) C. 54

Es handelt sich um die Zahl 54.

$54 + 6 = 60$

$60 \times 2 = 120$

Oder umgekehrter Weg:

$120 \div 2 = 60$

$60 - 6 = 54$

Zu 115) C. 55 %

55 Prozent der Aufgaben waren weder sehr schwer noch sehr leicht.

$\frac{1}{4} = 25\,\%$

$\frac{1}{5} = 20\,\%$

$25\,\% + 20\,\% = 45\,\%$

$100\,\% - 45\,\% = 55\,\%$

Zu 116) C. Jede Zahl ist möglich.

Tatsächlich funktioniert diese Rechnung mit jeder Zahl. Was dabei passiert, kann man erkennen, wenn man aus den Angaben der Aufgabenstellung die entsprechende Gleichung erstellt:

$(y + 1) \times 3 - 3y = 3$

$3y + 3 - 3y = 3$

Man erkennt, dass diese Gleichung für jeden beliebigen Wert der unbekannten Zahl y stimmt. Durch die anfängliche Addition mit 1 ist der Wert, der sich aus der anschließenden Multiplikation mit 3 ergibt, immer um 3 größer als der lediglich mit 3 multi-plizierte Wert. Da dieser zweite Wert zum Schluss vom ersten Wert abgezogen wird, lautet das Ergebnis immer 3.

Zu 117) D. 22 Jahre

John ist 22 Jahre alt. Setzt man für Johns Alter die Variable x, kann man die Textangaben in folgender Gleichung zusammenfassen:

$x + (x - 4) = 40$

Nun kann man nach x auflösen:

$x + x - 4 = 40 \qquad | + 4$

$2x = 44 \qquad\qquad | \div 2$

$x = 22$

Zu 118) B. 12 €

Herr Müller muss seiner Frau zwölf Euro geben, damit beide gleich viel Geld im Portemonnaie haben.

$62\,€ + 38\,€ = 100\,€$

$100\,€ \div 2 = 50\,€$

$62\,€ - 50\,€ = 12\,€$

Zu 119) B. 144

Die gesuchte Zahl lautet 144.

$$\frac{1}{2}x + \frac{1}{3}x + \frac{1}{4}x = 156$$

$$\frac{6}{12}x + \frac{4}{12}x + \frac{3}{12}x = 156$$

$$\frac{13}{12}x = 156$$

$$x = 156 \times 12 \div 13 = 144$$

Zu 120) D. 3 Uhr

Die Uhr zeigt tatsächlich 3 Uhr an.

Funktionen und Gleichungen (Aufgaben 121–125)

Zu 121) A. $y = 0,5x$

Setzt man in der Gleichung $y = 0,5x$ für x probeweise die Werte 1, 2 und 3 ein, dann erhält man für y die Werte 0,5, 1 und 1,5. Dies entspricht dem Graphen im Koordinatensystem.

Zu 122) B. 10

Das Ergebnis für x lautet 10.

$4x \div 10 = 4$ $\qquad | \times 10$

$4x = 40$ $\qquad | \div 4$

$x = 10$

Zu 123) D. $(B \times C) + A$

Antwort D stimmt: Nach dem Kommutativgesetz können bei einer Addition die einzelnen Summanden (hier A und (B × C)) beliebig umgestellt werden.

Zu 124) D. 4

Das Ergebnis für x lautet 4.

$3x - 9 = 11 - 2x$ $\qquad | + 2x$

$5x - 9 = 11$ $\qquad | + 9$

$5x = 20$ $\qquad | \div 5$

$x = 4$

Zu 125) D. $y = x^2$

Es handelt sich um die Funktionsgleichung der Normalparabel: $y = x^2$.

Tabellen analysieren (Aufgaben 126–130)

Zu 126) C. 2.507 €

Ein Privathaushalt wendet im Schnitt 2.507 € pro Monat für den Konsum auf.

387 € + 93 € + 923 € + 160 € + 107 € + 325 € + 67 € + 239 € + 15 € + 102 € + 89 € = 2.507 €

Zu 127) D. Wohnen

Der größte Posten sind mit 923 € monatlich die Wohnkosten. Dazu gehören Ausgaben für die Wohnung selbst sowie für Wasser und Energie.

Zu 128) C. 141 €

Die privaten Haushalte könnten im Schnitt 141 € pro Monat einsparen.

Die monatlichen Ausgaben für Verkehr sowie für Freizeit und Kultur betragen zusammen 325 € + 239 € = 564 €. Ein 25-%-Anteil davon entspricht 141 €:

$$\text{Prozentwert} = \frac{\text{Grundwert} \times \text{Prozentsatz}}{100}$$

$$\text{Prozentwert} = \frac{564 \text{ €} \times 25\%}{100} = 141 \text{€}$$

Zu 129) B. 134,45 €

Der Nettobetrag für Möbel und Haushaltsgeräte beläuft sich auf 134,45 €.

$$\text{Grundwert} = \frac{\text{Prozentwert} \times 100}{\text{Prozentsatz}}$$

$$\text{Grundwert} = \frac{160 \text{ €} \times 100}{119\%} = 134,45 \text{ €}$$

Zu 130) C. 6,50 €

Die monatlichen Konsumausgaben für Verkehr würden um 6,50 € steigen.

10 % von 325 € Verkehrsausgaben sind 32,50 €:

$$\text{Prozentwert} = \frac{\text{Grundwert} \times \text{Prozentsatz}}{100}$$

$$\text{Prozentwert} = \frac{325 \text{ €} \times 10\%}{100} = 32,50 \text{ €}$$

20 Prozent von 32,50 € sind 6,50 €:

$$\text{Prozentwert} = \frac{32,50 \text{ €} \times 20\%}{100} = 6,50 \text{ €}$$

Logisches Denkvermögen

Zahlenreihen   *Bearbeitungszeit 10 Minuten*

Jede Zahlenreihe ist sinnvoll nach einer bestimmten Bildungsregel aufgebaut. Welche Zahl setzt die Reihe logisch fort?

Hierzu ein Beispiel

Aufgabe

1)

A.   6
B.   7
C.   8
D.   9
E.   Keine Antwort ist richtig.

Antwort

(A.)   6

Gesucht ist die 6: Jede Zahl ist um 1 größer als ihre Vorgängerin.

Bitte bearbeiten Sie nun die Aufgaben: Setzen Sie die Zahlenreihen sinnvoll fort, indem Sie jeweils den richtigen Lösungsbuchstaben markieren.

1)

A.   14
B.   16
C.   18
D.   20
E.   Keine Antwort ist richtig.

2)

| 4 | 12 | 36 | 5 | 15 | 45 | 6 | ? |

A.   39

B.   18

C.   19

D.   24

E.   Keine Antwort ist richtig.

3)

| 2 | 4 | 2 | 8 | 2 | 16 | 2 | ? |

A.   8

B.   16

C.   32

D.   64

E.   Keine Antwort ist richtig.

4)

| 20 | 28 | 21 | 27 | 22 | 26 | ? |

A.   23

B.   25

C.   27

D.   28

E.   Keine Antwort ist richtig.

5)

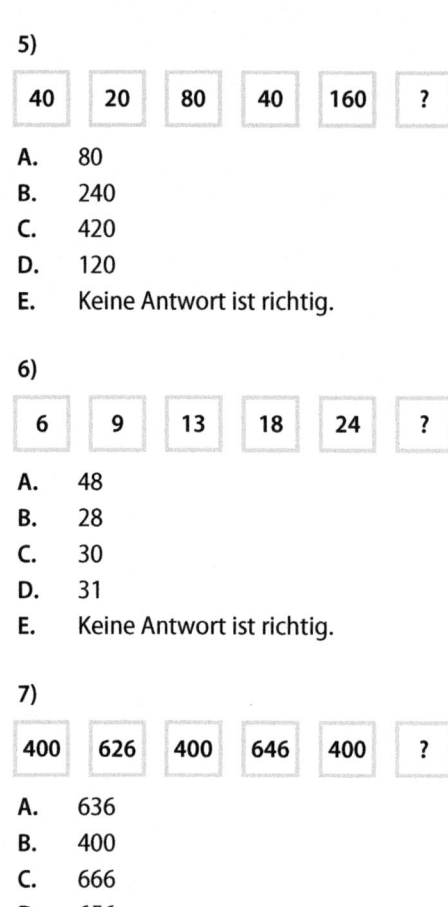

| 40 | 20 | 80 | 40 | 160 | ? |

A.   80
B.   240
C.   420
D.   120
E.   Keine Antwort ist richtig.

6)

| 6 | 9 | 13 | 18 | 24 | ? |

A.   48
B.   28
C.   30
D.   31
E.   Keine Antwort ist richtig.

7)

| 400 | 626 | 400 | 646 | 400 | ? |

A.   636
B.   400
C.   666
D.   656
E.   Keine Antwort ist richtig.

8)

| 4 | 5 | 3 | 6 | 7 | 5 | 8 | ? |

A. 9
B. 11
C. 10
D. 8
E. Keine Antwort ist richtig.

9)

| 8 | 8 | 4 | 8 | 8 | 4 | ? |

A. 8
B. 2
C. 6
D. 4
E. Keine Antwort ist richtig.

10)

| 47 | 40 | 240 | 235 | 940 | ? |

A. 937
B. 823
C. 62
D. 1.500
E. Keine Antwort ist richtig.

Buchstabenreihen   *Bearbeitungszeit 10 Minuten*

Jede Buchstabenreihe in diesem Abschnitt folgt einer bestimmten logischen Bildungsregel. Ihre Aufgabe besteht darin, die Regel herauszufinden und die Reihe korrekt fortzusetzen.

Hierzu ein Beispiel

Aufgabe

1)

| A | B | C | D | E | F | ? |

A. G
B. H
C. I
D. J
E. K

Antwort

(**A.**) G

Es handelt sich um eine alphabetisch fortlaufende Reihe. Auf das „F" muss daher das „G" folgen – der richtige Lösungsbuchstabe lautet A.

Bitte bearbeiten Sie nun die Aufgaben: Setzen Sie die Buchstabenreihen sinnvoll fort, indem Sie jeweils den richtigen Lösungsbuchstaben markieren.

11)

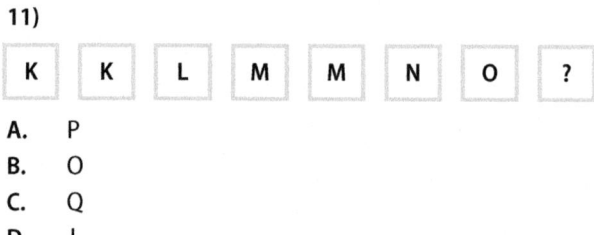

| K | K | L | M | M | N | O | ? |

A. P
B. O
C. Q
D. J
E. Keine Antwort ist richtig.

12)

| T | S | T | T | T | U | ? |

A. V
B. U
C. R
D. S
E. T

13)

| F | E | B | A | E | D | N | ? |

A. M
B. R
C. P
D. E
E. T

14)

| E | F | C | D | I | J | G | ? |

A. C
B. D
C. E
D. H
E. Keine Antwort ist richtig.

15)

F	G	O	P	I	J	O	P	L	?

A. O

B. P

C. M

D. K

E. Keine Antwort ist richtig.

16)

Q	O	M	K	I	G	E	?

A. D

B. H

C. C

D. F

E. Keine Antwort ist richtig.

17)

A	B	E	C	I	D	O	?

A. U

B. P

C. G

D. F

E. Keine Antwort ist richtig.

18)

K	H	E	K	H	E	?

A. F

B. H

C. E

D. K

E. Keine Antwort ist richtig.

19)

S	S	F	D	M	D	?

A. C

B. D

C. F

D. M

E. K

20)

W	M	T	O	Q	Q	?

A. Q

B. T

C. N

D. U

E. S

Wortanalogien   *Bearbeitungszeit 5 Minuten*

In diesem Abschnitt wird Ihre Fähigkeit zu logischem Denken im sprachlichen Bereich geprüft.

Pro Aufgabe erhalten Sie zwei Wörter, die in einer bestimmten Beziehung zueinander stehen. Eine ähnliche Beziehung besteht zwischen einem dritten und vierten Wort. Das dritte Wort wird Ihnen vorgegeben, das vierte sollen Sie in den Antworten A bis E selbst ermitteln.

Hierzu ein Beispiel

Aufgabe

1)   **dick** : **dünn**   wie   **lang** : ?

A.   hell

B.   dunkel

C.   schmal

D.   kurz

E.   schlank

Antwort

 **D.** kurz

Gesucht wird ein Begriff, zu dem sich „lang" genauso verhält wie „dick" zu „dünn". Da „dick" das Gegenteil von „dünn" ist, muss nun ein Gegenbegriff zu „lang" gefunden werden. Von den Wahlwörtern kommt dafür nur „kurz" infrage; Lösungsbuchstabe ist daher das D.

Bitte bearbeiten Sie nun die Aufgaben: Vervollständigen Sie die Wortgleichung, indem Sie jeweils den richtigen Lösungsbuchstaben markieren. Sie haben dafür **5 Minuten** Zeit.

21) **Skala : Thermometer** wie
    Ziffernblatt : ?

A. Bild
B. Skizze
C. Uhr
D. Bildschirm
E. Tableau

22) **Spanien : König** wie
    Deutschland : ?

A. Bundeskanzler
B. Bundespräsident
C. Minister
D. Bundesrat
E. König

23) **Haare : Kamm** wie
    Rasen : ?

A. Gärtner
B. Rasenmäher
C. Spaten
D. Rechen
E. Blume

24) **Mehl : Teig** wie
    Traube : ?

A. Bier
B. Limonade
C. Whisky
D. Wein
E. Rebstock

25) **Sonne : Uranus** wie
    Erde : ?

A. Neptun
B. Saturn
C. Mond
D. Sonne
E. Sterne

26) **Neffe : Tante** wie
    Enkel : ?

A. Mutter
B. Großmutter
C. Onkel
D. Neffe
E. Opa

27) **Europa : Kontinent** wie
    Pazifik : ?
A. Ozean
B. See
C. Fluss
D. Wasser
E. Meer

29) **Erde : Mond** wie
    Sonne : ?
A. Galaxie
B. Universum
C. Mond
D. Planet
E. Stern

28) **Rumänien : Bukarest** wie
    Australien : ?
A. Sydney
B. Canberra
C. Melbourne
D. New Hampshire
E. Washington

30) **Kegel : Raum** wie
    Rechteck : ?
A. Dimension
B. Fläche
C. Linie
D. Punkt
E. Gerade

Oberbegriffe

Bearbeitungszeit 10 Minuten

Zu jeder Aufgabe erhalten Sie sechs Begriffe. Zwei davon können einem gemeinsamen Oberbegriff zugeordnet werden – bitte kreuzen Sie dieses Paar an. **Doch Vorsicht:** Wenn drei oder mehr Wörter zu einem Oberbegriff passen, dürfen Sie diese Gruppe nicht markieren.

Hierzu ein Beispiel

Aufgabe

1)

☐ Koffer   ☐ Ohr

☐ Auge   ☐ Nase

☐ Rucksack   ☐ Wasser

Antwort

1)

☒ Koffer   ☐ Ohr

☐ Auge   ☐ Nase

☒ Rucksack   ☐ Wasser

Der Koffer und der Rucksack lassen sich dem Oberbegriff „Gepäckstücke" zuordnen. Theoretisch könnten auch die Sinnesorgane Auge, Ohr und Nase eine Gruppe bilden; diese wäre jedoch zu umfangreich.

Bitte bearbeiten Sie nun die Aufgaben: Kreuzen Sie das Wortpaar an, das einem gemeinsamen Oberbegriff zugeordnet werden kann.

31)

☐ Würfel   ☐ Niere

☐ Messer   ☐ Rock

☐ Veilchen   ☐ Leber

32)

☐ Feiertag   ☐ Ostern

☐ Weihnachten   ☐ Kirche

☐ Urlaub   ☐ Geschenke

33)

☐ Brandenburg ☐ Elbe

☐ Rhein ☐ Sylt

☐ Mittelmeer ☐ Schwarzwald

34)

☐ Honig ☐ Kartoffel

☐ Joghurt ☐ Butter

☐ Salz ☐ Saft

35)

☐ Tornado ☐ Kerze

☐ Polarlicht ☐ Merkur

☐ Blitz ☐ Sonne

36)

☐ Subjekt ☐ Titel

☐ Prädikat ☐ Präsens

☐ Objekt ☐ Grammatik

37)

☐ Namen ☐ Welten

☐ Zahlen ☐ Rasen

☐ Bojen ☐ Morgen

38)

☐ Haut ☐ Nase

☐ Ohr ☐ Lupe

☐ Auge ☐ Tasche

39)

☐ Fahrrad ☐ Vorfahrt

☐ Straße ☐ Unfall

☐ Lkw ☐ Reifen

40)

☐ Bank ☐ Lampe

☐ Währung ☐ Stuhl

☐ Aktienkurs ☐ Fenster

Ein Wort fällt aus der Reihe   *Bearbeitungszeit 5 Minuten*

In diesem Abschnitt steht Ihr Sprachgefühl auf dem Prüfstand.

Pro Aufgabe erhalten Sie fünf Wörter, wovon vier sich in einer gewissen Weise entsprechen. Ein Begriff passt nicht in die Reihe – bitte markieren Sie den zugehörigen Lösungsbuchstaben.

Hierzu ein Beispiel

Aufgabe

1)

A. Motorrad
B. Personenkraftwagen
C. Lastkraftwagen
D. Traktor
E. Rose

Antwort

(E.) Rose

Bei den ersten vier Antworten handelt es sich um Kraftfahrzeuge. Bei der fünften Antwort handelt es sich um eine Pflanze. „Rose" passt nicht – Lösungsbuchstabe ist daher das E.

Bitte bearbeiten Sie nun die Aufgaben: Markieren Sie jeweils den Lösungsbuchstaben des aus der Reihe fallenden Wortes.

41)

A. Gehör
B. Ohr
C. Augen
D. hören
E. Taubheit

42)

A. schwimmen
B. fliegen
C. gehen
D. fahren
E. stehen

43)

A. Ursache
B. Anlass
C. Grund
D. Veranlassung
E. Urteil

44)

A. blau
B. dunkel
C. grün
D. rosa
E. braun

45)

A. argwöhnisch
B. kritisch
C. misstrauisch
D. zweifelnd
E. gläubig

46)

A. Auto
B. Mofa
C. Motorrad
D. Fahrrad
E. Lkw

47)

A. Milch
B. Joghurt
C. Käse
D. Fleisch
E. Quark

48)

A. Willy Brandt
B. Konrad Adenauer
C. Helmut Kohl
D. Edmund Stoiber
E. Ludwig Erhard

49)

A. müssen
B. dürfen
C. kennen
D. wollen
E. sollen

50)

A. komisch
B. seltsam
C. lustig
D. sonderbar
E. eigentümlich

Schlussfolgerungen   *Bearbeitungszeit 10 Minuten*

Jede Aufgabe konfrontiert Sie mit mehreren Aussagen. Welche Schlussfolgerung lässt sich daraus ziehen? Ob die Aussagen in einem sinnvollen Bezug zur Realität stehen, ist hierbei vollkommen unerheblich.

51)   Die Aussage lautet: „Alle grünen Seifen sind Käfer. Alle Käfer sind Frösche." Daraus wird die Schlussfolgerung gezogen: „Alle Frösche sind grüne Seifen." Stimmt diese Behauptung?

☐ stimmt   ☐ stimmt nicht

52)   Die Aussage lautet: „Keine Erbse kann zählen, alle Erbsen haben keine Erfahrung." Daraus wird die Schlussfolgerung gezogen: „Keine Erbse ohne Erfahrung kann zählen." Stimmt diese Behauptung?

☐ stimmt   ☐ stimmt nicht

53)   Die Aussage lautet: „Alle Löwen sind Fische. Alle Fische können schwimmen." Daraus wird die Schlussfolgerung gezogen: „Alle Fische sind Löwen und können schwimmen." Stimmt diese Behauptung?

☐ stimmt   ☐ stimmt nicht

54)   Die Aussage lautet: „Wenn es regnet, dann wird die Straße nass. Die Straße ist trocken." Daraus wird die Schlussfolgerung gezogen: „Wenn es nass ist, hat es geregnet." Stimmt diese Behauptung?

☐ stimmt   ☐ stimmt nicht

55)   Die Aussage lautet: „Nur schlechte Schüler bekommen Strafarbeiten oder schlechte Noten. Klaus ist ein guter Schüler." Daraus wird die Schlussfolgerung gezogen: „Also bekommt Klaus eine Strafarbeit." Stimmt die Behauptung?

☐ stimmt   ☐ stimmt nicht

56) Die Aussage lautet: „Manche Sportler sind Fußballer oder Tennisspieler. Fußballer sind häufiger verletzt als Tennisspieler." Daraus wird die Schlussfolgerung gezogen: „Also sind alle verletzten Sportler Fußballer oder Tennisspieler." Stimmt diese Behauptung?

☐ stimmt ☐ stimmt nicht

57) Die Aussage lautet: „Marc ist unbegabt. Wenn Marc unbegabt ist, dann malt er gerne." Daraus wird die Schlussfolgerung gezogen: „Marc ist begabt und malt nicht gerne." Stimmt diese Behauptung?

☐ stimmt ☐ stimmt nicht

58) Die Aussage lautet: „Im Sommer werden nur montags Weihnachtsmänner verschenkt. Montags ist es immer kalt." Daraus wird die Schlussfolgerung gezogen: „Im Sommer ist es kalt, wenn Weihnachtsmänner verschenkt werden." Stimmt diese Behauptung?

☐ stimmt ☐ stimmt nicht

59) Die Aussage lautet: „Klaus liebt Erdbeereis. Wenn Klaus wüsste, dass in Erdbeereis keine Erdbeeren enthalten sind, würde er sich ärgern. In Erdbeereis sind keine Erdbeeren enthalten." Daraus wird die Schlussfolgerung gezogen: „Also muss sich Klaus ärgern." Stimmt diese Behauptung?

☐ stimmt ☐ stimmt nicht

60) Die Aussage lautet: „Peter arbeitet im Garten oder poliert sein Auto. Seine Frau gießt den Rasen. Wenn seine Frau den Rasen gießt, arbeitet er nicht im Garten." Daraus wird die Schlussfolgerung gezogen: „Also poliert Peter sein Auto." Stimmt diese Behauptung?

☐ stimmt ☐ stimmt nicht

Möglich oder unmöglich?   *Bearbeitungszeit 10 Minuten*

Möglich oder nicht? Darum geht es in diesem Abschnitt.

Ausgehend vom gleichen Satzanfang werden bei jeder Aufgabe fünf Behauptungen aufgestellt. Davon ist nur eine einzige richtig – oder aber falsch. Bitte markieren Sie den Lösungsbuchstaben dieses aus der Reihe fallenden Antwortvorschlags.

61) Es ist möglich, dass Wasser ...?

A. verdampft.

B. gefriert.

C. seine Temperatur verändert.

D. sich in Pfützen sammelt.

E. in Netzen getragen wird.

62) Unmöglich ist es, dass Holz ...?

A. brennt.

B. zu Papier weiterverarbeitet wird.

C. als Werkstoff genutzt wird.

D. kondensiert.

E. in heißem Wasser schwimmt.

63) Multipliziert man zwei ganze Zahlen, die größer sind als 0, kann das Ergebnis auf keinen Fall ...?

A. kleiner sein als 1.

B. kleiner sein als 2.

C. größer sein als 1.000.

D. durch 5 teilbar sein.

E. ungerade sein.

64) Es ist möglich, dass ein Huhn ...?

A. Körner frisst.

B. Küken hat.

C. größer ist als ein Hund.

D. ein gepunktetes Fell hat.

E. in einem Stall gehalten wird.

65) Ein Dreieck kann auf keinen Fall ...?

A. eine größere Fläche haben als ein Viereck.

B. zwei rechte Winkel haben.

C. spiegelbildlich teilbar sein.

D. drei gleich große Winkel haben.

E. drei gleich lange Seiten haben.

66) Es ist unmöglich, dass ein Stoff im Wasser ...?

A. schmilzt.

B. abkühlt.

C. untergeht.

D. schwimmt.

E. lebt.

67) Es ist völlig ausgeschlossen, in Südamerika ...?

A. Elefanten in freier Wildbahn zu fotografieren.

B. Dschungelgebiete zu erkunden.

C. chinesische Touristen zu treffen.

D. mit Einheimischen Spanisch zu sprechen.

E. vor Ort gezüchtetes Geflügel zu essen.

68) Bei Sonnenaufgang ist es unmöglich, ...?

A. nicht aufzuwachen.

B. Vögel zwitschern zu hören.

C. dass die Luft sich erwärmt.

D. dass die Sonne hinter dem Horizont verschwindet.

E. den Mond zu sehen.

69) Eine Primzahl kann auf keinen Fall ...?

A. gerade sein.

B. ungerade sein.

C. größer als 10.000.000 sein.

D. auf 7 enden.

E. auf 15 enden.

70) Keinesfalls kann ein Lehrer ...?

A. niemals falsch liegen.

B. immer wissen, wovon er redet.

C. keinen Stoffwechsel haben.

D. alle seine Fehler zugeben.

E. kein schlechtes Gedächtnis haben.

Flussdiagramm (Ablaufplan)   *Bearbeitungszeit 5 Minuten*

Flussdiagramme sind ein Mittel, um Vorgänge mit verschiedenen Verlaufsalternativen anschaulich abzubilden: So lassen sich verzweigte Abläufe planen, steuern und erklären.

Hierzu ein Beispiel

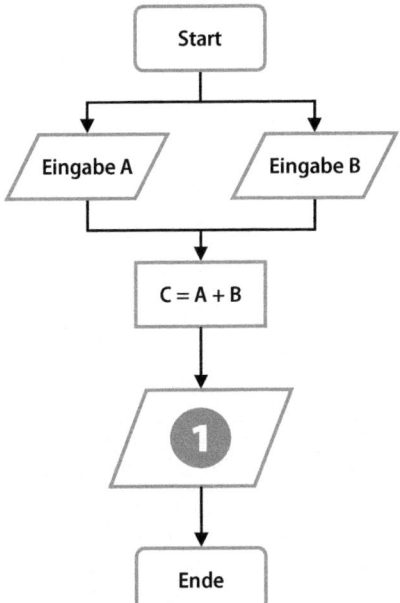

Aufgabe

1) Wofür steht die Zahl 1 im Flussdiagramm?

A. Ausgabe C
B. Ausgabe A
C. Ausgabe B
D. Eingabe A
E. Keine Antwort ist richtig.

Antwort

(A.) Ausgabe C

Im abgebildeten Prozess werden zwei Variablen A und B eingegeben und zum Ergebnis C addiert. Sinnvollerweise wird dieses Ergebnis anschließend ausgegeben, also z. B. auf einem Monitor angezeigt.

Wie funktionieren Flussdiagramme?

Ein Flussdiagramm besteht aus verschiedenen Symbolen, die beschriftet und durch waagerechte oder senkrechte Verlaufspfeile miteinander verbunden sind. Die Symbole lassen sich grob in fünf Gruppen einordnen:

¬ **Rechtecke mit abgerundeten Ecken** stehen für Prozessbeginn und -ende.

¬ **Rauten** stellen Bedingungen dar.

¬ **Rechtecke** symbolisieren eigene, in sich geschlossene Unterprozesse.

¬ **Ovale** kennzeichnen Entscheidungen oder Konsequenzen.

¬ **Parallelogramme** stehen für prozessinterne Ein- und Ausgaben (Inputs/Outputs).

Polizeieinsatz: Verkehrsunfall

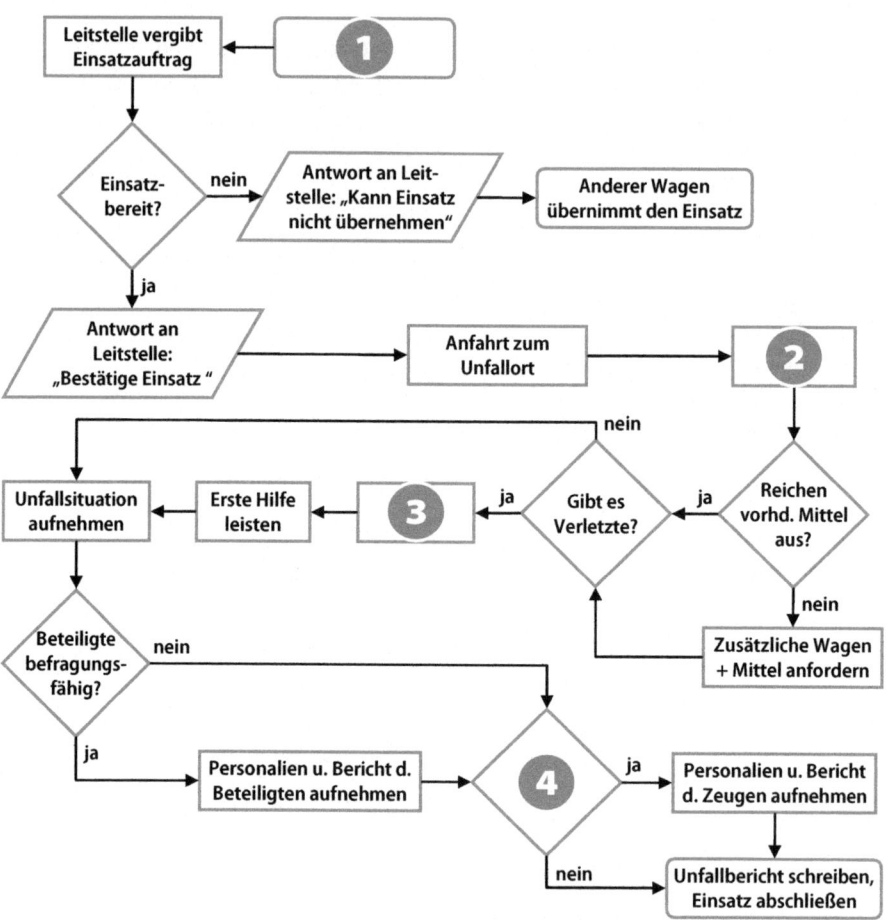

Bitte bearbeiten Sie nun die Aufgaben: Markieren Sie jeweils den Lösungsbuchstaben des richtigen Antwortvorschlags. Sie haben dafür **5 Minuten** Zeit.

71) Welche Antwort ersetzt die Zahl 1 im Flussdiagramm sinnvoll?

A. Unfall wird der Leitstelle gemeldet
B. Verkehrsunfall geschehen?
C. Einsatzbefehl erteilt
D. Nachricht an Leitstelle: „Unfall"
E. Unfall von Leitstelle aufgenommen?

72) Welche Antwort ersetzt die Zahl 2 im Flussdiagramm sinnvoll?

A. Ambulanz anfordern
B. Unfallstelle sichern
C. Unfallteilnehmer befragen
D. Auf Einsatzleiter warten
E. Erste Hilfe leisten

73) Welche Antwort ersetzt die Zahl 3 im Flussdiagramm sinnvoll?

A. Ambulanz nötig?
B. Ambulanz einweisen
C. Ambulanz unterstützen
D. Auf Ambulanz warten
E. Ambulanz anfordern

74) Welche Antwort ersetzt die Zahl 4 im Flussdiagramm sinnvoll?

A. Zeugen ermitteln
B. Beteiligte später befragen
C. Ist der Beteiligtenbericht stichhaltig?
D. Gibt es Zeugen?
E. Ist die Schuldfrage geklärt?

75) Was geschieht, wenn die Unfallbeteiligten nicht befragt werden können und es keine Zeugen gibt?

A. Der Einsatz kann nicht abgeschlossen werden.
B. Der polizeiliche Unfallbericht beruht auf der Darstellung der Beamten.
C. Die Polizisten können zu dem Unfall keine Aussage treffen.
D. Die Polizisten können den Unfall nicht aufnehmen.
E. Jedem Unfallbeteiligten wird die gleiche Teilschuld zugesprochen.

Lösungen: Logisches Denkvermögen

1)	B	26)	B	51)	stimmt nicht
2)	B	27)	A	52)	stimmt
3)	C	28)	B	53)	stimmt nicht
4)	A	29)	D	54)	stimmt nicht
5)	A	30)	B	55)	stimmt nicht
6)	D	31)	Niere, Leber	56)	stimmt nicht
7)	C	32)	Weihnachten, Ostern	57)	stimmt nicht
8)	A	33)	Rhein, Elbe	58)	stimmt
9)	A	34)	Joghurt, Butter	59)	stimmt nicht
10)	A	35)	Merkur, Sonne	60)	stimmt
11)	B	36)	Prädikat, Titel	61)	E
12)	E	37)	Zahlen, Rasen	62)	D
13)	A	38)	Auge, Lupe	63)	A
14)	D	39)	Fahrrad, Lkw	64)	D
15)	C	40)	Bank, Stuhl	65)	B
16)	C	41)	C	66)	E
17)	D	42)	E	67)	A
18)	D	43)	E	68)	D
19)	D	44)	B	69)	E
20)	C	45)	E	70)	C
21)	C	46)	D	71)	A
22)	B	47)	D	72)	B
23)	D	48)	D	73)	E
24)	D	49)	C	74)	D
25)	C	50)	C	75)	B

Zahlenreihen (Aufgaben 1–10)

Zu 1) B. 16

−4 | +4 | −4 | +4 | −4

Zu 2) B. 18

x | x × 3 | x × 3 × 3 | y | y × 3 | y × 3 × 3 | z | z × 3

Zu 3) C. 32

2 | y | 2 | y × 2 | 2 | y × 2 × 2 | 2 | y × 2 × 2 × 2

Behalten Sie die 2 bei und verdoppeln sie die folgende Zahl bei jedem Schritt.

Zu 4) A. 23

x | y | x + 1 | y − 1 | x + 1 + 1 | y − 1 − 1 | x + 1 + 1 + 1

Zu 5) A. 80

÷2 | ×4 | ÷2 | ×4 | ÷2

Zu 6) D. 31

+3 | +4 | +5 | +6 | +7

Zu 7) C. 666

400 | y | 400 | y + 20 | 400 | y + 20 + 20

Behalten Sie die 400 bei und erhöhen Sie die folgende Zahl mit jedem Schritt um 20.

Zu 8) A. 9

+1 | −2 | +3 | +1 | −2 | +3 | +1

Zu 9) A. 8

×1 | ÷2 | +4 | ×1 | ÷2 | +4

Zu 10) A. 937

−7 | ×6 | −5 | ×4 | −3

Buchstabenreihen (Aufgaben 11–20)

Zu 11) B. O

Ausgehend vom K wird alphabetisch vorangeschritten. Dabei wird jeder zweite Buchstabe (begonnen mit K) doppelt aufgeführt.

Zu 12) E. T

Das T ist mit einer von S ausgehenden, alphabetisch voranschreitenden Buchstabenfolge verschachtelt.

Zu 13) A. M

Die Reihe besteht aus Paaren alphabetisch benachbarter Buchstaben: FE, BA, ED, NM.

Zu 14) D. H

Jeder zweite Buchstabe folgt im Alphabet dem vorherigen Buchstaben.

Bewegung in alphabetischer Folge:

+1 | −3 | +1 | +5 | +1 | −3 | +1

Zu 15) C. M

Die Buchstaben O und P sind mit einer von F ausgehenden, im Alphabet vorwärtslaufenden Buchstabenreihe verschachtelt. Die sich wiederholende Grundregel lautet: Gehe einen Buchstaben im Alphabet weiter, füge O und P ein und gehe zwei Buchstaben weiter.

Bewegung in alphabetischer Folge:

+1 | O | P | +2 | +1 | O | P | +2 | +1

Zu 16) C. C

Die Reihe beginnt bei Q und läuft in Zweierschritten rückwärts.

Bewegung in alphabetischer Folge:

−2 | −2 | −2 | −2 | −2 | −2 | −2

Zu 17) D. F

Nennen Sie, beginnend bei A, abwechselnd die Vokale und Konsonanten in alphabetischer Folge.

Wortanalogien (Aufgaben 21–30)

Zu 21) C. Uhr

Auf der Skala eines Thermometers liest man die Temperatur ab, auf dem Ziffernblatt einer Uhr die Uhrzeit.

Zu 18) D. K

Starten Sie beim Buchstaben K, gehen Sie im Alphabet zweimal drei Buchstaben rückwärts und kehren Sie zurück zur Ausgangsposition K.

Bewegung in alphabetischer Folge:

−3 | −3 | +6 | −3 | −3 | +6

Zu 19) D. M

Es handelt sich um die Anfangsbuchstaben der Wochentage in umgekehrter Reihenfolge: Sonntag, Samstag, Freitag, Donnerstag, Mittwoch, Dienstag, Montag.

Zu 20) C. N

Hier ist eine bei W beginnende Reihe, die in Dreierschritten rückwärtsläuft, mit einer zweiten Reihe verschachtelt, die bei M beginnt und in Einerschritten voranschreitet.

Bewegung in alphabetischer Folge:

W | M | W − 3 | M + 1 | W − 3 − 3 | M + 1 + 1 | W − 3 − 3 − 3

Zu 22) B. Bundespräsident

Oberster Repräsentant Spaniens ist der König, in Deutschland übt diese Funktion der Bundespräsident aus.

Zu 23) D. Rechen

Der Kamm ist ein Werkzeug zur Ausrichtung der Haare und Beseitigung von Verschmutzungen, der Rechen hat diese Funktion für den Rasen.

Zu 24) **D.** Wein

Mehl ist die Grundzutat von Teigen, Wein wird aus Trauben hergestellt.

Zu 25) **C.** Mond

Der Planet Uranus kreist um die Sonne; der Mond umläuft die Erde.

Zu 26) **B.** Großmutter

Beide Begriffspaare beschreiben eine Verwandtschaftsbeziehung zwischen einer männlichen und einer weiblichen Person, jeweils von beiden Standpunkten aus: Die Schwester der Mutter bzw. des Vaters heißt Tante, umgekehrt ist der Sohn des Bruders bzw. der Schwester der Neffe. Der Sohn der Tochter bzw. des Sohnes ist der Enkel, die Mutter des Vaters bzw. der Mutter die Großmutter.

Zu 27) **A.** Ozean

Europa ist ein Kontinent, der Pazifik ein Ozean.

Zu 28) **B.** Canberra

Bukarest ist die Hauptstadt von Rumänien, Canberra von Australien.

Zu 29) **D.** Planet

Die Erde wird vom Mond umkreist, die Sonne von Planeten.

Zu 30) **B.** Fläche

Ein Kegel ist ein Körper im Raum, das zweidimensionale geometrische Gebilde Rechteck befindet sich in der Fläche.

Oberbegriffe (Aufgaben 31–40)

Zu 31) **Niere, Leber**

Die Niere und die Leber lassen sich dem Oberbegriff „innere Organe" zuordnen.

Zu 32) **Weihnachten, Ostern**

Weihnachten und Ostern sind hohe christliche Festtage.

Zu 33) **Rhein, Elbe**

Der Rhein und die Elbe sind Flüsse, die durch Deutschland fließen.

Zu 34) **Joghurt, Butter**

Joghurt und Butter sind Milchprodukte.

Zu 35) **Merkur, Sonne**

Der Planet Merkur und die Sonne lassen sich dem Oberbegriff „Himmelskörper" zuordnen. Theoretisch könnten auch die Lichtquellen Sonne, Blitz, Kerze und Polarlicht oder die Wetterphänomene Tornado, Blitz und Polarlicht Gruppen bilden – beide wären jedoch zu umfangreich.

Zu 36) Prädikat, Titel

Das Prädikat und der Titel lassen sich dem Oberbegriff „Auszeichnungen" zuordnen. Der Begriff „Prädikat" könnte in anderer Bedeutung auch für einen Satzbaustein stehen und mit dem Subjekt und dem Objekt eine Gruppe bilden – diese wäre jedoch zu umfangreich.

Zu 37) Zahlen, Rasen

Nur die Begriffe „Zahlen" und „Rasen" können hier auch als Verben aufgefasst und dem Oberbegriff „Tätigkeiten" zugeordnet werden.

Zu 38) Auge, Lupe

Das Auge und die Lupe lassen sich dem Oberbegriff „Sehen" zuordnen. Theoretisch könnten auch die Sinnesorgane Auge, Ohr, Nase und Haut eine Gruppe bilden – diese wäre jedoch zu umfangreich.

Zu 39) Fahrrad, Lkw

Das Fahrrad und der Lkw sind Fahrzeuge.

Zu 40) Bank, Stuhl

Die Bank und der Stuhl sind Möbel.

Ein Wort fällt aus der Reihe (Aufgaben 41–50)

Zu 41) C. Augen

Alle Begriffe außer „Auge" haben mit dem Hörvorgang zu tun.

Zu 42) E. stehen

Alle Verben außer „stehen" beschreiben bewegte Aktivitäten.

Zu 43) E. Urteil

Alle Begriffe außer „Urteil" bezeichnen etwas, das ursächlich einen Vorgang auslöst.

Zu 44) B. dunkel

Alle Begriffe außer „dunkel" geben eine Farbe an.

Zu 45) E. gläubig

Bei allen Begriffen außer „gläubig" handelt es sich um Synonyme für „skeptisch".

Zu 46) D. Fahrrad

Alle Fahrzeuge – außer dem Fahrrad – haben einen Motor.

Zu 47) D. Fleisch

Außer Fleisch sind alle aufgezählten Lebensmittel Milchprodukte.

Zu 48) D. Edmund Stoiber

Bei allen anderen Personen handelt es sich um ehemalige deutsche Bundeskanzler.

Zu 49) C. kennen

Alle anderen Begriffe sind Modalverben, das heißt Verben, die Möglichkeiten oder Notwendigkeiten ausdrücken.

Zu 50) C. lustig

Alle Begriffe außer „lustig" sind Synonyme für „merkwürdig".

Schlussfolgerungen (Aufgaben 51–60)

Zu 51) stimmt nicht

Wenn alle grünen Seifen Käfer sind und alle Käfer Frösche, dann sind alle grünen Seifen auch Frösche. Das heißt aber nicht, dass alle Frösche grüne Seifen sind – die Gruppe der Frösche könnte noch aus ganz anderen Dingen bestehen. Die Schlussfolgerung ist falsch.

Zu 52) stimmt

Der Einschub „ohne Erfahrung" in der Schlussfolgerung scheint die Prämisse „Keine Erbse kann zählen" einzuschränken. Doch genau betrachtet bleibt der Sinngehalt gleich: Da alle Erbsen keine Erfahrung haben, bedeutet „keine Erbse ohne Erfahrung" dasselbe wie „keine Erbse". Folglich stimmt die Behauptung.

Zu 53) stimmt nicht

Wenn alle Löwen Fische sind, heißt das im Umkehrschluss nicht, dass die Gruppe der Fische ausschließlich aus Löwen besteht.

Zu 54) stimmt nicht

Hier handelt es sich um die logische Form des *modus tollens*, einer klassischen Art des Schlussfolgerns: Wenn X gilt (es regnet), dann gilt auch Y (die Straße wird nass). Wenn umgekehrt Y nicht gilt – wenn also die Straße nicht nass ist –, dann kann auch X nicht stimmen und es hat nicht geregnet. Das bedeutet aber nicht, dass die Straße nur dann nass sein kann, wenn es zuvor geregnet hat: Wenn also Y gilt (es ist nass), gilt nicht notwendigerweise auch X (es hat geregnet). Für die Nässe könnte es ja auch andere Gründe geben: einen defekten Hydranten beispielsweise, oder spielende Kinder mit Wasserpistolen. Die aufgestellte Behauptung ist daher falsch.

Zu 55) stimmt nicht

In Satz 1 wird eindeutig festgestellt, dass ausschließlich („nur") schlechte Schüler Strafarbeiten oder schlechte Noten bekommen. Demnach kommen sowohl Strafarbeiten als auch schlechte Noten nur für schlechte Schüler in Frage. Da Klaus jedoch ein guter Schüler ist (Satz 2), gilt für ihn das weder-noch: Er hat weder schlechte Noten noch Strafarbeiten zu befürchten. Die Behauptung ist also falsch.

Zu 56) stimmt nicht

In Satz 1 wird lediglich festgestellt, dass manche Sportler Fußballer oder Tennisspieler sind, nicht etwa, dass alle Sportler eine der beiden Ballsportarten betreiben. Daher kann nicht gefolgert werden, dass alle verletzten Sportler Fußball oder Tennis spielen. Auch die zusätzliche Information, dass Fußballer häufiger verletzt sind als Tennisspieler, stützt diese Behauptung nicht.

Zu 57) stimmt nicht

Eingangs wird festgestellt, dass Marc unbegabt ist. Demnach malt er auch gerne. Die Schlussfolgerung „Marc ist begabt und malt nicht gerne" ist also gleich doppelt falsch.

Zu 58) stimmt

Wenn im Sommer nur montags Weihnachtsmänner verschenkt werden (Satz 1), und es montags immer kalt ist (Satz 2), dann ist es folgerichtig immer kalt, wenn im Sommer Weihnachtsmänner verschenkt werden. Die Behauptung stimmt also.

Zu 59) stimmt nicht

Die Feststellung „In Erdbeereis sind keine Erdbeeren enthalten" erfüllt die Bedingung des 2. Satzes noch nicht: Hier heißt es nämlich, dass Klaus sich dann ärgern würde, wenn ihm die Tatsache des erdbeerfreien Erdbeereises auch bekannt wäre. Ob das der Fall ist oder nicht, darüber kann anhand der gegebenen Angaben nur spekuliert werden. Klaus muss sich nicht zwingend ärgern.

Zu 60) stimmt

In Satz 1 wird ein Entweder-oder-Sachverhalt beschrieben, der nur eine Möglichkeit zulässt: Wenn Peter im Garten arbeitet, poliert er sein Auto nicht. Wenn er sein Auto poliert, arbeitet er nicht im Garten. In Satz 3 wird die weitere Bedingung aufgestellt, dass Peter nicht im Garten arbeitet, wenn seine Frau den Rasen bewässert. Diese Bedingung ist erfüllt, denn Peters Frau gießt den Rasen (Satz 2). Peter arbeitet also nicht im Garten. Folglich poliert er sein Auto.

Möglich oder unmöglich? (Aufgaben 61–70)

Zu 61) E. in Netzen getragen wird.

Vorschlag E ergibt hier die einzige falsche Behauptung: Man kann Wasser nicht in Netzen tragen, da es durch die Maschen fließen würde. Alle weiteren Aussagen stimmen: Wasser kann verdampfen, gefrieren, sich erwärmen bzw. abkühlen und sich in Pfützen sammeln.

Zu 62) D. kondensiert.

Vorschlag D ergibt hier die einzige richtige Behauptung: Beim Kondensieren geht ein Stoff vom gasförmigen in den flüssigen Aggregatzustand über, diesen Prozess kann Holz nicht durchlaufen. Alle weiteren Aussagen sind falsch: Holz kann brennen, zu Papier weiterverarbeitet werden, als Werkstoff dienen und in heißem wie in kaltem Wasser schwimmen.

Zu 63) A. kleiner sein als 1.

Zahlen, die größer sind als 0, nennt man auch „positive Zahlen". Die Reihe der positiven ganzen Zahlen beginnt bei 1 und reicht ins Unendliche. Das kleinste Produkt zweier solcher Zahlen ist $1 \times 1 = 1$; somit ergibt Vorschlag A hier die einzige richtige Behauptung.

Zu 64) D. ein gepunktetes Fell hat.

Vorschlag D ergibt hier die einzige falsche Behauptung: Hühner haben kein Fell, sondern Federn. Alles andere ist möglich: Hühner können Körner fressen, Küken haben, größer sein als (kleine) Hunde und in Ställen leben.

Zu 65) B. zwei rechte Winkel haben.

Vorschlag B ergibt hier die einzige richtige Behauptung: Die Winkelsumme im Dreieck beträgt 180 Grad und wäre mit zwei 90-Grad-Winkeln bereits ausgeschöpft. Somit bliebe die Form an einer Seite offen.

Zu 66) E. lebt.

Vorschlag E ergibt hier die einzige richtige Behauptung: „Stoff" bezeichnet leblose Materie, die folglich nicht leben kann, auch nicht im Wasser. Je nach Zustand und Beschaffenheit können solche Substanzen darin jedoch sehr wohl schwimmen, untergehen, schmelzen oder sich abkühlen.

Zu 67) A. Elefanten in freier Wildbahn zu fotografieren.

Vorschlag A ergibt hier die einzige falsche Behauptung: Da Elefanten nur in Afrika und Indien heimisch sind, trifft man sie in Südamerika höchstens in Zoos. Alle weiteren Aussagen stimmen: In Südamerika gibt es ausgedehnte Dschungelgebiete, Geflügelzüchter und auch chinesische Touristen. Infolge der spanischen Kolonialherrschaft ist Spanisch heute außerdem in vielen Ländern des Kontinents die offizielle Amtssprache.

Zu 68) D. dass die Sonne hinter dem Horizont verschwindet.

Vorschlag D ergibt hier die einzige richtige Behauptung: Wenn die Sonne aufgeht, kann sie nicht gleichzeitig untergehen („hinter dem Horizont verschwinden"). Alle weiteren Aussagen sind falsch: Es ist durchaus möglich, bei Sonnenaufgang weiterzuschlafen, Vogelgezwitscher zu hören oder den Mond zu sehen. Und wenn sich Luft nicht durch Sonnenstrahlung erwärmen würde, wäre es tagsüber genauso kühl wie nachts.

Zu 69) E. auf 15 enden.

Vorschlag E ergibt hier die einzige richtige Behauptung: Jede Zahl, die auf 15 endet, kann durch 5 geteilt werden und ist somit keine Primzahl. Alle weiteren Aussagen stimmen nicht: Primzahlen können ungerade sein (3, 5, 7 …) und auf 7 enden (7, 17, 37 …). Die größte bislang bekannte Primzahl ist mit über 17 Millionen Stellen deutlich größer als 10.000.000. Außerdem gibt es genau eine gerade Primzahl – nämlich die 2.

Zu 70) C. keinen Stoffwechsel haben.

Vorschlag C ergibt hier die einzige richtige Behauptung: Alle Lebewesen haben einen Stoffwechsel, und auch Lehrer sind Lebewesen. Alle weiteren Aussagen stimmen nicht: Dass ein Lehrer niemals falsch liegt, immer weiß, wovon er redet, alle seine Fehler zugibt und ein gutes Gedächtnis hat, ist zumindest theoretisch möglich.

Flussdiagramm (Ablaufplan) (Aufgaben 71–75)

Zu 71) A. Unfall wird der Leitstelle gemeldet

Ein Rechteck mit abgerundeten Ecken kennzeichnet den Beginn oder das Ende eines Prozesses. Bedingungen erfordern Rauten – die Antworten B und E entfallen also. D kommt nicht infrage, da prozessinterne In- oder Outputs durch Parallelogramme repräsentiert werden. C ist unlogisch: Der Einsatzauftrag ergeht von der Leitstelle, welcher zusätzliche – und zeitverzögernde – Einsatzbefehl sollte dem vorausgehen? Somit kann nur Lösung A stimmen.

Zu 72) B. Unfallstelle sichern

Nach der Ankunft an der Unfallstelle muss diese unverzüglich gesichert werden – die Lösung ist B. Erst wenn eine weitere Gefährdung der Unfallbeteiligten, der Beamten und anderer Verkehrsteilnehmer ausgeschlossen ist, können überhaupt weitere Maßnahmen ergriffen werden.

Zu 73) E. Ambulanz anfordern

„Leib, Leben und Gesundheit gehen vor": Getreu diesem Motto übernehmen die Beamten nach der Eigensicherung und der Sicherung des Verkehrs die medizinische Erstversorgung vor Ort. Wenn es Verletzte gibt, organisiert die Polizei die Rettungskräfte. Damit die Beamten die Ambulanz einweisen oder gegebenenfalls unterstützen können, muss diese jedoch zunächst einmal angefordert werden – Antwort E stimmt. Untätig auf die Ambulanz zu warten (Vorschlag D) wäre sicher nicht hilfreich, und um eine durch Raute symbolisierte Bedingung (Vorschlag A) handelt es sich hier nicht.

Zu 74) D. Gibt es Zeugen?

Da Rauten Bedingungen symbolisieren, kommen nur die Antworten C, D und E infrage. C und E sind jedoch offensichtlich unplausibel: Warum sollten die Zeugen nur dann befragt werden, wenn die Aussage der Beteiligten stichhaltig oder die Schuldfrage geklärt ist? Richtig kann also nur Antwort D sein.

Zu 75) B. Der polizeiliche Unfallbericht beruht auf der Darstellung der Beamten.

Die eingesetzten Beamten nehmen auf jeden Fall die Unfallsituation auf, dabei skizzieren sie auch den wahrscheinlichen Unfallhergang. Ohne eine Zeugen- oder Beteiligtenauskunft erscheinen nur diese Angaben, die auf den vorhandenen Spuren und Schadensbildern basieren, im polizeilichen Unfallbericht. Die Polizei benennt dabei zwar auch den wahrscheinlichen Verursacher, doch endgültig wird die Schuldfrage von den Versicherungen (Gutachter) oder – bei schweren Schäden – vor Gericht geklärt. Die Beteiligten können ihre Aussage später nachreichen; eventuell lassen sich dazu noch Zeugen ermitteln. Beim Verlassen des Unfallorts melden die Beamten der Leitstelle das Einsatzende, damit sie neue Aufgaben übernehmen können.

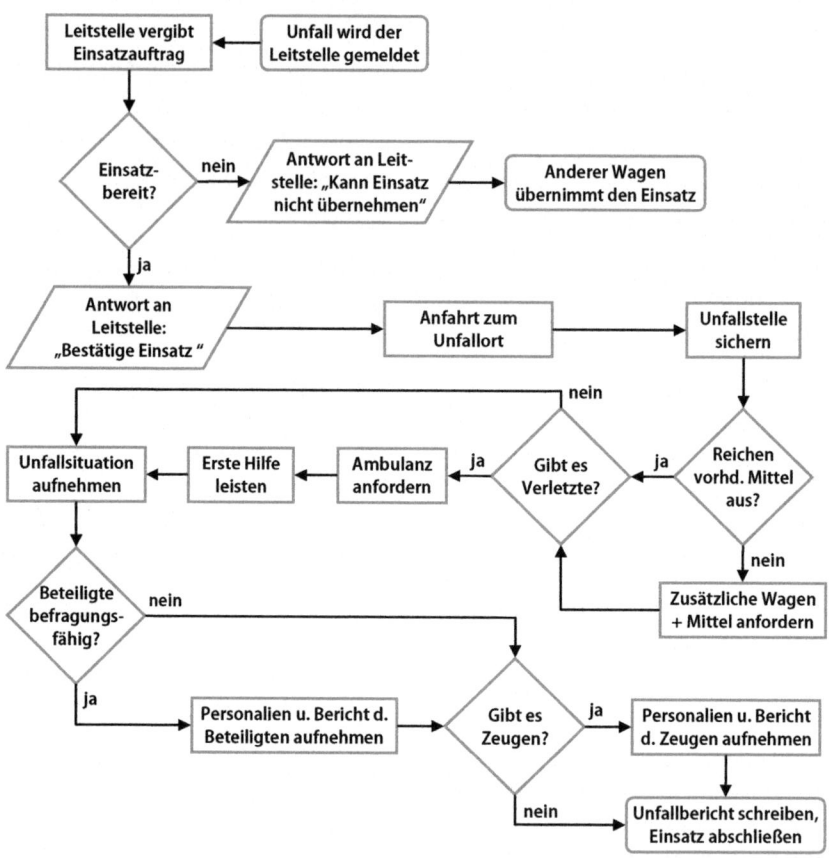

Lösungshinweis:

Das Schaubild verdeutlicht den Einsatzablauf nach einem Verkehrsunfall. Zunächst trifft die Unfallmeldung in der Leitstelle ein, die die relevanten Informationen an eine Streife weitergibt. Die Beamten bestätigen die Übernahme des Einsatzes, falls sie nicht bereits anderweitig involviert und daher unabkömmlich sind. Unverzüglich nach dem Eintreffen am Unfallort muss dieser angemessen gesichert werden, um weitere Gefahren auszuschließen. Stellt sich heraus, dass die verfügbaren Mittel für den Einsatz nicht ausreichen, fordert die Streife Unterstützung an Mensch und Material an.

Gemäß dem Motto „Leib, Leben und Gesundheit gehen vor" gewährleisten die Polizisten die medizinische Erstversorgung am Unfallort, bis die Ambulanz eintrifft. Erst dann können sie die Unfallsituation aufnehmen. Dazu gehört: eine eigene Darstellung der Szenerie, die Aussagen der Beteiligten – wenn sie auskunftsfähig sind – und eventuelle Zeugenberichte. All diese Angaben fließen in den abschließenden Unfallbericht ein.

Visuelles Denkvermögen

Figurenreihen   *Bearbeitungszeit 10 Minuten*

Jede Figurenreihe ist so aufgebaut, dass sich ein logischer Zusammenhang zwischen den einzelnen Abbildungen ergibt. Welche der zur Auswahl gestellten Figuren setzt die Reihe fort?

Hierzu ein Beispiel

Aufgabe

1)

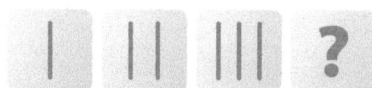

Welche Figur setzt die Reihe logisch fort?

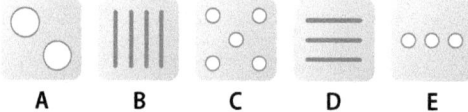

A   B   C   D   E

Antwort

B

Die Abbildungen zeigen eine steigende Anzahl senkrechter Striche – Figur B setzt diese Reihe logisch fort.

Bitte bearbeiten Sie nun die Aufgaben: Markieren Sie jeweils den Lösungsbuchstaben des richtigen Antwortvorschlags. Sie haben dafür **10 Minuten** Zeit.

1)   Gegeben ist diese Figurenreihe:

Welche Figur setzt die Reihe logisch fort?

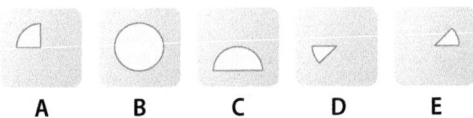

A   B   C   D   E

2)   Gegeben ist diese Figurenreihe:

Welche Figur setzt die Reihe logisch fort?

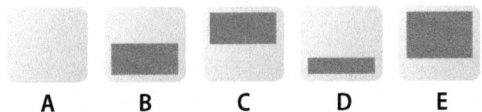

A   B   C   D   E

3)   Gegeben ist diese Figurenreihe:

Welche Figur setzt die Reihe logisch fort?

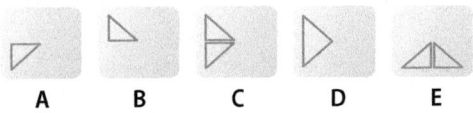

A   B   C   D   E

4)   Gegeben ist diese Figurenreihe:

Welche Figur setzt die Reihe logisch fort?

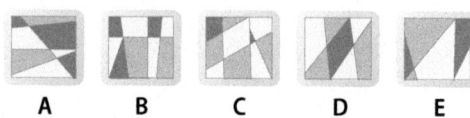

5)   Gegeben ist diese Figurenreihe:

Welche Figur setzt die Reihe logisch fort?

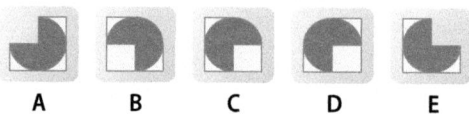

6)   Gegeben ist diese Figurenreihe:

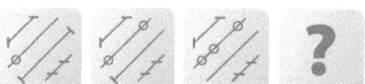

Welche Figur setzt die Reihe logisch fort?

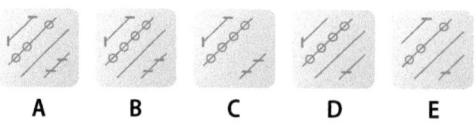

7)   Gegeben ist diese Figurenreihe:

Welche Figur setzt die Reihe logisch fort?

A   B   C   D   E

8)   Gegeben ist diese Figurenreihe:

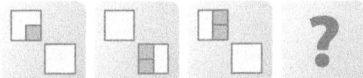

Welche Figur setzt die Reihe logisch fort?

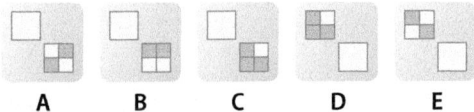

A   B   C   D   E

9)   Gegeben ist diese Figurenreihe:

Welche Figur setzt die Reihe logisch fort?

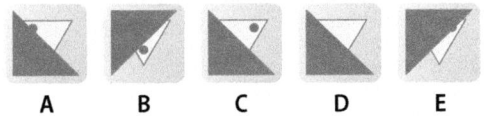

A   B   C   D   E

10) Gegeben ist diese Figurenreihe:

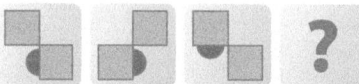

Welche Figur setzt die Reihe logisch fort?

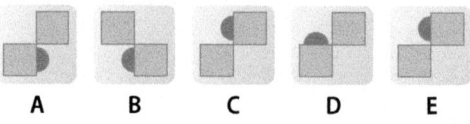

A   B   C   D   E

Figurenmatrizen

Bearbeitungszeit 10 Minuten

Finden Sie heraus, nach welcher Regel die Figurenmatrix aufgebaut ist, und ergänzen Sie die fehlende Figur.

Hierzu ein Beispiel

Aufgabe

1)

Welche Figur ersetzt das Fragezeichen logisch?

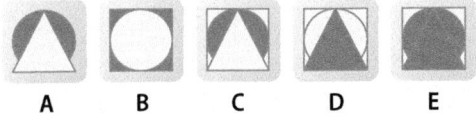

Antwort

Die beiden linken Figuren einer Reihe überlagern sich rechts, wobei sie ihre Farben tauschen.

Bearbeitungstipp

Um die Bildungsregel einer Matrix herauszufinden, erforschen Sie am besten zuerst eine einzelne Reihe oder Spalte: Welche Zusammenhänge gibt es, wie unterscheiden sich die Figuren – und darin enthaltene Objekte – in ihrer Form, Farbe, Größe und Ausrichtung?

Wenn Sie in einer Reihe oder Spalte ein Schema erkannt haben, dann probieren Sie, ob es für die gesamte Matrix gilt.

Bitte bearbeiten Sie nun die Aufgaben: Markieren Sie den Lösungsbuchstaben der fehlenden Figur. Sie haben dafür **10 Minuten** Zeit.

11)

Welche Figur ersetzt das Fragezeichen logisch?

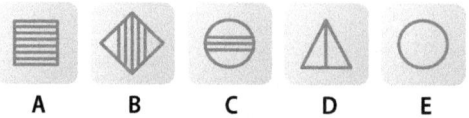

12)

Welche Figur ersetzt das Fragezeichen logisch?

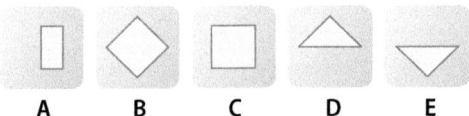

A   B   C   D   E

13)

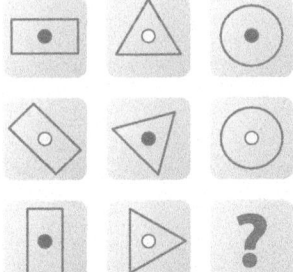

Welche Figur ersetzt das Fragezeichen logisch?

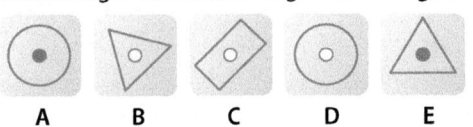

A   B   C   D   E

14)

Welche Figur ersetzt das Fragezeichen logisch?

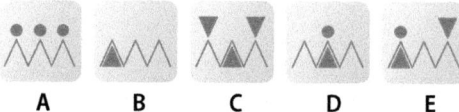

15)

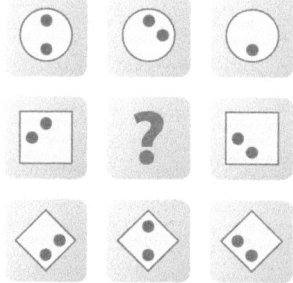

Welche Figur ersetzt das Fragezeichen logisch?

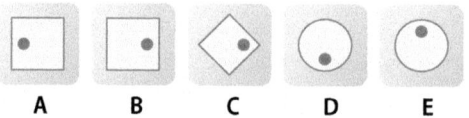

16)

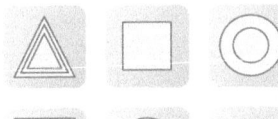

Welche Figur ersetzt das Fragezeichen logisch?

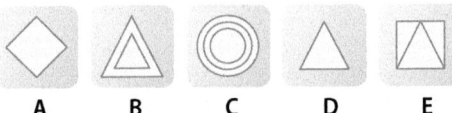

17)

Welche Figur ersetzt das Fragezeichen logisch?

18)

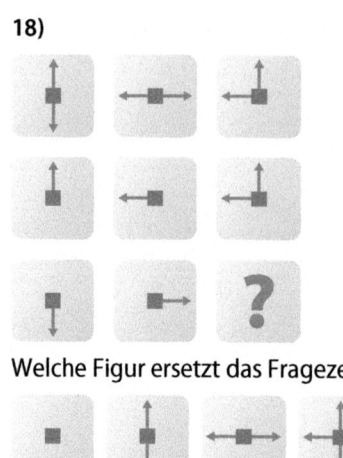

Welche Figur ersetzt das Fragezeichen logisch?

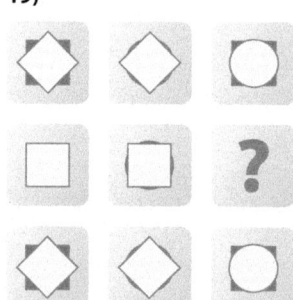

A B C D E

19)

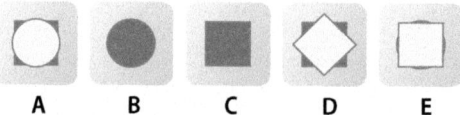

Welche Figur ersetzt das Fragezeichen logisch?

A B C D E

20)

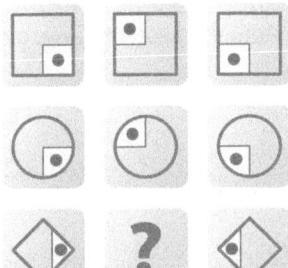

Welche Figur ersetzt das Fragezeichen logisch?

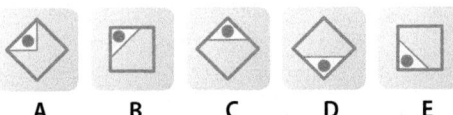

A   B   C   D   E

Räumliche Wahrnehmung   *Bearbeitungszeit 5 Minuten*

Sie sehen einen Körper mit mehreren Flächen. Ihre Aufgabe besteht darin, die Anzahl der Flächen zu bestimmen.

Hierzu ein Beispiel

Aufgabe

1) Aus wie vielen Flächen setzt
sich dieser Körper zusammen?

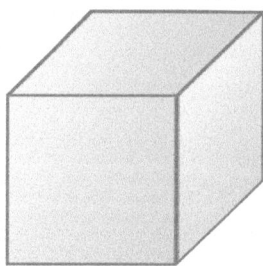

A. 6
B. 7
C. 8
D. 9
E. Keine Antwort ist richtig.

Antwort

 6

Der Körper besteht aus 6 Flächen.

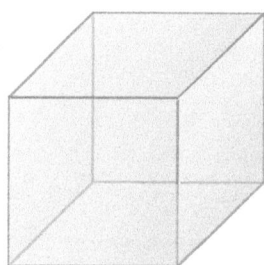

Bitte bearbeiten Sie nun die Aufgaben: Markieren Sie jeweils den Lösungsbuchstaben des richtigen Antwortvorschlags. Sie haben dafür **5 Minuten** Zeit.

21) Aus wie vielen Flächen setzt sich dieser Körper zusammen?

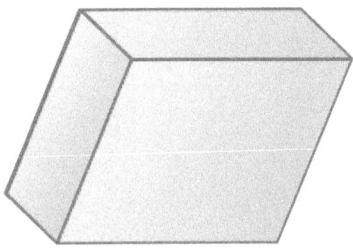

A. 3
B. 4
C. 5
D. 6
E. Keine Antwort ist richtig.

22) Aus wie vielen Flächen setzt sich dieser Körper zusammen?

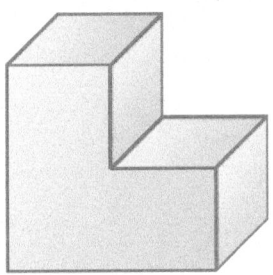

A. 6
B. 7
C. 8
D. 9
E. Keine Antwort ist richtig.

23) Aus wie vielen Flächen setzt sich dieser Körper zusammen?

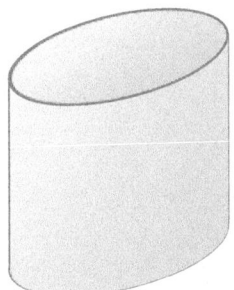

A. 1
B. 2
C. 3
D. 4
E. Keine Antwort ist richtig.

24) Aus wie vielen Flächen setzt sich dieser Körper zusammen?

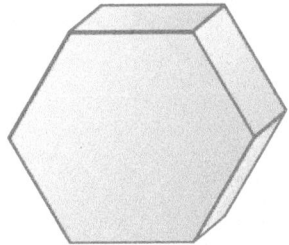

A. 6
B. 7
C. 8
D. 9
E. Keine Antwort ist richtig.

25) Aus wie vielen Flächen setzt sich dieser Körper zusammen?

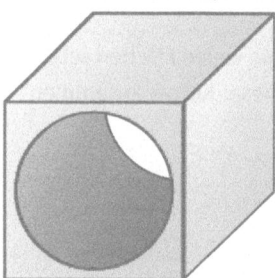

A. 5
B. 6
C. 7
D. 8
E. Keine Antwort ist richtig.

26) Aus wie vielen Flächen setzt sich dieser Körper zusammen?

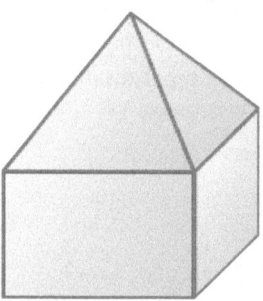

A. 7
B. 8
C. 9
D. 10
E. Keine Antwort ist richtig.

27) Aus wie vielen Flächen setzt sich dieser Körper zusammen?

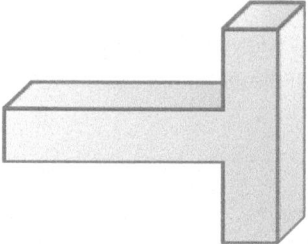

A. 9
B. 10
C. 11
D. 12
E. Keine Antwort ist richtig.

28) Aus wie vielen Flächen setzt sich dieser Körper zusammen?

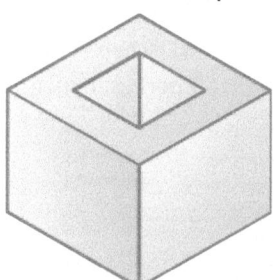

A. 9
B. 10
C. 12
D. 13
E. Keine Antwort ist richtig.

29) Aus wie vielen Flächen setzt sich dieser Körper zusammen?

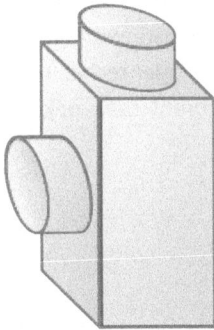

A. 6
B. 7
C. 8
D. 10
E. Keine Antwort ist richtig.

30) Aus wie vielen Flächen setzt sich dieser Körper zusammen?

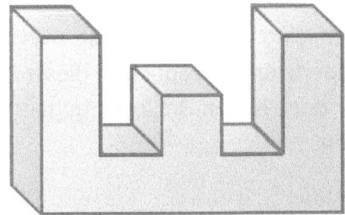

A. 8
B. 10
C. 12
D. 14
E. Keine Antwort ist richtig.

Würfelaufgaben   *Bearbeitungszeit 10 Minuten*

Zu jeder Aufgabe erhalten Sie einen Würfel, dessen Seiten unterschiedlich ge-
mustert sind. Entscheiden Sie, welcher der abgebildeten Musterwürfel dem
Aufgabenwürfel entspricht – dieser kann beliebig nach links oder rechts, nach
vorne oder hinten, im oder gegen den Uhrzeigersinn gedreht bzw. gekippt
werden.

Hierzu ein Beispiel

Aufgabe

1)   Ihnen wird ein Aufgabenwürfel vorgegeben.

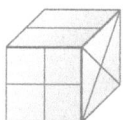

Welcher der Musterwürfel A bis E ist identisch mit dem Aufgabenwürfel?

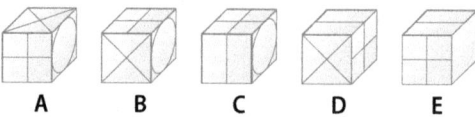

   A   B   C   D   E

Antwort

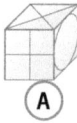

(A)

Kippen Sie den Aufgabenwürfel nach links.

Bitte bearbeiten Sie nun die Aufgaben: Markieren Sie jeweils den Lösungsbuchstaben des richtigen Antwortvorschlags. Sie haben dafür **10 Minuten** Zeit.

31)   Ihnen wird ein Aufgabenwürfel vorgegeben.

Welcher der Musterwürfel A bis E ist identisch mit dem Aufgabenwürfel?

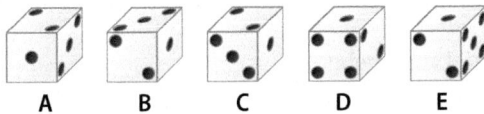

A   B   C   D   E

32)   Ihnen wird ein Aufgabenwürfel vorgegeben.

Welcher der Musterwürfel A bis E ist identisch mit dem Aufgabenwürfel?

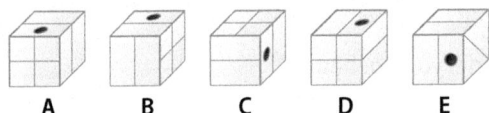

A   B   C   D   E

33)   Ihnen wird ein Aufgabenwürfel vorgegeben.

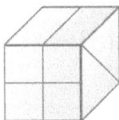

Welcher der Musterwürfel A bis E ist identisch mit dem Aufgabenwürfel?

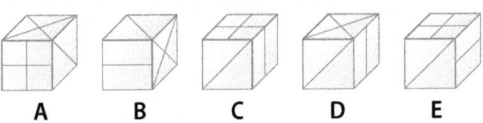

A   B   C   D   E

34) Ihnen wird ein Aufgabenwürfel vorgegeben.

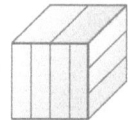

Welcher der Musterwürfel A bis E ist identisch mit dem Aufgabenwürfel?

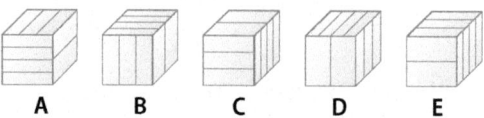

A　　　B　　　C　　　D　　　E

35) Ihnen wird ein Aufgabenwürfel vorgegeben.

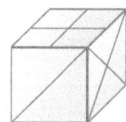

Welcher der Musterwürfel A bis E ist identisch mit dem Aufgabenwürfel?

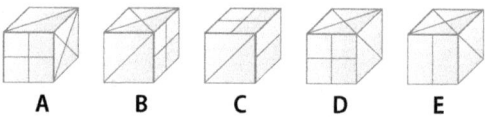

A　　　B　　　C　　　D　　　E

36) Ihnen wird ein Aufgabenwürfel vorgegeben.

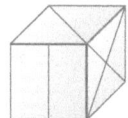

Welcher der Musterwürfel A bis E ist identisch mit dem Aufgabenwürfel?

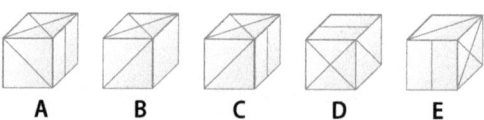

A　　　B　　　C　　　D　　　E

37)   Ihnen wird ein Aufgabenwürfel vorgegeben.

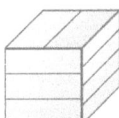

Welcher der Musterwürfel A bis E ist identisch mit dem Aufgabenwürfel?

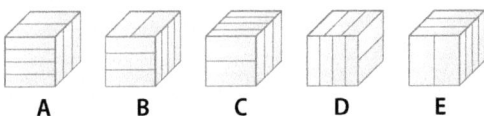

38)   Ihnen wird ein Aufgabenwürfel vorgegeben.

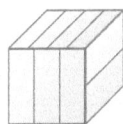

Welcher der Musterwürfel A bis E ist identisch mit dem Aufgabenwürfel?

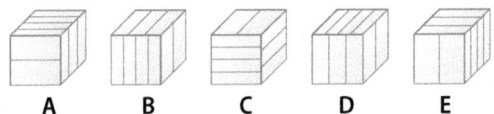

39)   Ihnen wird ein Aufgabenwürfel vorgegeben.

Welcher der Musterwürfel A bis E ist identisch mit dem Aufgabenwürfel?

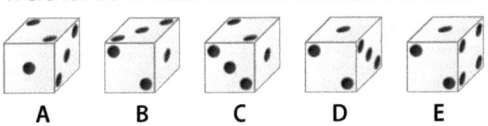

40) Ihnen wird ein Aufgabenwürfel vorgegeben.

Welcher der Musterwürfel A bis E ist identisch mit dem Aufgabenwürfel?

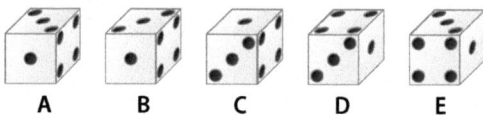

A   B   C   D   E

Formenpuzzle

Bearbeitungszeit 15 Minuten

In diesem Abschnitt wird Ihre visuelle Auffassungsgabe geprüft.

Zu jeder Aufgabe erhalten Sie fünf Flächenformen. Welche Puzzleteile A–E lassen sich zu welcher Grundform zusammensetzen?

Hierzu ein Beispiel

Aufgabe

1) Ihnen werden die Grundformen 1 bis 5 vorgegeben:

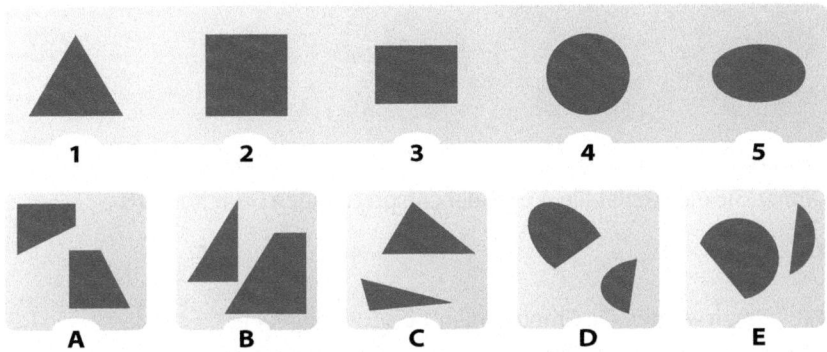

Ordnen Sie die Puzzleteile A bis E der entsprechenden Grundform zu.

1. _____   2. _____   3. _____   4. _____   5. _____

Antwort

1. C   2. B   3. A   4. E   5. D

Bitte bearbeiten Sie nun die Aufgaben: Tragen Sie jeweils die richtigen Buchstaben in die Lösungsfelder ein. Sie haben dafür **15 Minuten** Zeit.

41) Ihnen werden die Grundformen 1 bis 5 vorgegeben:

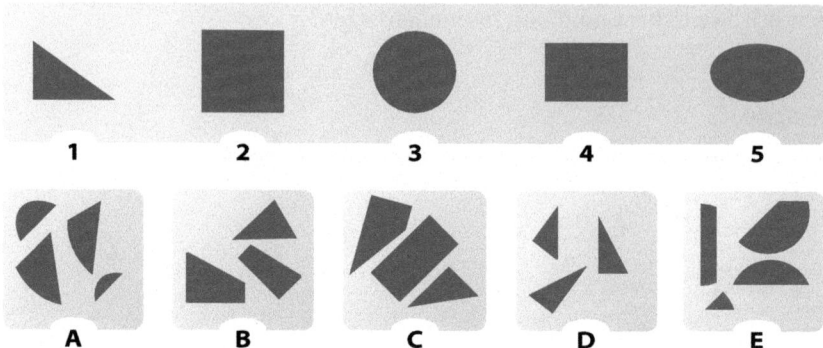

Ordnen Sie die Puzzleteile A bis E der entsprechenden Grundform zu.

1. _____ 2. _____ 3. _____ 4. _____ 5. _____

42) Ihnen werden die Grundformen 1 bis 5 vorgegeben:

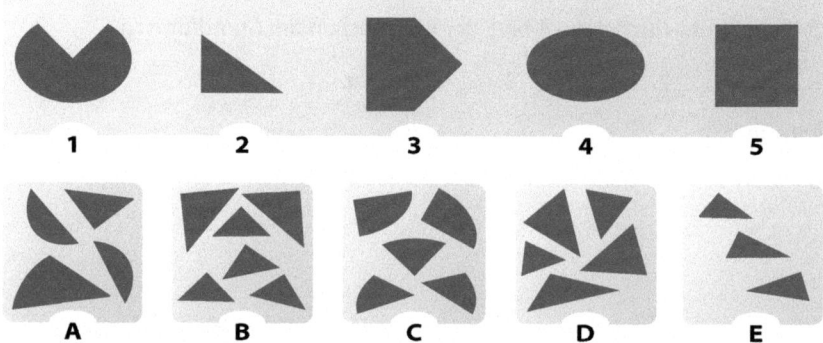

Ordnen Sie die Puzzleteile A bis E der entsprechenden Grundform zu.

1. _____ 2. _____ 3. _____ 4. _____ 5. _____

43) Ihnen werden die Grundformen 1 bis 5 vorgegeben:

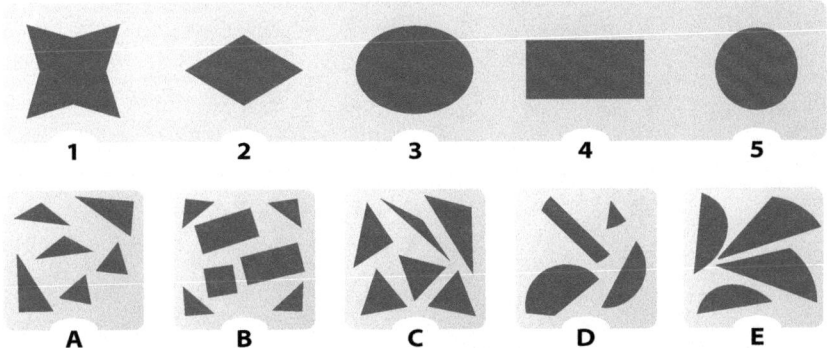

Ordnen Sie die Puzzleteile A bis E der entsprechenden Grundform zu.

1. _____   2. _____   3. _____   4. _____   5. _____

44) Ihnen werden die Grundformen 1 bis 5 vorgegeben:

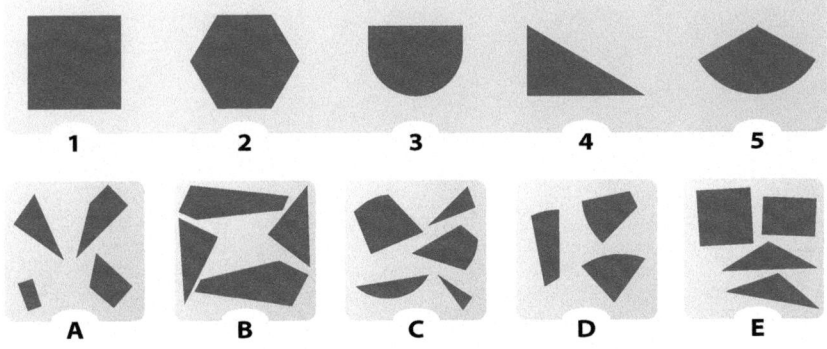

Ordnen Sie die Puzzleteile A bis E der entsprechenden Grundform zu.

1. _____   2. _____   3. _____   4. _____   5. _____

45) Ihnen werden die Grundformen 1 bis 5 vorgegeben:

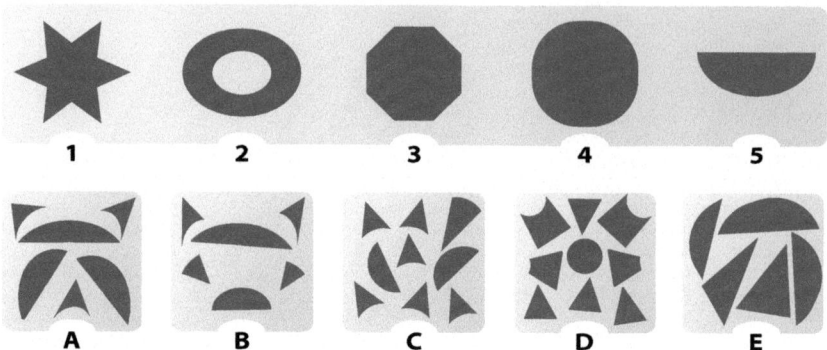

Ordnen Sie die Puzzleteile A bis E der entsprechenden Grundform zu.

1. _____ **2.** _____ **3.** _____ **4.** _____ **5.** _____

46) Ihnen werden die Grundformen 1 bis 5 vorgegeben:

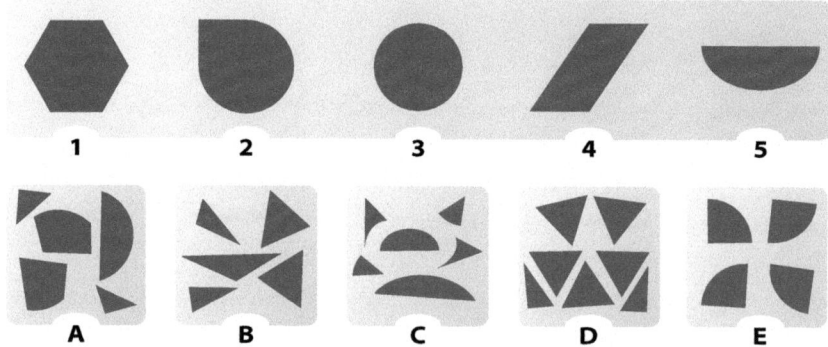

Ordnen Sie die Puzzleteile A bis E der entsprechenden Grundform zu.

1. _____ **2.** _____ **3.** _____ **4.** _____ **5.** _____

47) Ihnen werden die Grundformen 1 bis 5 vorgegeben:

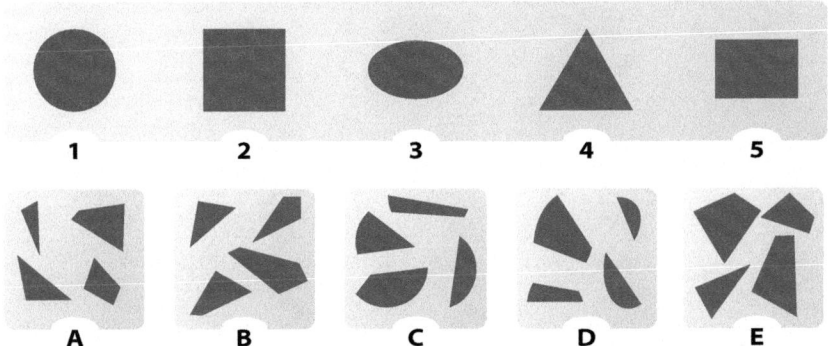

Ordnen Sie die Puzzleteile A bis E der entsprechenden Grundform zu.

1. _____   2. _____   3. _____   4. _____   5. _____

48) Ihnen werden die Grundformen 1 bis 5 vorgegeben:

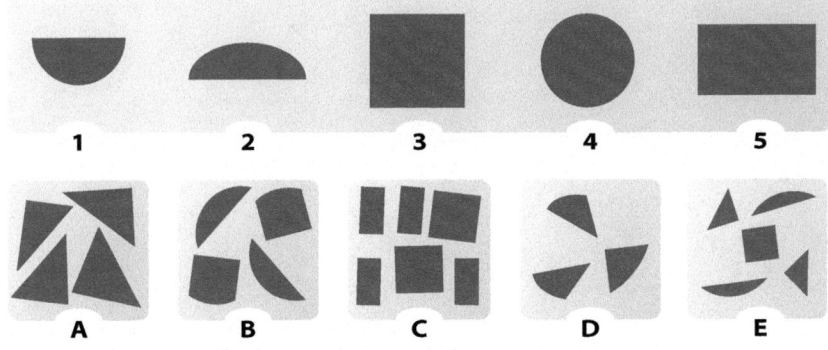

Ordnen Sie die Puzzleteile A bis E der entsprechenden Grundform zu.

1. _____   2. _____   3. _____   4. _____   5. _____

49) Ihnen werden die Grundformen 1 bis 5 vorgegeben:

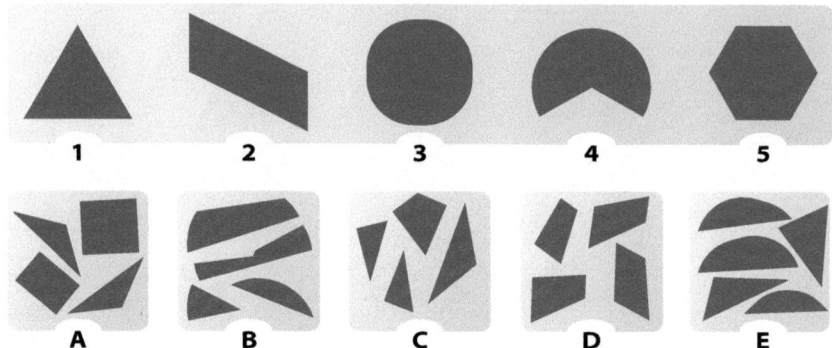

Ordnen Sie die Puzzleteile A bis E der entsprechenden Grundform zu.

1. _____   **2.** _____   **3.** _____   **4.** _____   **5.** _____

50) Ihnen werden die Grundformen 1 bis 5 vorgegeben:

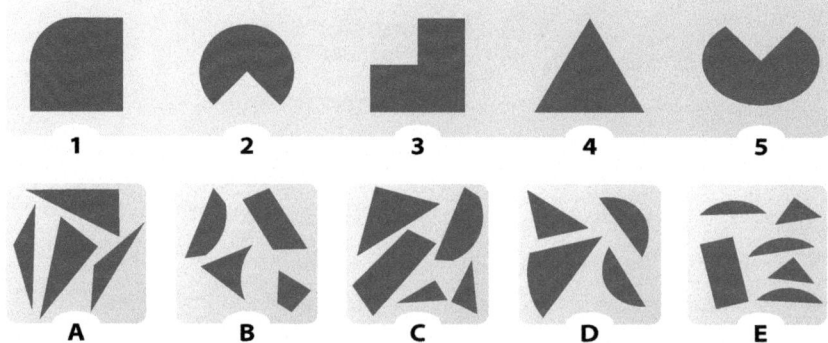

Ordnen Sie die Puzzleteile A bis E der entsprechenden Grundform zu.

1. _____   **2.** _____   **3.** _____   **4.** _____   **5.** _____

Fehlerhafte Figur erkennen   *Bearbeitungszeit 2×1½ Minuten*

Mit diesen Aufgaben wird Ihre Fähigkeit zur Erkennung visueller Details geprüft.

Sie erhalten eine Reihe mit scheinbar identischen Figuren. Aber eine Figur unterscheidet sich geringfügig von den anderen.

Beantworten Sie bitte die folgenden Aufgaben, indem Sie in jeder Reihe die fehlerhafte Figur erkennen und markieren.

Block A: Käfer

Für diesen Aufgabenblock haben Sie **1½ Minuten** Zeit.

Welche der fünf Figuren unterscheidet sich von den anderen in der Reihe?

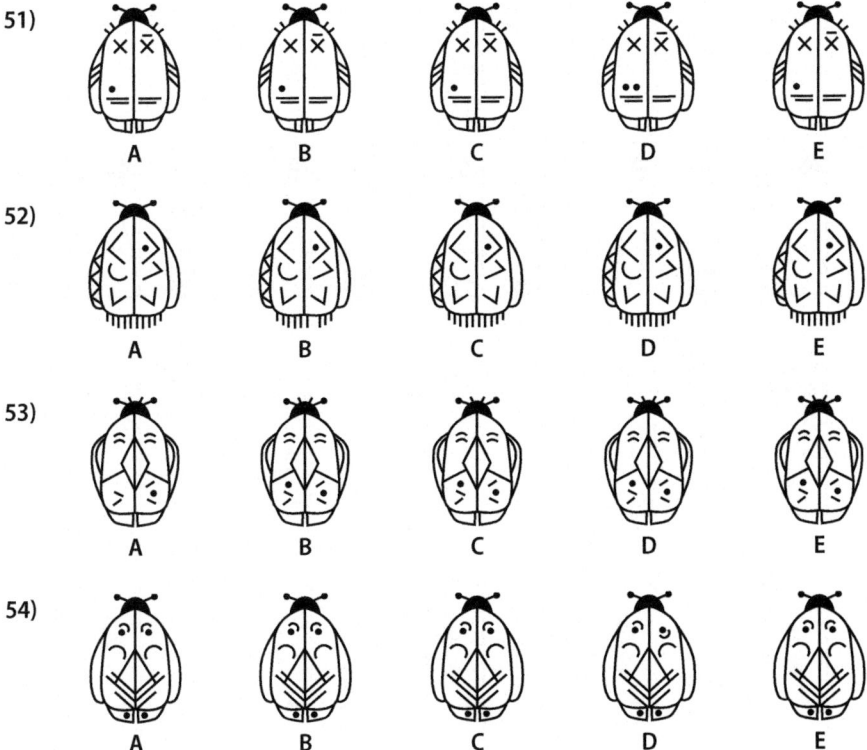

55)

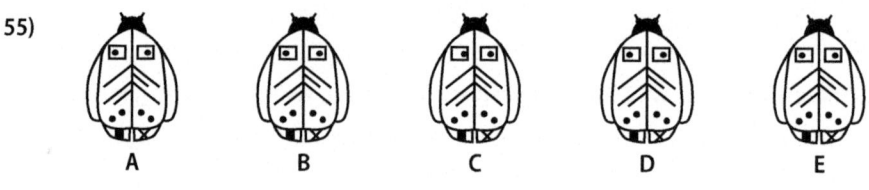

A   B   C   D   E

Block B: Abstrakt

Für diesen Aufgabenblock haben Sie **1½ Minuten** Zeit.

Welche der fünf Figuren unterscheidet sich von den anderen in der Reihe?

56)

     A   B   C   D   E

57)

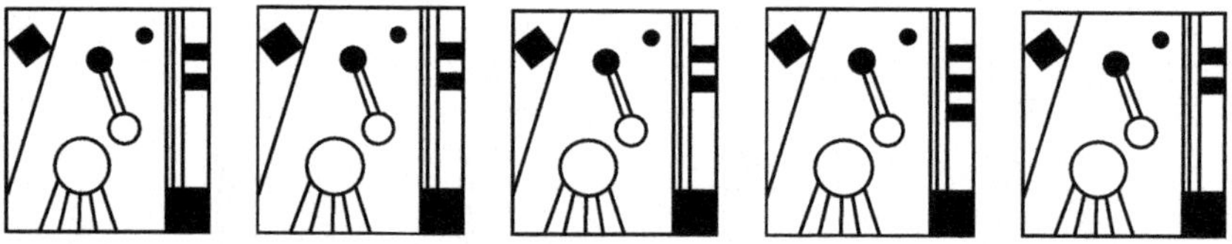

     A   B   C   D   E

58)

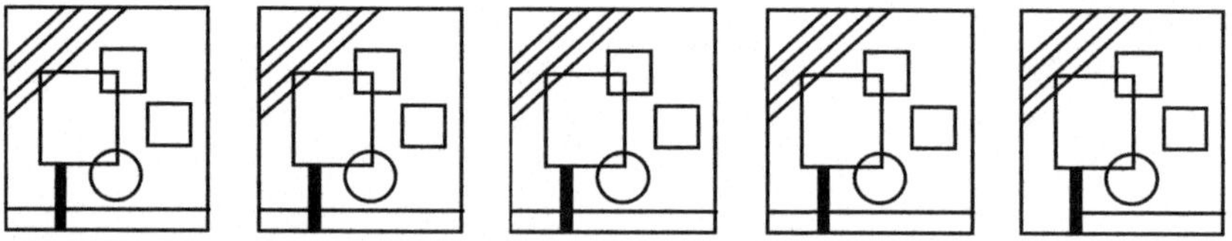

     A   B   C   D   E

59)

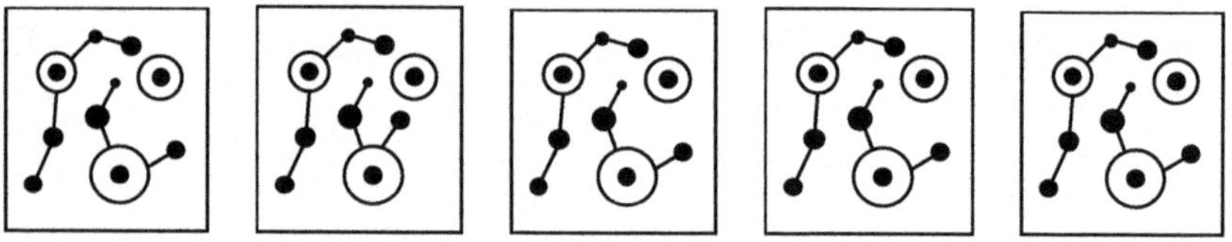

     A   B   C   D   E

60)

A   B   C   D   E

Lösungen: Visuelles Denkvermögen

1) D	21) D	41) 1D | 2C | 3E | 4B | 5A
2) B	22) C	42) 1A | 2E | 3D | 4C | 5B
3) D	23) C	43) 1C | 2A | 3E | 4B | 5D
4) B	24) C	44) 1B | 2E | 3C | 4A | 5D
5) E	25) C	45) 1C | 2A | 3D | 4E | 5B
6) C	26) C	46) 1D | 2A | 3E | 4B | 5C
7) C	27) B	47) 1C | 2E | 3D | 4A | 5B
8) C	28) B	48) 1D | 2E | 3C | 4B | 5A
9) D	29) D	49) 1C | 2D | 3E | 4B | 5A
10) D	30) D	50) 1C | 2E | 3A | 4B | 5D
11) A	31) D	51) D
12) C	32) B	52) B
13) A	33) C	53) A
14) B	34) B	54) D
15) B	35) D	55) C
16) D	36) D	56) A
17) C	37) C	57) D
18) A	38) E	58) E
19) A	39) B	59) B
20) C	40) B	60) B

Figurenreihen (Aufgaben 1–10)

Zu 1) D.

Mit jeder folgenden Figur schrumpft der Halbkreis um 45 Grad im Uhrzeigersinn.

Zu 2) B.

Die dunkle Fläche wächst und tauscht bei jedem Schritt die Seiten.

Zu 3) D.

Eine Hälfte der vorliegenden Form wird entfernt, die verbleibende Hälfte teilt sich daraufhin erneut – dies geschieht im Wechsel.

Zu 4) B.

Die erste Figur verfügt über sechs gegeneinander abgegrenzte Flächen, die zweite über sieben und die dritte über acht – bei der vierten müssen es folglich neun Flächen sein.

Zu 5) E.

Im Vordergrund befindet sich ein Dreiviertelkreis, der ein Quadrat überlagert, dem ebenfalls ein Viertel fehlt. Der Kreis dreht sich schrittweise um 90° im Uhrzeigersinn, das Quadrat flippt horizontal hin und her. In der letzten Figur befinden sich die Aussparungen beider Objekte an derselben Stelle, nämlich rechts oben.

Zu 6) C.

Die Zahl der kleinen Kreise an der dritten diagonalen Linie von rechts nimmt kontinuierlich zu. Die Zahl der Striche der zweiten diagonalen Linie von rechts nimmt stetig ab, bis diese schließlich ganz verschwindet. Alle übrigen Linien verändern sich nicht.

Zu 7) C.

Jede Figur ist im Vergleich zu ihrem Vorgänger um 135 Grad im Uhrzeigersinn gedreht, wobei die Lage der grauen Fläche stets wechselt.

Figurenmatrizen (Aufgaben 11–20)

Zu 11) A.

In jeder Spalte und in jeder Reihe wechseln sich waagerechte und senkrechte Linien von Feld zu Feld ab. Zusätzlich verringert sich die An-

Zu 8) C.

Das kleine dunkle Quadrat springt zwischen den weißen Quadraten hin und her und ändert darin mit jedem Sprung seine horizontale Ausrichtung. Darüber hinaus wird bei jedem Sprung in das untere mittelgroße Quadrat ein weiteres graues Quadrat hinzugefügt.

Zu 9) D.

Das dunkle Dreieck im Vordergrund dreht sich schrittweise im Uhrzeigersinn. Es überdeckt teilweise ein helles Dreieck, in dem ein schwarzer Punkt im Uhrzeigersinn von Ecke zu Ecke wandert.

Zu 10) D.

Die beiden grauen Quadrate drehen sich schrittweise um 90° im Uhrzeigersinn um den Mittelpunkt der Figur. Sie überlagern dabei einen schwarzgrauen Kreis, der mit jedem zweiten Schritt um 90° im Uhrzeigersinn um den Mittelpunkt wandert.

zahl der Linien von links nach rechts immer um 1.

Zu 12) C.

Gehen Sie von oben nach unten vor: Die beiden oberen Figuren einer Spalte ergeben aufeinandergelegt das jeweils untere Objekt.

Zu 13) A.

Die Figuren einer Spalte drehen sich von oben nach unten um jeweils 45° im Uhrzeigersinn. Schwarze und weiße Punkte wechseln sich ab. Es fehlt ein Kreis mit einem schwarzen Punkt – so wie Figur A.

Zu 14) B.

Betrachten Sie jede Reihe für sich: Die beiden linken Figuren werden rechts überlagert. Da in der betreffenden Reihe die Figuren links und rechts gleich sind, muss das fehlende Objekt ausschließlich Elemente der linken Figur enthalten – dafür kommt nur B infrage.

Zu 15) B.

Gehen Sie in den einzelnen Reihen von links nach rechts vor. In jeder Reihe kommt nur ein Objekttyp (Viereck, Raute, Kreis) vor. In den Objekten befinden sich zwei Punkte, die mit verschiedenen Geschwindigkeiten innerhalb des Objekts umlaufen: Ein Punkt wandert um 90° im Uhrzeigersinn, der andere um 180°.

Zu 16) D.

Die Objekte unterscheiden sich in ihrer Form (Kreis, Quadrat, Dreieck) und in der Anzahl ihrer Mäntel. In jeder Reihe und jeder Spalte haben alle Objekte eine unterschiedliche Form und Mantelzahl. Das fehlende Objekt ist ein Dreieck mit nur einem Mantel.

Zu 17) C.

Gehen Sie von oben nach unten vor: Die beiden oberen Figuren einer Spalte ergeben aufeinandergelegt das jeweils untere Objekt, wobei doppelt vorhandene Linien entfernt werden müssen.

Zu 18) A.

Gehen Sie von oben nach unten vor: Die beiden oberen Figuren einer Spalte ergeben aufeinandergelegt das jeweils untere Objekt, wobei doppelt vorhandene Pfeile entfernt werden müssen.

Zu 19) A.

Gehen Sie in jeder Spalte von oben nach unten vor. In jedem Feld liegen zwei Objekte übereinander. Das jeweils obenauf liegende Objekt dreht sich von Feld zu Feld um 45° im Uhrzeigersinn, das untere ändert seine Lage nicht. In der rechten Spalte ist das obere Objekt ein Kreis, dem man die Drehungen nicht ansieht.

Zu 20) C.

Gehen Sie in den Reihen von links nach rechts vor: Zuerst wird das Objekt an der Diagonalen gespiegelt, anschließend 90° gegen den Uhrzeigersinn gedreht.

Räumliche Wahrnehmung (Aufgaben 21–30)

Zu 21) D. 6

Der Körper besteht aus 6 Flächen.

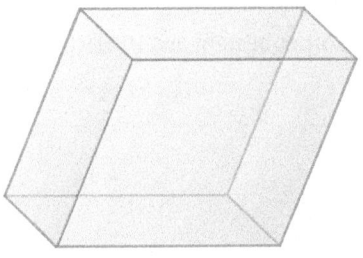

Zu 22) C. 8

Der Körper besteht aus 8 Flächen.

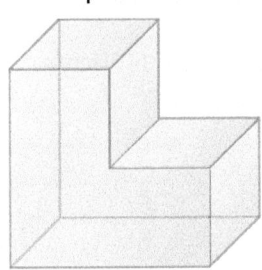

Zu 23) C. 3

Der Körper besteht aus 3 Flächen.

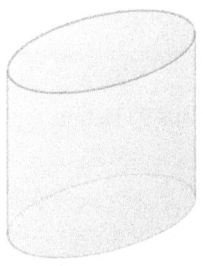

Zu 24) C. 8

Der Körper besteht aus 8 Flächen.

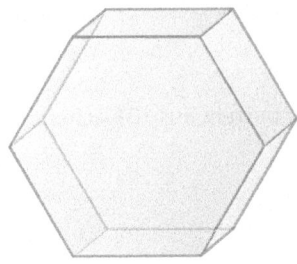

Zu 25) C. 7

Der Körper besteht aus 7 Flächen – den 6 Außenflächen und einer Innenfläche.

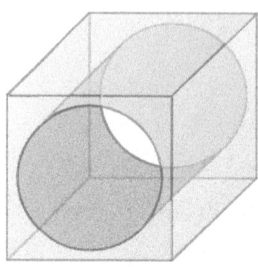

Zu 26) C. 9

Der Körper besteht aus 9 Flächen.

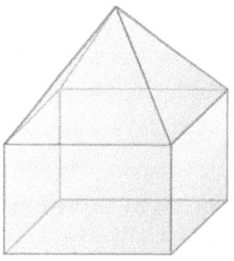

Zu 27) B. 10

Der Körper besteht aus 10 Flächen.

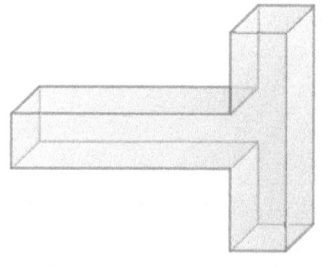

Zu 28) B. 10

Der Körper besteht aus 10 Flächen.

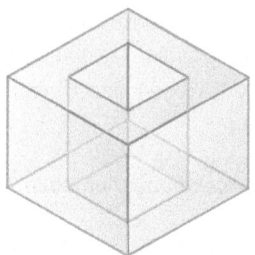

Zu 29) D. 10

Der Körper besteht aus 10 Flächen.

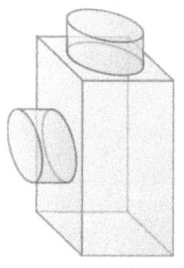

Zu 30) D. 14

Der Körper besteht aus 14 Flächen.

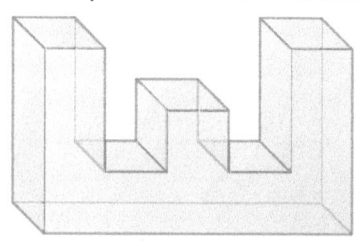

Würfelaufgaben (Aufgaben 31–40)

Zu 31) D.

Kippen Sie den Aufgabenwürfel nach links und drehen Sie ihn um 90 Grad im Uhrzeigersinn.

Zu 32) B.

Kippen Sie den Aufgabenwürfel nach hinten und drehen Sie ihn um 90 Grad im Uhrzeigersinn.

Zu 33) C.

Drehen Sie den Aufgabenwürfel um 90 Grad im Uhrzeigersinn und kippen Sie ihn nach rechts.

Zu 34) B.

Drehen Sie den Aufgabenwürfel um 90 Grad im Uhrzeigersinn kippen Sie ihn nach rechts.

Zu 35) D.

Drehen Sie den Aufgabenwürfel um 90 Grad gegen den Uhrzeigersinn und kippen Sie ihn nach vorne.

Zu 36) D.

Kippen Sie den Aufgabenwürfel nach hinten und drehen Sie ihn um 90 Grad im Uhrzeigersinn.

Zu 37) C.

Kippen Sie den Aufgabenwürfel nach links und drehen Sie ihn um 90 Grad gegen den Uhrzeigersinn.

Zu 38) E.

Kippen Sie den Aufgabenwürfel nach hinten und drehen Sie ihn um 90 Grad im Uhrzeigersinn.

Zu 39) B.

Kippen Sie den Aufgabenwürfel nach hinten und drehen Sie ihn um 90 Grad im Uhrzeigersinn.

Zu 40) B.

Kippen Sie den Aufgabenwürfel nach links und drehen Sie ihn um 90 Grad gegen den Uhrzeigersinn.

Formenpuzzle (Aufgaben 41–50)

Zu 41) 1D | 2C | 3E | 4B | 5A

Zu 42) 1A | 2E | 3D | 4C | 5B

Zu 43) 1C | 2A | 3E | 4B | 5D

Zu 44) 1B | 2E | 3C | 4A | 5D

Zu 45) 1C | 2A | 3D | 4E | 5B

Zu 46) 1D | 2A | 3E | 4B | 5C

Zu 47) 1C | 2E | 3D | 4A | 5B

Zu 48) 1D | 2E | 3C | 4B | 5A

Zu 49) 1C | 2D | 3E | 4B | 5A

Zu 50) 1C | 2E | 3A | 4B | 5D

Fehlerhafte Figur erkennen (Aufgaben 51–60)

Block A: Käfer

Block B: Abstrakt

Zu 51) D.

Zu 54) D.

Zu 56) A.

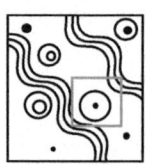

Zu 59) B.

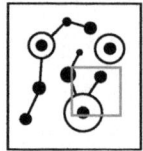

Zu 52) B.

Zu 55) C.

Zu 57) D.

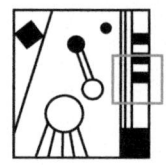

Zu 60) B.

Zu 53) A.

Zu 58) E.

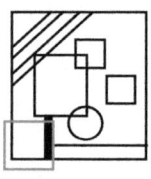

Konzentration und Merkfähigkeit

b/d/p-Strich-Test

Bearbeitungszeit 3 Minuten

Jede Aufgabenzeile enthält die Buchstaben „b", „d" und „p".

Über und unter einem Buchstaben können sich bis zu vier Striche befinden.

Bitte finden Sie in jeder Zeile alle „b"s mit genau zwei Strichen und schreiben Sie die ermittelte Anzahl ans Zeilenende.

Hierzu ein Beispiel

Aufgabe

1) d b d b p b p b d b b b d p d d p p d b b b p p b p d d p b d b

2) b p b b d b b p p b d p d d d p p b d b b p b d b b d p d b

Antwort

1) d b d b p b p b d b b b d p d d p p d b b b p p b p d d p b d b   6

2) b p b b d b b p p b d p d d d p p b d b b p b d b b d p d b   2

Bitte beginnen Sie nun mit der Bearbeitung: Schreiben Sie neben jede Zeile die Zahl der gefundenen „b"s mit genau zwei Strichen.

1) d d b d b b d p d b d b d p b d b d b p b p b d b b b d p d d _____

2) d p d b p p b b d b d p d b d d b b p b d p d b d b b d b p _____

3) p d d p d b p p b b d p b d d p d b p b p d p d p b d d b b _____

4) b d b p b d d b b p b b b d p d b d d p b p b d p p b b d b p _____

5) b b p b d p d b d p p b d p d b d b d p p b b b d b d p d p

6) p d b p d d p b b d p d b b p d d p b b b d p d d d p d b b

7) d d p p b d b b d p b b d b p d b d p b d b d p d d b p p b

8) b d p b b d p d p b d d p d b p p b b d b d p b p b p d d p

9) b p p d b b p d p d p d b d b b p d p d b p b b d p b d p d

10) d b d p d d p d d b b p b p b d p d d b p b d b b p d d p b

11) b b d p d p d b d p d p p b b d p d p b d b d p p d b b b p d

12) b p b b p b b d d b p b d p b d b d b d p p b b d b d p d b

13) p b p b b d p b b d b d p d p d b d p d d p b b d b p b d d

14) p p p d b d b d b p b d b p b b d p d d b d b p d p b b d d

15) b b d p d d b p p d b d b p d d b b d b p d p d p d p d d p

16) d b p d p b b d p d d b b p p d p b d b b p b d p b d d p d

17) d b p b d b b d p b d p d p b d p b d b d p d d p p b d b p

18) b b d p d b b b d p p d b b d p d b b p p d b d b d p b b d

19) p b d b b d b b p b d b d b p p b d p b d b p b p b p d b p

20) b b p d p b b d p p b b d p b b b p d p d b d b d p b d b p

21) b p d d d p b b p d b d b b d p p b d b d d d p b d b b d p d

22) b b d d p b b p d d b b p d d p b d b d p d b b d p d p p b _____

23) d d p p b d d b b p b d b d p b d d p b b b d p d p d b d d b _____

24) p d p d b p b b p b d d p b d b d p d b b d p d p b d p d d _____

25) d p b p b b p d b b p b d p d p b d p b b b d d p b d b d b p _____

26) d b p p d b b d p d p b d p b d b d d p b d b b d d p d d p _____

27) d p b d p b b b d p d p b d b d p d d p b d b b p b d d d b _____

28) p b b d p b p b b b d p d p b p b p d d p b b p d b b b d b d _____

29) p d d b p d d p d p b b b d p d p d b p b d p b b b d p d d b _____

30) b b d p d d p d d b b d p b b d p b d b d p b b b d p p b d b _____

Beobachtungsvermögen   *Einprägezeit 4 Minuten*

Nun steht Ihre Beobachtungsgabe auf dem Prüfstand.

Sie sehen vier Abbildungen. Bitte prägen Sie sich die dargestellten Szenen möglichst detailliert ein, um anschließend einige Fragen beantworten zu können.

Zum Einprägen des Bilderquartetts haben Sie **4 Minuten** Zeit. Hierbei dürfen Sie sich keine Notizen machen.

! *Hinweis*

Nachdem Sie sich die Bilder eingeprägt haben, sollten Sie sich 5 Minuten mit etwas anderem beschäftigen, bevor Sie die dazugehörigen Fragen aus dem Gedächtnis beantworten.

Decken Sie dafür diese Seite ab.

Beobachtungsvermögen

Bearbeitungszeit 5 Minuten

Soeben lagen Ihnen vier Bilder vor, die Sie sich einprägen sollten.

Bitte bearbeiten Sie nun die Aufgaben: Markieren Sie jeweils den Lösungsbuchstaben des richtigen Antwortvorschlags.

31) Was kann man im rechten oberen Bild durch das Fenster erkennen?

A. Eine Mondsichel, drei Sterne
B. Einen Vollmond, drei Sterne
C. Eine Mondsichel, vier Sterne
D. Zwei Sterne, sonst nichts
E. Eine Mondsichel, sonst nichts

32) Rechts neben der Bank steht …?

A. ein Baum.
B. ein Jogger.
C. eine Straßenlaterne.
D. ein Kinderwagen.
E. ein Abfalleimer.

33) Wie viele Pflanzen befinden sich im Glas?

A. 1
B. 2
C. 3
D. 4
E. 0

34) Wohin fährt der Zug?

A. Nach links
B. Direkt auf den Betrachter zu
C. Nach rechts
D. Direkt vom Betrachter weg
E. Schräg nach unten

35) Welche Aussage zur Abbildung links oben stimmt?

A. Die Ampel steht auf Rot.
B. Aus dem hinteren Fenster schaut ein Hund heraus.
C. Die Bahnschranke befindet sich oben.
D. Aus dem vorderen Fenster schaut ein Passagier heraus.
E. Auf der Abbildung ist kein Andreaskreuz zu sehen.

36) Wie viele Bäume stehen hinter der Bank?

A. 2
B. 3
C. 4
D. Hinter der Bank stehen keine Bäume.
E. 1

37) Wo im Glas befindet sich der dunkle Fisch?

A. Rechts unten

B. Links unten

C. Im Glas befindet sich kein dunkler Fisch.

D. Links oben

E. Rechts oben

38) Wer oder was ist auf dem Porträt zu sehen?

A. Ein Mann mit kurzen Haaren

B. Eine Frau mit einem Hund auf dem Schoß

C. Ein Mann mit langen, lockigen Haaren

D. Ein Mann mit kurzen Haaren und einer Brille

E. Ein Hund mit einer Frau auf dem Schoß

39) Wie viele Linien zieren die Vase?

A. 5

B. 2

C. 4

D. 1

E. 3

40) Wie viele Fische schauen nach rechts?

A. 1

B. 2

C. 0

D. 4

E. Alle Fische schauen nach links.

Buchstaben ergänzen

Im Folgenden wird Ihre Arbeitsgeschwindigkeit geprüft.

Jedem Wort fehlt ein Buchstabe – bitte tragen Sie ihn ein. Das Zeitlimit ist ziemlich knapp bemessen, arbeiten Sie daher so schnell wie möglich.

Hierzu ein Beispiel

Aufgabe

1) Ber___f

2) N___me

Antwort

1) Ber *u* f

2) N *a* me

Bitte beginnen Sie mit der Bearbeitung: Vervollständigen Sie die Wörter korrekt.

41) Pap___e	52) Ga___el	63) Fuß___oden
42) S___adt	53) La___erne	64) P___licht
43) Mil___h	54) A___walt	65) ___uswahl
44) F___uer	55) D___kument	66) Gedan___e
45) Tech___ik	56) B___ief	67) Pa___ifik
46) Ge___irge	57) Ph___sik	68) Asi___n
47) Ausd___uck	58) Te___efon	69) ___trom
48) K___mel	59) P___astik	70) Re___orm
49) Tann___	60) Er___nnerung	71) Fi___anzen
50) Fur___ht	61) P___pier	72) Gest___lt
51) R___ifen	62) Bret___	73) N___chmittag

74) Sü___en

75) Dec___el

76) Ge___chenk

77) St___rke

78) W___rbung

79) Z___ang

80) Au___sage

81) F___age

82) ___irkung

83) S___hrift

84) Hant___l

85) Doch___

86) T___eppe

87) ___tuhl

88) Auss___cht

89) W___tter

90) ___erät

91) Se___fe

92) G___ns

93) Gart___n

94) Gem___se

95) Pr___fung

96) Tor___ado

97) Wür___el

98) Me___sch

99) Beri___ht

100) Si___nal

101) Ve___trauen

102) B___ndnis

103) Erg___bnis

104) Kabe___

105) B___and

106) K___mpf

107) K___rte

108) O___dnung

109) P___otest

110) Zw___rg

Figuren wiederfinden

Bearbeitungszeit 3 Minuten

Nun geht es darum, vorgegebene Figuren wiederzufinden.

Gesucht werden diese zwei Figuren:

Bitte finden Sie die vorgestellten Figuren und kreuzen Sie sie an.

111)

☐ ☐ ☐ ☐ ☐ ☐ ☐ ☐ ☐ ☐ ☐ ☐ ☐ ☐

112)

☐ ☐ ☐ ☐ ☐ ☐ ☐ ☐ ☐ ☐ ☐ ☐ ☐

113)

☐ ☐ ☐ ☐ ☐ ☐ ☐ ☐ ☐ ☐ ☐ ☐ ☐

114)

☐ ☐ ☐ ☐ ☐ ☐ ☐ ☐ ☐ ☐ ☐ ☐

115)

☐ ☐ ☐ ☐ ☐ ☐ ☐ ☐ ☐ ☐ ☐

116)

☐ ☐ ☐ ☐ ☐ ☐ ☐ ☐ ☐ ☐ ☐ ☐ ☐ ☐

117)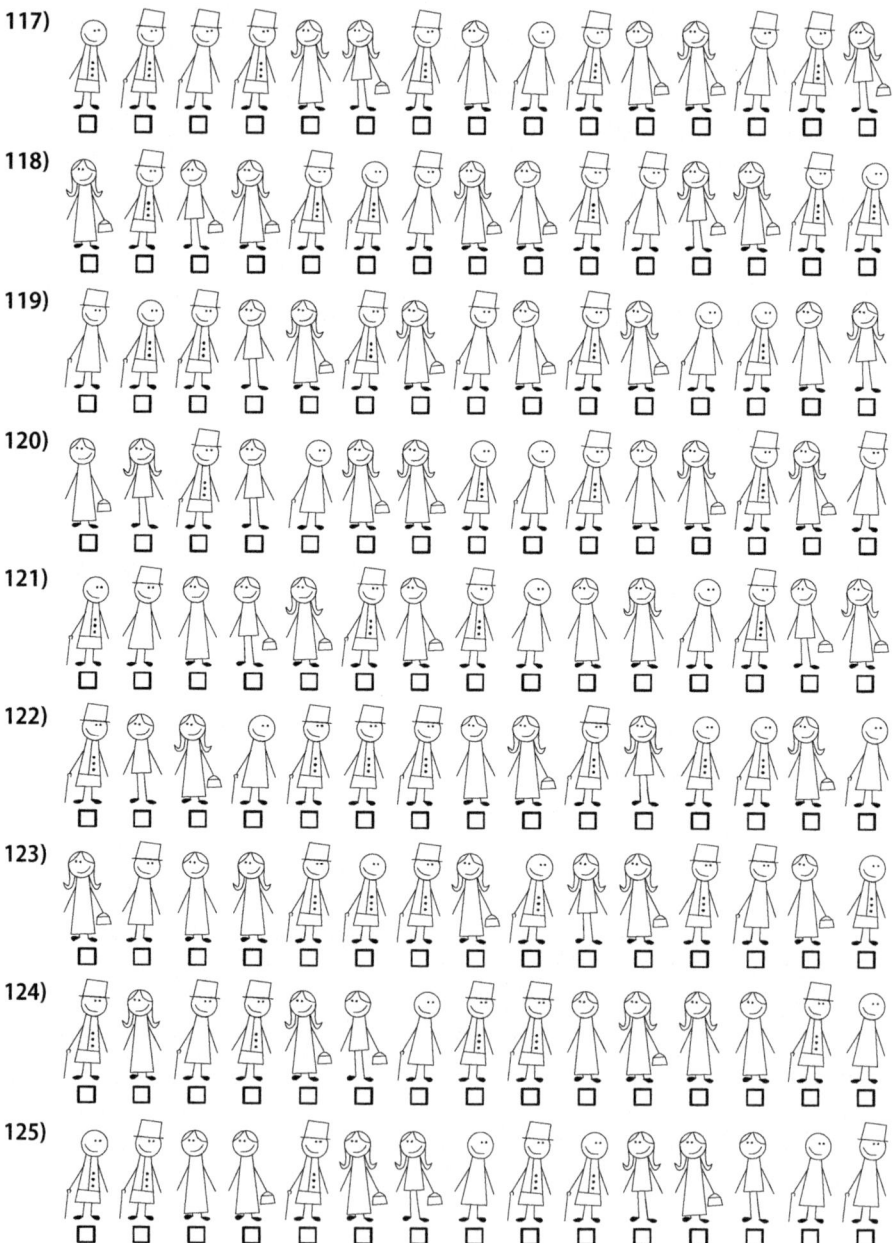

118)

119)

120)

121)

122)

123)

124)

125)

Figurenpaare merken

Einprägezeit 10 Minuten

Unten finden Sie einen Block mit 15 Figurenpaaren. Bitte merken Sie sich, welche zwei Figuren jeweils zusammengehören.

Anschließend erhalten Sie einzelne Figuren und müssen dazu den richtigen Partner bestimmen.

Zum Einprägen haben Sie **10 Minuten** Zeit. Hierbei dürfen Sie sich keine Notizen machen.

Figurenpaare

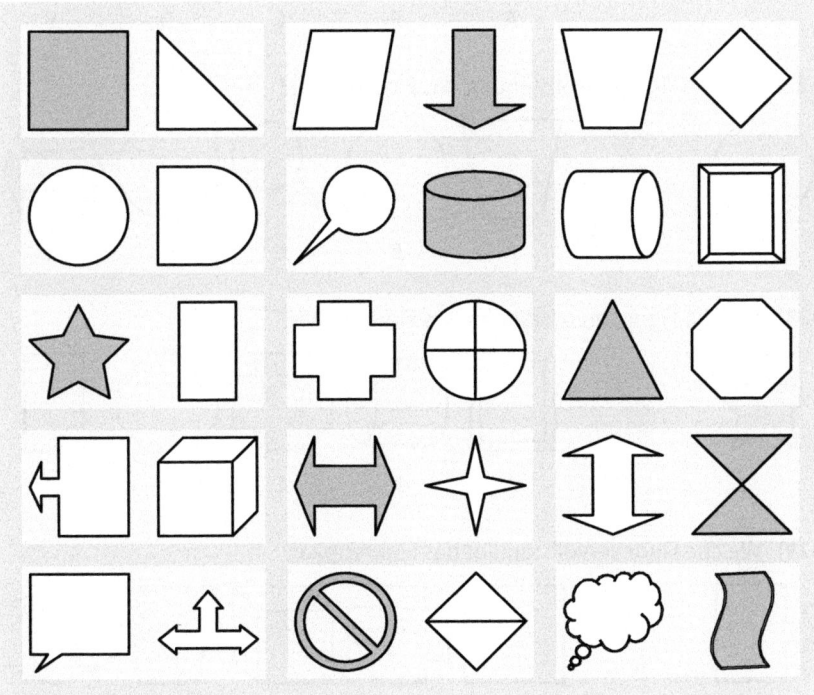

! *Hinweis*

Bei dieser Aufgabe ist keine Unterbrechung notwendig, bitte beginnen Sie direkt mit der Bearbeitung!

Figurenpaare merken

Bearbeitungszeit 5 Minuten

Soeben lagen Ihnen Figurenpaare vor, die Sie sich einprägen sollten.

Bitte bearbeiten Sie nun die Aufgaben: Markieren Sie jeweils den Lösungsbuchstaben des richtigen Antwortvorschlags.

126) Welche Figur vervollständigt das Figurenpaar?

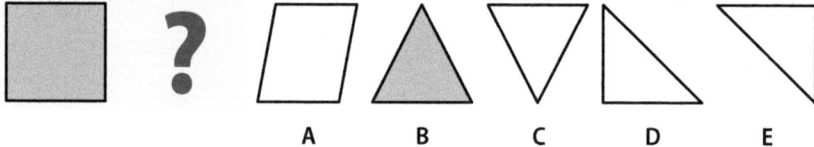

A   B   C   D   E

127) Welche Figur vervollständigt das Figurenpaar?

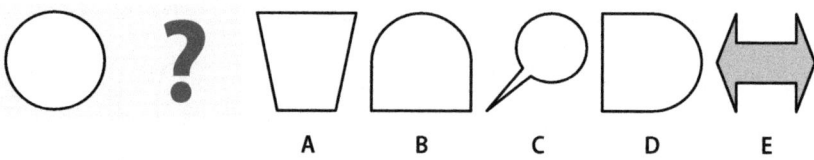

A   B   C   D   E

128) Welche Figur vervollständigt das Figurenpaar?

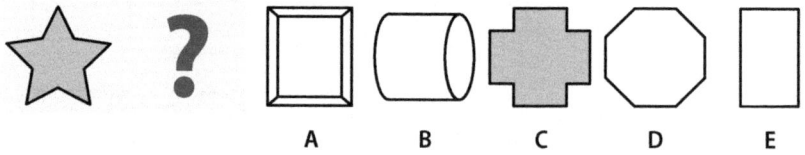

A   B   C   D   E

129) Welche Figur vervollständigt das Figurenpaar?

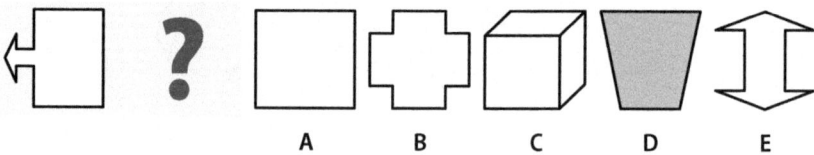

A   B   C   D   E

130) Welche Figur vervollständigt das Figurenpaar?

A   B   C   D   E

131) Welche Figur vervollständigt das Figurenpaar?

A   B   C   D   E

132) Welche Figur vervollständigt das Figurenpaar?

A   B   C   D   E

133) Welche Figur vervollständigt das Figurenpaar?

A   B   C   D   E

134) Welche Figur vervollständigt das Figurenpaar?

A   B   C   D   E

135) Welche Figur vervollständigt das Figurenpaar?

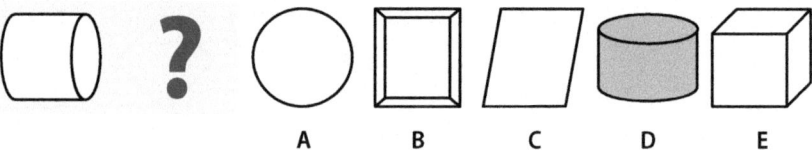

136) Welche Figur vervollständigt das Figurenpaar?

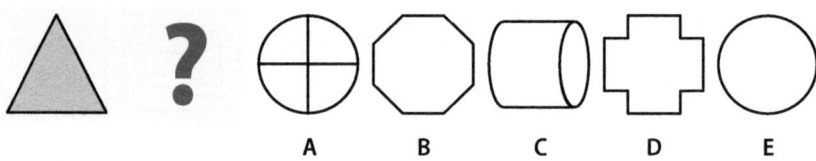

137) Welche Figur vervollständigt das Figurenpaar?

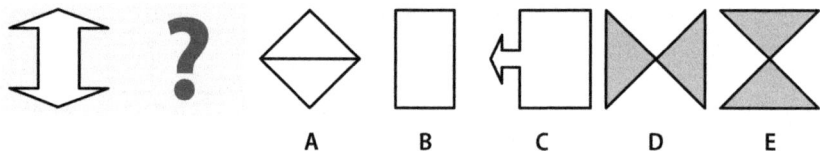

138) Welche Figur vervollständigt das Figurenpaar?

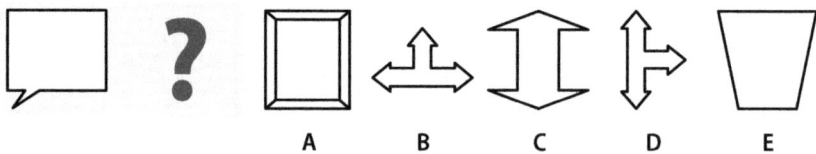

139) Welche Figur vervollständigt das Figurenpaar?

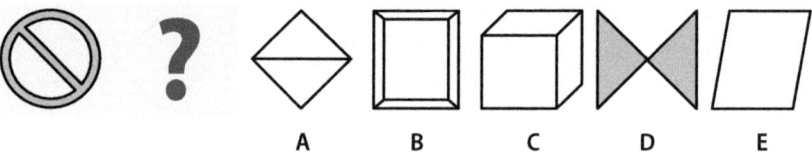

140) Welche Figur vervollständigt das Figurenpaar?

 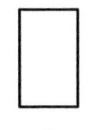 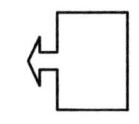 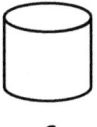  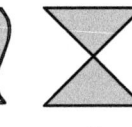

                A   B   C   D   E

Steckbriefe einprägen   *Einprägezeit 1 Minute*

Nun lautet Ihr Auftrag, sich Informationen aus Steckbriefen zu merken.
Anschließend müssen Sie einige Fragen zu den Angaben beantworten.

Steckbrief A

Bitte prägen Sie sich den vorliegenden Steckbrief innerhalb von **1 Minute** ein.
Hierbei dürfen Sie sich keine Notizen machen.

Familienname:	Papagardo
Vorname:	Sabrina
Alter:	36
Geburtsdatum:	19.04.1983
Geburtsort:	Turin
Wohnort:	Augsburg
Größe:	176 cm
Haarfarbe:	schwarz/rot
Augenfarbe:	braun
Gewicht:	72 kg
Beruf:	Astrologin
Herkunftsland:	Italien
Religion:	katholisch
Familienstand:	verheiratet
Vergehen:	Scheckbetrug

! *Hinweis*

Nachdem Sie sich den Steckbrief eingeprägt haben, sollten Sie sich 5 Minuten mit etwas anderem beschäftigen, bevor Sie die dazugehörigen Fragen aus dem Gedächtnis beantworten.

Decken Sie dafür diese Seite ab.

Steckbriefe einprägen — *Bearbeitungszeit 3 Minuten*

Soeben lag Ihnen ein Steckbrief vor, den Sie sich einprägen sollten.

Bitte bearbeiten Sie nun die Aufgaben: Markieren Sie jeweils den Lösungsbuchstaben des richtigen Antwortvorschlags.

141) Wo wohnt die gesuchte Person?

A. Nizza
B. Augsburg
C. Turin
D. Aschaffenburg
E. Rom

142) Wie heißt die gesuchte Person mit Vornamen?

A. Susanne
B. Sophia
C. Maria
D. Luisa
E. Sabrina

143) Wie groß ist die gesuchte Person?

A. 1,76 m
B. 1,55 m
C. 1,59 m
D. 1,67 m
E. 1,79 m

144) Wie alt ist die gesuchte Person?

A. 41
B. 32
C. 43
D. 36
E. 27

145) Welches ist das Herkunftsland der gesuchten Person?

A. Deutschland
B. Spanien
C. Italien
D. Griechenland
E. Polen

Steckbriefe einprägen

Einprägezeit 1 Minute

Steckbrief B

Bitte prägen Sie sich den vorliegenden Steckbrief innerhalb von **1 Minute** ein. Hierbei dürfen Sie sich keine Notizen machen.

Familienname:	Bückemeier
Vorname:	Jens
Alter:	28
Geburtsdatum:	28.04.1991
Geburtsort:	München
Wohnort:	Hamburg
Größe:	187 cm
Haarfarbe:	dunkelblond
Augenfarbe:	grau
Gewicht:	94 kg
Beruf:	Unternehmensberater
Herkunftsland:	Deutschland
Religion:	konfessionslos
Familienstand:	verheiratet
Vergehen:	Menschenhandel

! *Hinweis*

Nachdem Sie sich den Steckbrief eingeprägt haben, sollten Sie sich 5 Minuten mit etwas anderem beschäftigen, bevor Sie die dazugehörigen Fragen aus dem Gedächtnis beantworten.

Decken Sie dafür diese Seite ab.

Steckbriefe einprägen   *Bearbeitungszeit 3 Minuten*

Soeben lag Ihnen ein Steckbrief vor, den Sie sich einprägen sollten.

Bitte bearbeiten Sie nun die Aufgaben: Markieren Sie jeweils den Lösungsbuchstaben des richtigen Antwortvorschlags.

146) Wo ist die gesuchte Person geboren?

A. Nürnberg
B. Passau
C. München
D. Heidelberg
E. Washington

147) Wie alt ist die gesuchte Person?

A. 25
B. 26
C. 27
D. 28
E. 29

148) Wie heißt die gesuchte Person mit Vornamen?

A. Jörg
B. Carsten
C. Ingo
D. Dirk
E. Jens

149) Welchen Beruf übt die gesuchte Person aus?

A. Unternehmensberater
B. Anwalt
C. Sozialpädagoge
D. Chirurg
E. Börsenmakler

150) Welchen Familienstand hat die gesuchte Person?

A. ledig
B. verwitwet
C. feste Beziehung
D. verheiratet
E. geschieden

Lösungen: Konzentration und Merkfähigkeit

1) 4	31) C	61) a
2) 1	32) E	62) t
3) 5	33) B	63) b
4) 3	34) C	64) f
5) 3	35) A	65) A
6) 4	36) B	66) k
7) 4	37) E	67) z
8) 2	38) A	68) e
9) 3	39) C	69) S
10) 2	40) A	70) f
11) 1	41) p	71) n
12) 3	42) t	72) a
13) 2	43) c	73) a
14) 3	44) e	74) d
15) 3	45) n	75) k
16) 3	46) b	76) s
17) 2	47) r	77) ä
18) 3	48) a	78) e
19) 6	49) e	79) w
20) 5	50) c	80) s
21) 1	51) e	81) r
22) 2	52) b	82) W
23) 1	53) t	83) c
24) 2	54) n	84) e
25) 2	55) o	85) t
26) 3	56) r	86) r
27) 3	57) y	87) S
28) 3	58) l	88) i
29) 2	59) l	89) e
30) 4	60) i	90) G

91) i	111)	131) D
92) a	112)	132) A
93) e	113)	133) D
94) ü	114)	134) D
95) ü	115)	135) B
96) n	116)	136) B
97) f	117)	137) E
98) n	118) siehe Erklärung	138) B
99) c	119)	139) A
100) g	120)	140) D
101) r	121)	141) B
102) ü	122)	142) E
103) e	123)	143) A
104) l	124)	144) D
105) r	125)	145) C
106) a	126) D	146) C
107) a	127) D	147) D
108) r	128) E	148) E
109) r	129) C	149) A
110) e	130) E	150) D

b/d/p-Strich-Test (Aufgaben 1–30)

Zu 1) d d b d b b d p d b d b d p b d b d b p b p b d b b d p d d   4

Zu 2) d p d b p p b b d b d p d b d d b b p b d p d b d b b d b p   1

Zu 3) p d d p d b p p b b d p b d d p d b p b p d p d p b d d b b   5

Zu 4) b d b p b d d b b p b b d p d b d d p b p b d p p b b d b p   3

Zu 5) b b p b d p d b d p p b d p d b d b d p p b b b d b d p d p   3

Zu 6) p d b p d d p b b d p d b b p d d p b b b d p d d d p d b b 4

Zu 7) d d p p b d b b d p b b d b p d b d p b d b d p d d b p p b 4

Zu 8) b d p b b d p d p b d d p d b p p b b d b d p b p b p d d p 2

Zu 9) b p p d b b p d p d p d b d b b p d p d b p b b d p b d p d 3

Zu 10) d b d p d d p d d b b p b p b d p d d b p b d b b p d d p b 2

Zu 11) b b d p d p d b d p d p b b d p d p b d b d p p d b b b p d 1

Zu 12) b p b b p b b d d b p b d p b d b d b d p p b b d b d p d b 3

Zu 13) p b p b b d p b b d b d p d p d b d p d d p b b d b p b d d 2

Zu 14) p p p d b d b d b p b d b p b b d p d d b d b p d p b b b d d 3

Zu 15) b b d p d d b p p d b d b p d d b b d b p d p d p d p d d p 3

Zu 16) d b p d p b b d p d d b b p p d p b d b b p b d p b d d p d 3

Zu 17) d b p b d b b d p b d p d p b d p b d b d p d d p p b d b p 2

Zu 18) b b d p d b b b d p p d b b d p d b b p p d b d b d p b b d 3

Zu 19) p b d b b d b b p b d b d b p p b d p b d b p b p b p d b p 6

Zu 20) b b p d p b b d p p b b d p b b b p d p d b d b d p b d b p 5

Zu 21) b p d d d p b b p d b d b b d p p b d b d d p b d b b b d p d 1

Zu 22) b b d d p b b p d d b b p d d p b d b d p d b b d p d p p b 2

Zu 23) d d p p b d d b b p b d b d p b d d p b b d p d p d b d d b   1

Zu 24) p d p d b p b b p b d d p b d b d p d b b d p d p b d p d d   2

Zu 25) d p b p b b p d b b p b d p d p b d p b b d d p b d b d b p   2

Zu 26) d b p p d b b d p d p b d p b d b d d p b d b b d d p d d p   3

Zu 27) d p b d p b b b d p d p b d b d p d d p b d b b p b d d d b   3

Zu 28) p b b d p b p b b b d p d p b p b p d d p b b p d b b d b d   3

Zu 29) p d d b p d d p d p b b b d p d p d b p b d p b b d p d d b   2

Zu 30) b b d p d d p d d b b b d p b b d p b d b d p b b d p p b d b   4

Beobachtungsvermögen (Aufgaben 31–40)

Zu 31) C. Eine Mondsichel, vier Sterne

Zu 32) E. ein Abfalleimer.

Zu 33) B. 2

Zu 34) C. Nach rechts

Zu 35) A. Die Ampel steht auf Rot.

Zu 36) B. 3

Zu 37) E. Rechts oben

Zu 38) A. Ein Mann mit kurzen Haaren

Zu 39) C. 4

Zu 40) A. 1

Buchstaben ergänzen (Aufgaben 41–110)

Zu 41) Pap p e

Zu 42) S t adt

Zu 43) Mil c h

Zu 44) F e uer

Zu 45) Tech n ik

Zu 46) Ge b irge

Zu 47) Ausd r uck

Zu 48) K a mel

Zu 49) Tann e

Zu 50) Fur c ht

Zu 51) R e ifen

Zu 52) Ga b el

Zu 53) La t erne

Zu 54) A n walt

Zu 55) D o kument

Zu 56) B r ief	**Zu 75)** Dec k el	**Zu 94)** Gem ü se
Zu 57) Ph y sik	**Zu 76)** Ge s chenk	**Zu 95)** Pr ü fung
Zu 58) Te l efon	**Zu 77)** St ä rke	**Zu 96)** Tor n ado
Zu 59) P l astik	**Zu 78)** W e rbung	**Zu 97)** Wür f el
Zu 60) Er i nnerung	**Zu 79)** Z w ang	**Zu 98)** Me n sch
Zu 61) P a pier	**Zu 80)** Au s sage	**Zu 99)** Beri c ht
Zu 62) Bret t	**Zu 81)** F r age	**Zu 100)** Si g nal
Zu 63) Fuß b oden	**Zu 82)** W irkung	**Zu 101)** Ve r trauen
Zu 64) P f licht	**Zu 83)** S c hrift	**Zu 102)** B ü ndnis
Zu 65) A uswahl	**Zu 84)** Hant e l	**Zu 103)** Erg e bnis
Zu 66) Gedan k e	**Zu 85)** Doch t	**Zu 104)** Kabe l
Zu 67) Pa z ifik	**Zu 86)** T r eppe	**Zu 105)** B r and
Zu 68) Asi e n	**Zu 87)** S tuhl	**Zu 106)** K a mpf
Zu 69) S trom	**Zu 88)** Auss i cht	**Zu 107)** K a rte
Zu 70) Re f orm	**Zu 89)** W e tter	**Zu 108)** O r dnung
Zu 71) Fi n anzen	**Zu 90)** G erät	**Zu 109)** P r otest
Zu 72) Gest a lt	**Zu 91)** Se i fe	**Zu 110)** Zw e rg
Zu 73) N a chmittag	**Zu 92)** G a ns	
Zu 74) Sü d en	**Zu 93)** Gart e n	

Figuren wiederfinden (Aufgaben 111–125)

Zu 111)

Zu 112)

☐ ☐ ☒ ☐ ☐ ☐ ☐ ☒ ☐ ☒ ☐ ☐ ☒ ☐ ☐

Zu 113)

☐ ☐ ☒ ☐ ☒ ☒ ☐ ☐ ☐ ☒ ☒ ☒ ☒ ☐ ☐

Zu 114)

☐ ☒ ☐ ☐ ☐ ☐ ☒ ☐ ☐ ☒ ☐ ☐ ☐ ☒ ☐

Zu 115)

☐ ☒ ☐ ☒ ☒ ☐ ☒ ☐ ☒ ☐ ☒ ☐ ☒ ☒ ☒

Zu 116)

☐ ☐ ☒ ☐ ☒ ☐ ☐ ☒ ☒ ☐ ☒ ☐ ☒ ☐ ☐

Zu 117)

☐ ☒ ☐ ☒ ☐ ☐ ☐ ☐ ☐ ☒ ☐ ☒ ☐ ☒ ☐

Zu 118)

☒ ☐ ☐ ☒ ☒ ☐ ☐ ☒ ☐ ☐ ☐ ☒ ☒ ☐

Zu 119)

☐ ☐ ☒ ☐ ☒ ☒ ☒ ☐ ☐ ☒ ☐ ☐ ☐ ☐

Zu 120)

☐ ☐ ☒ ☐ ☐ ☒ ☒ ☐ ☐ ☒ ☐ ☒ ☒ ☒ ☐

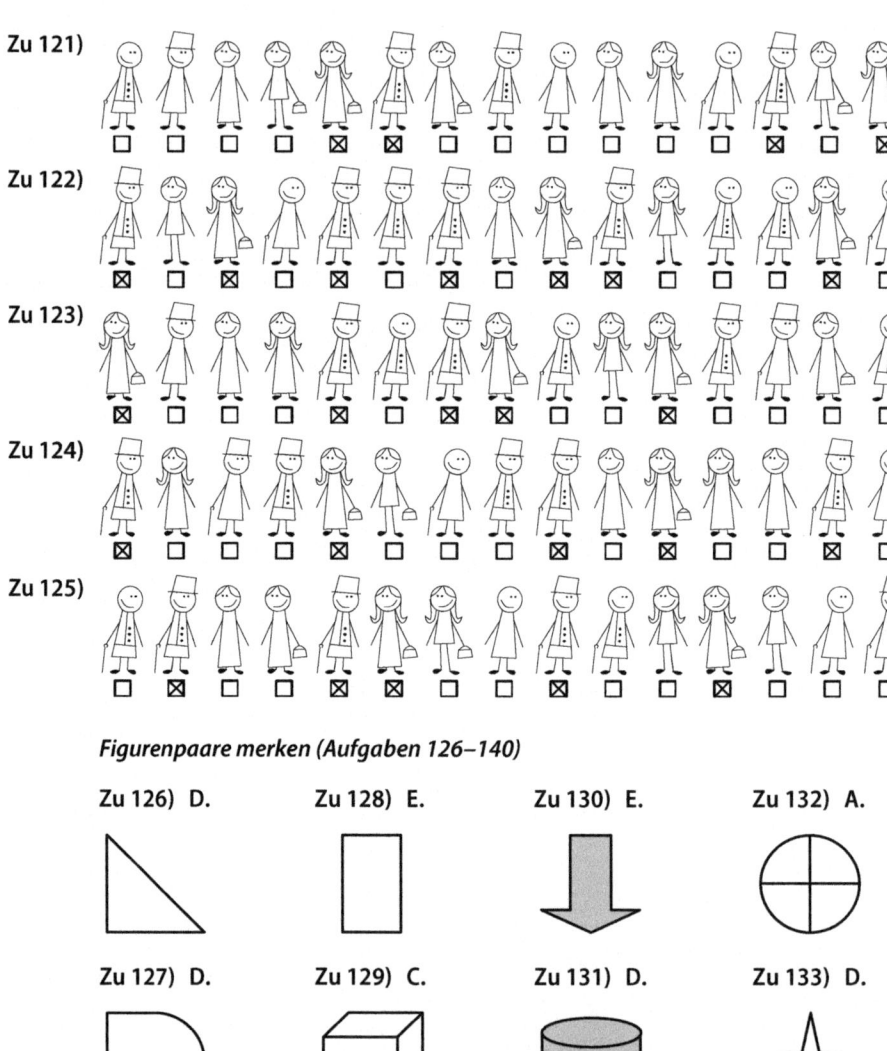

Figurenpaare merken (Aufgaben 126–140)

Zu 126) D.

Zu 128) E.

Zu 130) E.

Zu 132) A.

Zu 127) D.

Zu 129) C.

Zu 131) D.

Zu 133) D.

Zu 134) D.

Zu 136) B.

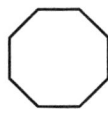

Zu 138) B.

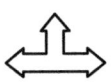

Zu 140) D.

Zu 135) B.

Zu 137) E.

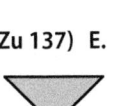

Zu 139) A.

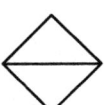

Steckbriefe einprägen (Aufgaben 141–150)

Steckbrief A

Zu 141) **B.** Augsburg

Zu 142) **E.** Sabrina

Zu 143) **A.** 1,76 m

Zu 144) **D.** 36

Zu 145) **C.** Italien

Steckbrief B

Zu 146) **C.** München

Zu 147) **D.** 28

Zu 148) **E.** Jens

Zu 149) **A.** Unternehmensberater

Zu 150) **D.** verheiratet

Der Sporttest

Der Dienst für Sicherheit und Ordnung erfordert nicht nur geistige, sondern oft auch körperliche Topform. Ob ein Bewerber die nötige Fitness besitzt, zeigt sich im Sporttest. Dabei stehen drei Disziplinen auf dem Plan, die alle fünf „motorischen Grundfähigkeiten" abdecken: Ausdauer, Schnelligkeit, Koordination, Beweglichkeit und Kraft. Dabei achten die Prüfer übrigens auch auf die Qualität der Ausführung, also Technik und Präzision.

Seit 2019 besteht die Sportprüfung der Bundespolizei nur noch aus den Stationen Koordinationstest, Pendellauf und 12-Minuten-Lauf. Der früher eingeplante Standweitsprung steht aktuell also nicht mehr im Programm, ebenso wie die Liegestütze.

Das richtige Outfit

Ein Sportshirt mit langen Ärmeln und eine lange Hose helfen, Abschürfungen und ähnliche kleine Blessuren im Koordinationstest zu vermeiden. Außerdem brauchen Sie dafür – ebenso wie für den Pendellauf – Hallenschuhe mit rutschfester Sohle. Packen Sie darüber hinaus passende Kleidung für den 12-Minuten-Lauf in Ihre Sporttasche.

Beachten Sie hierzu die Hinweise im Einladungsschreiben!

Koordinationstest (Kasten-Bumerang-Test)

Der Koordinationstest der Bundespolizei ist allgemein auch als „Kasten-Bumerang-Test" bekannt. Das Übungsfeld ist ungefähr fünf Meter breit und lang. Früher wurde es zu drei Seiten hin von aufgekanteten Kastenrahmen begrenzt, heute nutzt man dafür spezielle Trainingshilfen: Gestelle aus zwei Stangen, die 1,40 Meter auseinanderstehen, verbunden mit einer Querstrebe in 41 Zentimetern Höhe. An der vierten Seite liegt eine Turnmatte, das Zentrum des Felds markiert ein Medizinball. Um diese Anordnung auf die vorgeschriebene Art und Weise zu durchqueren, braucht man Antrittsschnelligkeit, Kraft, Gelenkigkeit und Konzentration.

Gestartet wird im Stehen (Schrittstellung) auf das Kommando „Fertig-Pfiff" des Prüfers. Zuerst machen Sie auf der Turnmatte eine Vorwärtsrolle. Danach laufen Sie links um den Medizinball in der Parcoursmitte, drehen sich schnellstmöglich um 90 Grad nach rechts und überspringen beidbeinig die nun vor Ihnen liegende Trainingshilfe, um sie anschließend zurück in Richtung Übungsfeld zu durchkriechen. Stehen Sie auf, spurten Sie wieder zum Medizinball, wenden Sie sich erneut nach rechts und nehmen Sie das nächste Hindernis in Angriff. Vorsicht: Der Medizinball sollte nicht berührt werden!

Auf diese Art und Weise überwinden Sie der Reihe nach alle drei Trainingshilfen, kreuzen nach einem vollständigen Durchlauf die Start-/Zielmarkierung und beenden damit die Übung. Die resultierende Gesamtstrecke beträgt ungefähr 22 Meter, bewertet wird die benötigte Zeit.

Pendellauf (4×10 m)

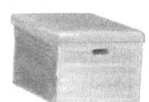

Beim Pendellauf werden zwei kleine Turnkästen in 10 Metern Abstand voneinander aufgestellt. Sie starten in Schrittstellung an der markierten Start-/Ziellinie am ersten Kasten, wobei Sie mit einer Hand den Kastendeckel berühren. Nachdem der Prüfer das Startkommando gegeben hat, spurten Sie schnellstmöglich zum gegenüberliegenden Kasten, tippen mit einer Hand den Kastendeckel an und kehren in die Gegenrichtung zurück zum ersten Kasten.

Gefordert werden insgesamt 4 Sprints von Kasten zu Kasten, die zurückzulegende Gesamtstrecke beträgt also 40 Meter. Bewertet wird die Laufzeit: Die Prüfer stoppen die Uhr, wenn Sie die Ziellinie am ersten Kasten überquert haben – dabei müssen Sie den Kastendeckel übrigens nicht noch einmal berühren.

12-Minuten-Lauf (Cooper-Test)

Die Regeln des Lauftests sind schnell erklärt: Legen Sie innerhalb von 12 Minuten eine möglichst weite Strecke zurück. Geprüft wird in der Halle, die Laufbahn führt gegen den Uhrzeigersinn um ein markiertes Rechteck mit 30 Metern Länge und 20 Metern Breite herum – das ergibt einen Umfang von 100 Metern, die pro Runde zu bewältigen sind. Nach jeder verstrichenen Minute geben die Prüfer die verbleibende Zeit durch. Überschätzt man sich beim Tempomachen, darf man auch langsam weitergehen. Wer ganz stehenbleibt, erhält nur die bis dahin bewältigte Distanz angerechnet.

Zur Vorbereitung auf den Sporttest führt am Lauftraining kein Weg vorbei. Geeignete Strecken finden sich fast überall, und man benötigt keine kostspielige Ausrüstung. Eine gute Abwechslung zum reinen Lauftraining sind lauforientierte Sportarten wie Hockey, Fußball oder Handball.

Denken Sie daran, sich rechtzeitig passende Laufschuhe zu beschaffen: Ausrangierte Freizeit-Sneaker oder einfache Fitnessschuhe vom Grabbeltisch sind weder für Trainingszwecke noch für den Test eine gute Wahl. Lassen Sie sich am besten von einem Fachmann beraten, um in der breiten Angebotspalette das für Sie passende Modell zu finden.

5 Tipps zur Lauftechnik

¬ Entwickeln Sie Ihren persönlichen Laufstil, lassen Sie sich nicht durch allgemeine Empfehlungen verunsichern. Eine Anregung: Laufen Sie möglichst locker, setzen Sie den Fuß leicht vor der Körperachse auf und drücken Sie sich aktiv nach hinten ab.

¬ Winkeln Sie die Arme an und lassen Sie sie – gegengleich zu den Beinen – locker mitschwingen.

¬ Halten Sie den Kopf ruhig und gerade, ohne zu verkrampfen. Bei Verspannungen lassen Sie kurz die Arme baumeln.

¬ Halten Sie den Oberkörper aufrecht, wahlweise leicht nach vorn gebeugt. Fallen Sie nicht ins Hohlkreuz.

¬ Atmen Sie schnell und möglichst tief „in den Bauch" und kräftig wieder aus. Am besten geht das durch den Mund.

Die Bewertung

Jede Übung wird anhand einer Punkteskala von 1 bis 5 bewertet, dabei entsprechen 2 Punkte jeweils einer ausreichenden Leistung.

Der Sporttest ist bestanden, wenn:

¬ die Gesamtpunktzahl aller Disziplinen mindestens 6 Punkte beträgt

¬ in keiner Disziplin 0 Punkte erzielt wurden.

Bewertungstabelle Männer

Koordinationstest		
bis 17 Jahre	**18 bis 29 Jahre**	**ab 30 Jahre**
1 Punkt: max. 19,8 Sek.	1 Punkt: max. 19,3 Sek.	1 Punkt: max. 20,0 Sek.
2 Punkte: max. 18,5 Sek.	2 Punkte: max. 18,0 Sek.	2 Punkte: max. 19,0 Sek.
3 Punkte: max. 17,0 Sek.	3 Punkte: max. 16,5 Sek.	3 Punkte: max. 17,5 Sek.
4 Punkte: max. 15,5 Sek.	4 Punkte: max. 15,0 Sek.	4 Punkte: max. 16,0 Sek.
5 Punkte: max. 14,5 Sek.	5 Punkte: max. 14,0 Sek.	5 Punkte: max. 15,0 Sek.

Pendellauf		
bis 17 Jahre	**18 bis 29 Jahre**	**max. 30 Jahre**
1 Punkt: max. 11,2 Sek.	1 Punkt: max. 10,6 Sek.	1 Punkt: max. 11,2 Sek.
2 Punkte: max. 10,9 Sek.	2 Punkte: max. 10,3 Sek.	2 Punkte: max. 10,9 Sek.
3 Punkte: max. 10,3 Sek.	3 Punkte: max. 9,8 Sek.	3 Punkte: max. 10,3 Sek.
4 Punkte: max. 9,8 Sek.	4 Punkte: max. 9,3 Sek.	4 Punkte: max. 9,8 Sek.
5 Punkte: max. 9,5 Sek.	5 Punkte: max. 9,0 Sek.	5 Punkte: max. 9,5 Sek.

12-Minuten-Lauf	
bis 17 Jahre	**ab 18 Jahre**
1 Punkt: min. 2.150 m	1 Punkt: min. 2.250 m
2 Punkte: min. 2.300 m	2 Punkte: min. 2.400 m
3 Punkte: min. 2.450 m	3 Punkte: min. 2.550 m
4 Punkte: min. 2.600 m	4 Punkte: min. 2.700 m
5 Punkte: min. 2.700 m	5 Punkte: min. 2.800 m

Stand 2019

Bewertungstabelle Frauen

Koordinationstest

bis 17 Jahre	18 bis 29 Jahre	ab 30 Jahre
1 Punkt: max. 22,8 Sek.	1 Punkt: max. 22,0 Sek.	1 Punkt: max. 23,0 Sek.
2 Punkte: max. 21,5 Sek.	2 Punkte: max. 21,0 Sek.	2 Punkte: max. 22,0 Sek.
3 Punkte: max. 20,0 Sek.	3 Punkte: max. 19,5 Sek.	3 Punkte: max. 20,5 Sek.
4 Punkte: max. 18,5 Sek.	4 Punkte: max. 18,0 Sek.	4 Punkte: max. 19,0 Sek.
5 Punkte: max. 17,5 Sek.	5 Punkte: max. 17,0 Sek.	5 Punkte: max. 18,0 Sek.

Pendellauf

bis 17 Jahre	18 bis 29 Jahre	max. 30 Jahre
1 Punkt: max. 12,4 Sek.	1 Punkt: max. 11,7 Sek.	1 Punkt: max. 12,4 Sek.
2 Punkte: max. 11,9 Sek.	2 Punkte: max. 10,9 Sek.	2 Punkte: max. 11,9 Sek.
3 Punkte: max. 11,0 Sek.	3 Punkte: max. 10,3 Sek.	3 Punkte: max. 11,0 Sek.
4 Punkte: max. 10,3 Sek.	4 Punkte: max. 9,8 Sek.	4 Punkte: max. 10,3 Sek.
5 Punkte: max. 10,0 Sek.	5 Punkte: max. 9,5 Sek.	5 Punkte: max. 10,0 Sek.

12-Minuten-Lauf

bis 17 Jahre	ab 18 Jahre
1 Punkt: min. 1.750 m	1 Punkt: min. 1.850 m
2 Punkte: min. 1.900 m	2 Punkte: min. 2.000 m
3 Punkte: min. 2.050 m	3 Punkte: min. 2.150 m
4 Punkte: min. 2.200 m	4 Punkte: min. 2.300 m
5 Punkte: min. 2.300 m	5 Punkte: min. 2.400 m

Stand 2019

Die ärztliche Untersuchung

Wer im Sporttest gut abschneidet, ist höchstwahrscheinlich auch gesund. Aber nicht mit absoluter Sicherheit. Daher beinhaltet das Polizei-Auswahlverfahren eine umfassende ärztliche Untersuchung, die den körperlichen Zustand aller Kandidaten buchstäblich „auf Herz und Nieren" testet.

Generell soll der Arzt die Funktionstüchtigkeit des Körpers begutachten: Arbeiten die Organe, Gelenke und Muskeln einwandfrei, stimmt die Bewegungskoordination, wie belastbar ist das Herz-Kreislauf-System, gibt es nennenswerte Einschränkungen in der Sinneswahrnehmung usw. Über den momentanen Gesundheitszustand hinaus wird auch die langfristige Berufseignung beurteilt.

Diagnose: Diensttauglich

Was Größe und Gewicht angeht, dient der Body-Mass-Index als Richtwert – Körpergewicht geteilt durch Größe mal Größe (in Metern). Akzeptable Werte liegen im Allgemeinen zwischen 18 und 27,5, Idealwerte zwischen 20 und 25. Bereits ein BMI ab 26 aufwärts jedoch kann zu Zweifeln an der Dienstfähigkeit führen, insbesondere wenn damit weitere Risikofaktoren wie Stoffwechselstörungen oder erhöhte Blutfettwerte einhergehen.

Weitere Programmpunkte sind Hör- und Sehtests, Blut- und Urinproben, ein Belastungstest auf dem Fahrrad-Ergometer, ein Lungenfunktionstest und ein persönliches Gespräch mit dem Polizeiarzt. Auch auf ein gepflegtes Erscheinungsbild wird Wert gelegt: In Uniform sollten keine auffälligen Hautveränderungen wie Piercings oder Tätowierungen erkennbar sein. Ein generelles Verbot gibt es dafür aber nicht.

Gut in Form zum Arztbesuch

Oft hat der Arzt einen Ermessensspielraum – reizen Sie den aber besser nicht aus. Gehen Sie auf Nummer sicher und nur topfit zum Arzt: Alkohol und Zigaretten sind zumindest am Vortag tabu. Auch der nicht ganz auskurierte Schnupfen oder die leichte Halsentzündung können das Ergebnis negativ beeinflussen; vereinbaren Sie im Krankheitsfall am besten einen Alternativtermin.

Ausschlusskriterien, bei denen der Arzt kein Auge zudrücken kann, sind im allgemeinen unter anderem: schwere Sinnesstörungen (fehlendes Stereosehen, Rot-Grün- oder Nachtblindheit, Schwerhörigkeit), chronisches Asthma, atopische Ekzeme (Neurodermitis, Milchschorf), psychosomatische Störungen (Essstörungen, Suchterkrankungen), Diabetes, Herzstörungen, Bandscheibenvorfälle, Kniescheibenfehlformen oder Erkrankungen der inneren Organe.

Der Ablauf im Überblick

¬ Blut- und Urinabgabe (Drogenscreening)

¬ Ermittlung von Körpergewicht und -größe

¬ Ergometrie (Belastungs-EKG)

¬ Hör- und Sehtests

¬ Lungenfunktionstest

¬ Beurteilung des Stütz- und Bewegungsapparats, des Nervensystems, der Organe und der Zähne

¬ gesundheitliche Selbstauskunft

Anhang

Tabelle: Maße und Einheiten

Einheit	Einheitenzeichen	Umrechnung
	Länge	
Kilometer	km	1 km = 1.000 m
Meter	m	1 m = 10 dm = 100 cm
Dezimeter	dm	1 dm = 10 cm = 100 mm
Zentimeter	cm	1 cm = 10 mm
Millimeter	mm	1 mm = 1.000 µm
Mikrometer	µm	
	Fläche	
Quadratkilometer	km^2	1 km^2 = 100 ha
Hektar	ha	1 ha = 100 a
Ar	a	1 a = 100 m^2
Quadratmeter	m^2	1 m^2 = 100 dm^2
Quadratdezimeter	dm^2	1 dm^2 = 100 cm^2
Quadratzentimeter	cm^2	1 cm^2 = 100 mm^2
Quadratmillimeter	mm^2	
	Volumen	
Kubikkilometer	km^3	1 km^3 = 1.000.000.000 m^3
Kubikmeter	m^3	1 m^3 = 1.000 dm^3
Kubikdezimeter	dm^3	1 dm^3 = 1.000 cm^3
Kubikzentimeter	cm^3	1 cm^3 = 1.000 mm^3
Kubikmillimeter	mm^3	

Hektoliter	hl	1 hl = 100 l
Liter	l	1 l = 10 dl
Deziliter	dl	1 dl = 10 cl
Zentiliter	cl	1 cl = 10 ml
Milliliter	ml	1 ml = 1.000 µl
Mikroliter	µl	

Masse

Tonne	t	1 t = 20 ztr = 1.000 kg
Zentner	ztr	1 ztr = 50 kg
Kilogramm	kg	1 kg = 1.000 g
Pfund	pf	1 pf = 500 g
Gramm	g	1 g = 1.000 mg
Milligramm	mg	1 mg = 1.000 µg
Mikrogramm	µg	

Zeit

Jahr	a	1 a = 365 d
Woche	w	1 w = 7 d
Tag	d	1 d = 24 h
Stunde	h	1 h = 60 min
Minute	min	1 min = 60 s
Sekunde	s	1 s = 1.000 ms
Millisekunden	ms	

Geschwindigkeit

Kilometer pro Stunde	km/h	1 km/h = 0,2778 m/s
Meter pro Sekunde	m/s	1 m/s = 3,6 km/h

Kraft

| Newton | N | $1\,N = 1\,kg \times m\,/\,s^2$ |

Druck

| Bar | bar | $1\,bar = 100.000\,Pa$ |
| Pascal | Pa | $1\,Pa = 0,00001\,bar$ |

Temperatur

| Grad Celsius | °C | $T_{Celsius} = T_{Kelvin} - 273,15$ |
| Kelvin | K | $T_{Kelvin} = T_{Celsius} + 273,15$ |

Ausbildungspark Verlag GmbH

Bettinastraße 69 · 63067 Offenbach am Main
Tel. (069) 40 56 49 73 · Fax (069) 43 05 86 02
E-Mail: kontakt@ausbildungspark.com
Internet: www.ausbildungspark.com

Erfolgreich bewerben mit Ausbildungspark

Prüfungspakete mit Testsimulation

Sicher durch den Einstellungstest in deinem Wunschberuf: Originale Prüfungen mit echten Testaufgaben, allen Lösungswegen, Hintergründen, Tipps und Tricks – hier bleiben keine Fragen offen!

34,90 €

Alles für dein Auswahlverfahren

Speziell zugeschnitten auf deinen Beruf: Bewerbung, Vorstellungsgespräch, Einstellungstest, Assessment Center – alles in einem Handbuch.

24,90 €

Erfolgreich im Einstellungstest

Lerne, wann und wo du willst: Unsere kompakten Testtrainer im praktischen Kleinformat machen dich fit für deinen Test. Natürlich in bewährter Ausbildungspark-Qualität und mit allen Lösungen.

18,90 €

alle Bücher und Berufe

Testtrainer spezial
Prinzip verstanden, Aufgabe gelöst!

Optimal vorbereitet – für alle Prüfungsthemen: Die „Testtrainer spezial" zeigen kompakt und verständlich, wie du jede Aufgabe „knackst".

Zahlreiche Aufgaben: mit Erklärungen, Beispielen und Bearbeitungstipps.

Kommentierte Lösungen: Hintergründe und Zusammenhänge auf dem aktuellen Stand.

Originale Musterprüfungen: Bist du fit für deinen Test?

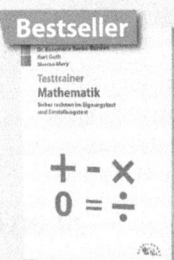

Das Vorstellungsgespräch zur Ausbildung

Die häufigsten Fragen, die besten Antworten
– sicher zum Ausbildungsplatz

Die Pflichtlektüre fürs Bewerbungsgespräch: Praxisnah und verständlich zeigt dieses Handbuch, wie du dich in deinem Auswahlinterview sicher in Szene setzt. Ohne Standardfloskeln – denn nur individuelle Antworten überzeugen den Personaler!

Das Vorstellungsgespräch zur Ausbildung
378 Seiten
ISBN 978-3-95624-000-3
24,95 €

Der Testtrainer

Geeignet für alle Arten von Eignungs- und Einstellungstests, Fähigkeits- und Intelligenztests.

Testerfolg ist keine Glückssache!
… sondern eine Frage der Übung – mit dem Testtrainer.
Das unverzichtbare Handbuch für Ausbildung, Studium und Beruf zeigt, wie du deine Prüfung souverän meisterst. Geeignet für alle Arten von Eignungs- und Einstellungstests, Fähigkeits- und Intelligenztests.

Testtrainer
548 Seiten
ISBN 978-3-941356-03-0
24,95 €

alle Bücher und Berufe

YouBot –
Der smarte Bewerbungsassistent

Gestalte deinen **kostenlosen Lebenslauf** und dein **persönliches Anschreiben** für die Berufsausbildung: Der YouBot führt dich schnell und einfach zur perfekten Bewerbung.

Clever, schnell, individuell!

1 Starte deine Bewerbung

2 Folge dem Assistenten

3 Versende deine PDFS

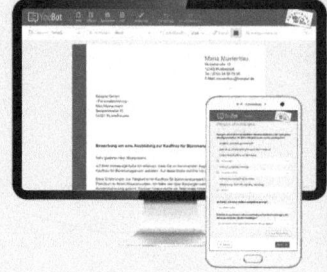

- Individueller Text mit deinen Zielen, Stärken und Erfahrungen
- Anschreiben und Lebenslauf im passenden Design
- Fachwissen in über 350 Ausbildungsberufen
- Intelligenter Dolmetscher in 28 Sprachen
- Bewerbung speichern, bearbeiten und als PDF herunterladen

ab **1,99€** pro Anschreiben

YouBot

www.ausbildungspark.com/youbot